“十四五”高等职业教育学前教育专业系列教材
高等职业教育学前教育专业新形态一体化教材

学前儿童音乐教育活动设计与实施

徐爱新　王晓书◎主　编
刘静文　张珊珊◎副主编

中国铁道出版社有限公司
CHINA RAILWAY PUBLISHING HOUSE CO., LTD.

内容简介

本书面向高等职业教育学前教育专业、早期教育专业学生，针对幼儿教育从业人员开展学前儿童艺术领域教育音乐教学进行开发。全书注重将课堂教学与岗位需求密切结合，旨在通过理论学习与实践指导帮助学习者把握幼儿园音乐活动的游戏化特点，解决学生做什么、怎么做、怎样做得好的疑惑。基于幼儿教师开展音乐教学活动的工作流程，用真情境、真任务、真操作增强工作体验和岗位经验，提升音乐活动教学水平，帮助学习者独立、完整、规范地完成幼儿园真实的音乐教学任务。

本书适合作为高等职业院校学前教育专业教材，也可作为幼儿园教师的培训用书和参考书。

图书在版编目(CIP)数据

学前儿童音乐教育活动设计与实施/徐爱新，王晓书主编．—北京：中国铁道出版社有限公司，2023.8（2024.8 重印）

“十四五”高等职业教育学前教育专业系列教材．高等职业教育学前教育专业新形态一体化教材

ISBN 978-7-113-30380-8

Ⅰ．①学…　Ⅱ．①徐…②王…　Ⅲ．①学前儿童-音乐教育-高等职业教育-教材　Ⅳ．①G613.5

中国国家版本馆 CIP 数据核字(2023)第 130318 号

书　　名：学前儿童音乐教育活动设计与实施
作　　者：徐爱新　王晓书

责任编辑：许　璐　　　　**编辑部电话**：(010)51873090
封面设计：刘　颖
责任校对：安海燕
责任印制：樊启鹏

出版发行：中国铁道出版社有限公司(100054，北京市西城区右安门西街 8 号)
网　　址：https://www.tdpress.com/51eds/
印　　刷：天津嘉恒印务有限公司
版　　次：2023 年 8 月第 1 版　2024 年 8 月第 2 次印刷
开　　本：787 mm×1 092 mm　1/16　**印张**：16.25　**字数**：403 千
书　　号：ISBN 978-7-113-30380-8
定　　价：45.00 元

前言

党的二十大报告指出，要“强化学前教育、特殊教育的普惠发展”。学前教育是高质量教育体系中最基础、最起始的环节，汇聚着广大家长和社会各界的关心，只有科学育幼、潜心育幼，才能使学前教育从“幼有所育”迈向“幼有优育”。

2021年12月，教育部等九部门联合印发《“十四五”学前教育发展提升行动计划》，进一步明确了“坚持以幼儿为本，遵循幼儿学习特点和身心发展规律，坚持以游戏为基本活动……”的要求。本书突出幼儿园音乐活动游戏化的特点，同时依据教育部颁布的《幼儿园教育指导纲要(试行)》和《3—6岁儿童学习与发展指南》要求，紧密结合学前教育专业国家教学标准、幼儿教师专业标准、幼儿园教师资格标准、技能大赛标准，借鉴国内外先进的音乐教育思想和方法，采用音乐活动游戏化的设计思路，基于幼儿教师开展音乐教育活动的工作流程构建模块化、项目化的教学内容。

本书对应学前教育专业五大领域中艺术领域的音乐方向，为专业核心课程教材，对应幼儿园教师五大领域教学核心技能。基于对学前儿童音乐教育的典型工作任务分析，开发了基础、核心、拓展三个模块，涉及幼儿园音乐教育概览、音乐活动、韵律活动、歌唱活动、奏乐活动、亲子音乐活动等五个学习项目。教学内容及学时分配建议如下：

学习模块	项目名称	总课时	理论课时	实践课时
基础模块	幼儿园音乐教育概览	3	2	1
核心模块	项目一 探索新型游戏化集体音乐活动	4	2	2
	项目二 设计实施游戏化集体韵律活动	8	4	4
	项目三 设计实施游戏化集体歌唱活动	9	4	5
	项目四 设计实施游戏化集体奏乐活动	8	4	4
拓展模块	项目五 设计实施游戏化亲子音乐活动	4	2	2
合计		36	18	18

本书旨在落实“立德树人”的根本任务，坚持社会主义核心价值观引领，以“修师德，润童心”为目标，着力培养学前教育专业学生热爱幼儿的仁爱之心、热爱教育的奉献之心和教育报国的赤诚之心。教材使用过程中，建议采用游戏化教学的组织方式，突出学生主体地位，采用任务驱动、小组教学、合作探究、案例教学等教学方法，让学生在“玩中学、玩中教、玩中研、玩中创”。

书中内容借鉴了相关领域的研究成果,也融入了幼儿园一线教师和高职院校教学团队的研究成果,具有创新性。全书建有配套省级精品在线开放课程,是纸媒、数媒结合的新形态一体化教材。读者也可扫描书中二维码收听、收看相关资源。

本书由徐爱新、王晓书任主编,刘静文、张珊珊任副主编。具体编写分工如下:基础模块与核心模块由王晓书编写,拓展模块由刘静文、张珊珊编写,全书由徐爱新统稿。

由于时间仓促,加之编者水平有限,书中不足之处,欢迎读者批评指正。

编　者

2023 年 3 月

目 录

幼儿园音乐教育概览

问题导入

2020年，中共中央办公厅、国务院办公厅印发的《关于全面加强和改进新时代学校美育工作的意见》指出，“学前教育阶段开展适合幼儿身心特点的艺术游戏活动”。音乐教育是幼儿园教育的重要组成部分，对幼儿身心的全面发展具有不可替代的作用。《3—6岁儿童学习与发展指南》颁布后，幼儿音乐教育更为关注幼儿音乐学习与全面发展的整体性，提倡尊重幼儿的发展规律，重视幼儿的学习品质，支持幼儿在游戏化的音乐活动中获得身体、认知、语言和社会性等多方面的发展。

请大家思考：幼儿园音乐教育的目标与定位是什么？实施的途径和开展的形式是怎样的？为什么开展游戏化音乐活动？它的分类和特点有哪些？怎样为幼儿创设快乐的幼儿园一日音乐生活？

学习目标

知识目标：

1. 理解幼儿园音乐教育的定位、原则与任务。
2. 理解幼儿园游戏化音乐活动的概况、分类与特征。
3. 理解陈鹤琴先生“活教育”的教育理念内涵。

能力目标：

1. 能列举幼儿园一日音乐生活的组织要点。
2. 能协作创新幼儿园一日音乐生活中的游戏化活动。

素质目标：

1. 树立以幼儿为本、热爱幼儿、尊重幼儿的教育理念。
2. 培育遵循教育规律、遵循教育法规的执教意识。
3. 具有面向、了解、发展每个幼儿的耐心和责任心。

学习内容

本部分的课时分配如下：

项目	知识点/技能点	学习形式	课时分配	
			理论	实践
引言	认识幼儿园音乐教育： ♫ 幼儿园音乐教育的定位 ♫ 幼儿园音乐教育的原则 ♫ 幼儿园音乐教育的任务	线上	1	0

续上表

项目	知识点/技能点	学习形式	课时分配	
			理论	实践
引言	认识幼儿园游戏化音乐活动： ♫ 幼儿园游戏化音乐活动的概况 ♫ 游戏化幼儿园音乐活动的分类与特征	线上	1	0
	认识“活教育”与幼儿园一日音乐生活： ♫“活教育”的教育理念内涵 ♫ 幼儿园一日音乐生活的组织要点 ♫ 创新幼儿园一日音乐生活中的游戏化活动	混合	0.5	0.5

课前测试

课前预习并完成以下测验题(不定项选择题)：

1. 关于幼儿园音乐教育的表述正确的是(　　)。

A. 培养专门音乐人才　　B. 教会幼儿唱歌、跳舞

C. 开阔幼儿审美视野　　D. 让音乐与幼儿相伴一生

2.《幼儿园教育指导纲要(试行)》指出幼儿园教育应(　　)。

A. 以游戏为基本活动　　B. 保教并重

C. 关注个体差异　　D. 促进个性的发展

3. 幼儿音乐能力差异包括(　　)。

A. 音准敏锐度差异　　B. 音色敏锐度差异

C. 节奏表现力差异　　D. 识谱奏乐反应差异

4. 针对幼儿音乐能力差异,教学应(　　)。

A. 观察记录分类　　B. 制订弹性目标

C. 游戏有所侧重　　D. 材料灵活伸缩

5. 幼儿园音乐教育的任务包括(　　)。

A. 激发音乐兴趣爱好　　B. 发展音乐知识技能

C. 培养专业音乐人才　　D. 促进幼儿全面发展

任务一　认识幼儿园音乐教育

任务情景

单簧管波尔卡

今天,曼曼利用“走园学习”的机会来到市×幼儿园。轻快的《单簧管波尔卡》把曼曼的目光吸引到草坪上。只见老师和幼儿席地而坐,正在玩推球游戏。孩子们小脸上洋溢着快乐的笑容,推球、拍手、点头的动作与音乐越来越和谐……

幼儿园音乐教育是要教幼儿唱歌、跳舞、奏乐吗？和曼曼一起来认识幼儿园音乐教育吧！

知识储备

一、幼儿园音乐教育的定位

2001 年,我国教育部颁布的《幼儿园教育指导纲要(试行)》(下文简称《纲要》)将幼儿园教育活动分为健康、语言、社会、科学、艺术五个领域,明确“艺术”在幼儿园教育中的重要地位,指出:“艺术是实施美育的重要途径,要充分发挥音乐的情感教育功能,促进幼儿健全人格的形成。”音乐教育作为“艺术”领域的重要组成,成为幼儿园教育的重要内容之一,承担起促进幼儿音乐能力发展和全面发展的重任。

教育部 2012 年 9 月颁布的《3—6 岁儿童学习与发展指南》(下文简称《指南》)中关于幼儿园艺术领域教育目标的表述如下:

(1)感受与欣赏:喜欢自然界与生活中美的事物;喜欢欣赏多种多样的艺术形式和作品。

(2)表现与创造:喜欢进行艺术活动并大胆表现;具有初步的艺术表现与创造力。

梳理与总结:幼儿园音乐教育不是为了培养专门的音乐人才,也不局限于教幼儿几首儿歌或几段舞蹈,而是让幼儿在音乐中得到美的熏陶,满足幼儿情感和交往的内心需要,开拓幼儿审美视野,孕育幼儿美好心灵,让音乐走进幼儿生活,陪伴幼儿一生。

二、幼儿园音乐教育的原则

《纲要》指出,“幼儿园教育应尊重幼儿的人格和权力,尊重幼儿身心发展规律和学习特点,以游戏为基本活动,保教并重,关注个体差异,促进每个幼儿富有个性的发展。”根据《纲要》要求,幼儿园音乐教育应遵循三项原则。

(一)面向每个幼儿

幼儿园音乐教育是面向全体幼儿的普及性教育,是促进幼儿全面、和谐、健康发展的一部分,不是培养音乐家的教育。因此,幼儿园音乐教育实施的基础是认可每个幼儿都有音乐学习的天赋和潜能,认识到每个幼儿的音乐能力的差异。例如,有的幼儿对音准、音色有敏锐的辨别能力;有的幼儿对节奏有着与生俱来的表现力;有的幼儿视谱律动和奏乐的反应快;有的幼儿具备音色叠加的音响构成能力;等等。

幼儿园音乐教育的任务就是开发幼儿的音乐天赋,激发幼儿的音乐潜能,培养幼儿的音乐兴趣,使音乐成为幼儿一生的好伙伴。

(二)了解每个幼儿

怎样才能适应幼儿音乐能力差异,促进幼儿在原有水平上发展呢?幼儿教师要掌握 3 ~6 岁幼儿音乐学习的能力特点,熟知有关音乐学习的幼儿身体发育情况,如:幼儿喉部肌肉发育对音准的影响;口部肌肉发育对咬字的影响;声带发育对音域的影响;上肢小肌肉群发育对手腕、手指动作的影响,以及对乐器操作的影响等。

熟知影响幼儿音乐学习的心理发育特点,了解幼儿有意注意时间对课堂效率的影响;空间能力发展对队形认知的影响;社会性发展对合作学习的影响等。

幼儿处于身心快速发展期,各年龄段身心发展的特点和能力具有明显差异。因此,幼儿园音乐教育一定要考虑大多数幼儿的实际水平与最近发展区，还要通过细致的观察、记录、分类，提升每个幼儿的音乐能力，使教育目标有弹性、有侧重，适应幼儿的个体差异。

（三）发展每个幼儿

怎样才能促进每个幼儿的个性化发展呢？

首先，音乐材料要有一定的伸缩性和灵活性，可以从多方面、多角度去理解，可以重复使用、增加难度、变换形式，从而适应幼儿的发展需要。

其次，灵活多样的教学形式也至关重要。如果教师一次音乐活动只教幼儿唱歌，那么不具备歌唱能力的幼儿就很难得到发展提高。所以，我们可以采用听辨、语言、律动、声势、歌唱、奏乐、绘画、表演等艺术形式的组合与叠加开展教学。在这一点上，陈鹤琴先生的教育理念，达尔克罗兹、柯达伊、奥尔夫等音乐教育体系可以带给我们很多有益的启发。

最后，尊重幼儿独特的艺术感受与表现也很重要。只有充分认识到这一点，教师才不会主观、固化地评判幼儿、左右幼儿，才能更好地发展幼儿的音乐天赋，保护幼儿与生俱来的音乐天赋和对音乐的热爱。

梳理与总结：幼儿音乐能力的差异性，以及由此带来的多样发展需求，要求我们了解幼儿的能力、特点，制订切实可行的教育目标，为幼儿提供灵活的音乐材料和教学形式，尊重幼儿独特的音乐表现与创造，促进每个幼儿在原有水平上的发展。

三、幼儿园音乐教育的任务

根据《纲要》和《指南》相关内容，我们将幼儿园音乐教育的任务分为四个方面。

（一）激发幼儿的音乐兴趣与爱好

兴趣是最好的老师，但幼儿对音乐的兴趣不是与生俱来的。幼儿园音乐教育的首要任务是选择幼儿能够接受和乐于接受的内容，在平等、轻松、愉快、和谐的氛围中培养幼儿的音乐兴趣，让音乐成为幼儿的朋友，走进幼儿的心灵，走进幼儿的生活。

（二）指导幼儿掌握初步的音乐知识与技能

一定的音乐知识和技能是顺利进行音乐实践的必要前提，有助于增强幼儿音乐的感知能力和理解能力，提高音乐表现能力和创造能力，让幼儿获得更多表现的机会和自信。帮助幼儿掌握初步的音乐知识和技能是幼儿园音乐教育的任务之一。

（三）培养幼儿的音乐能力

早期音乐能力的发展水平对幼儿以后能否顺利从事音乐活动和接受更高级的音乐教育起着决定性的作用。幼儿教师在音乐教育过程中应有意识地培养幼儿的节奏能力、音准能力、听辨能力、音乐记忆、音乐模仿、情感表达以及音乐创编能力，多创造幼儿自我表达的机会，发展幼儿的音乐才能。

（四）促进幼儿的全面发展

音乐教育对幼儿身心发展有良好的促进作用。教师应从宏观着眼、微观入手，挖掘音乐作品和教育过程中潜在的教育价值，带给幼儿良好的情绪体验和周围世界正确的认识，培养自我意识、养成健康人格、发展社会交往，促进幼儿形成良好的个性心理品质。

梳理与总结：幼儿阶段良好的音乐教育不仅可以有效发展幼儿的音乐感知力、理解力、表现力、创造力，为幼儿一生音乐能力的发展奠定良好的基础，还可以有效促进幼儿身体、语言、认知、情感、意志、审美、交往和学习能力的全面发展，是幼儿园教育不可或缺的重要组成部分。

思考练习

一、判断正误

1. 幼儿园音乐教育依据的文件主要是教育部《幼儿园教育指导纲要(试行)》和《3—6岁儿童学习与发展指南》。（　）

2. 幼儿各阶段音乐学习能力不受身体发育情况影响。（　）

3. 幼儿园音乐教育的主要目标是培养专业音乐人才。（　）

4. 幼儿园音乐教育须培养幼儿初步的艺术表现与创造力。（　）

5. 幼儿音乐能力的差异性要求，为幼儿提供灵活的音乐材料和教学形式。（　）

二、小组讨论/线上讨论

关于曼曼对幼儿园音乐教育的认识：

错误印象：________________________________

____

科学认知：________________________________

____

赛证考点

1. 对应幼儿教师资格考试“学前教育原理”中：

(1)幼儿园教育的目标。

(2)幼儿园教育的任务。

(3)素质教育的基本内涵和基本要求。

2. 对应幼儿教师资格考试“职业理念”中：

(1)教育观，素质教育与幼儿素质教育。

(2)儿童观，育人为本、因材施教、教育公正。

(3)教师观，幼儿教师的教育角色、劳动特点、专业发展。

考题形式：笔试、面试。

任务布置

学习完本任务，请完成以下任务：

任务名称	认识幼儿园音乐教育
任务说明	对幼儿园音乐教育的总体认知是实施幼儿园音乐教育活动、开展各类幼儿园音乐游戏的基础。因此，本课的任务是通过多种途径了解幼儿园音乐教育的实施途径，并绘制图(表)加以说明
任务要求	1. 学习幼儿园音乐教育的定位、原则和任务。 2. 小组成员广泛查阅资料，补充欠缺的知识，构建新的认知体系。 3. 多种途径了解幼儿园音乐教育的实施途径，并绘制图(表)。 4. 在图(表)中举例说明其中一种音乐教育途径。 5. 完成后上传云平台，各小组交流互评

任务实施

实施步骤 1:组建团队

学生 4 ~6 人结成学习小组,按照项目间轮换、项目内固定的原则,同一个项目内小组成员固定,小组长轮换,不同项目间成员轮换,让学生学会组织与协作。将成员姓名和分工填入表 0-1-1。

表 0-1-1　小组任务分工与角色扮演

姓名	承担角色	工作任务	
		平行任务	角色人物(分层任务)
	小组组长		
	小组副组长		
	小组成员		

实施步骤 2:丰富认识

广泛查阅资料,在表 0-1-2 中补充欠缺的知识,完善学习者自身认知体系。

表 0-1-2　补充知识记录单

幼儿园音乐教育	补充知识	补充成员

实施步骤 3:绘制图(表)

在表 0-1-3 中绘制图(表),列举幼儿园音乐教育的实施途径。完成后上传云平台,各小组交流互评。

表 0-1-3　示意图(表)

实施步骤 4:反思提升

学生展示小组成果,师生通过讨论、评价等方式给出意见和建议,填入表 0-1-4,促进自我反思提升。

注:此表可另附纸张或于线上提交。

表 0-1-4　反思与修改

修改内容	修改原因

任务评价

教师组织学生互评、双师评价，将评价结果填入表 0-1-5 ~ 表 0-1-6。

表 0-1-5　学生互评表

评分组别	知识准确(4.0 分)	分类清晰(4.0 分)	设计合理(2.0 分)	总分
一组给分				
二组给分				
三组给分				
四组给分				
评语与建议	评价小组：			

表 0-1-6　双师评价表

评分组别	校内指导教师	幼儿园指导教师
评分等级	★★★★★	★★★★★
评语与建议	指导教师：	指导教师：

任务二　认识幼儿园游戏化音乐活动

任务情景

在幼儿园门口，曼曼听到了两名家长的对话。一位家长说：“孩子在幼儿园每天唱唱跳跳，玩得可高兴呢！”另一位家长却说：“游戏的花样倒是挺多，但不上课，不教知识也挺让人发愁的。”

曼曼很想给家长解释一下，她该怎样说呢？

知识储备

一、幼儿园游戏化音乐活动的概况

2001年国家教育部颁布的《纲要》明确指出“幼儿园以游戏为基本活动……”,明确了游戏是幼儿园教育的主要形式。经过20余年的探索与发展,幼儿音乐教育活动游戏化成为教学改革的热点和方向。

幼儿园“以游戏为基本活动”指一切教育行为都要统一到“游戏”上来,凸显自由、趣味、灵活、多样的游戏特征和活动特征。幼儿园一日生活应从时间、场地、环境、材料、教育活动的组织形式上体现“游戏化”,让幼儿在玩中学。

(一)游戏化自主音乐活动

1. 游戏化区角音乐活动

区角音乐活动是幼儿教师以幼儿感兴趣的活动主题、活动材料和活动类型为依据,在活动室创设专门的音乐区域,精心选择、投放游戏材料,为幼儿提供自主选择材料、自主自发游戏和适时适当地介入、参与、支持的游戏活动。

2. 游戏化自发音乐活动

自发音乐活动是幼儿在非教师设计与干预的情况下,完全自发的音乐游戏体验,如自然地哼唱、自发地律动、自由地拍打等,是幼儿积极用音乐的形式对愉快情绪进行反应。

3. 游戏化渗透音乐活动

渗透音乐活动是教师在幼儿园生活中随时随处进行的音乐教育渗透。在幼儿一日生活中,作为入园/离园、进餐、午睡/唤醒、晨间操、散步、户外自由活动的背景音乐,通常与教师故事性、情境性的语言相结合,幼儿会根据教师创设的情景随机出现音乐游戏行为,是伴随式的、沉浸式的、轻松自然的音乐活动。

(二)游戏化音乐教育活动

1. 集体音乐活动

集体音乐活动是幼儿园音乐教育的重要形式,是由幼儿教师根据幼儿园音乐教育的目标、任务,有目的、有计划地安排活动的时间和场地,合理地选择活动内容和材料,科学地设计、组织和实施活动,以整班幼儿为对象开展包括韵律游戏、歌唱游戏、奏乐游戏等活动。活动时间通常为:小班15 min,中班20 min,大班25 min。

2. 游戏化亲子音乐活动

亲子音乐活动是家长、幼儿和幼儿教师共同参与的活动,其主要特点是游戏化,最大的优势是把音乐元素、亲情元素、游戏元素有机结合。家长陪伴幼儿在游戏中学习,给幼儿带来更多亲子互动的快乐和情感的满足。

3. 音乐治疗活动

音乐治疗活动是以游戏为媒介,通过专门设计的音乐行为主动介入到幼儿的内心世界,运用音乐特有的生理、心理效应,使幼儿经历音乐体验,达到消除心理障碍,预防和缓解心理困扰,恢复和增进身心健康的一种心理治疗游戏活动。

梳理与总结：游戏化音乐活动担负着发展幼儿音乐能力，促进幼儿身心全面发展的任务。在音乐能力方面，主要促进幼儿的感受力、理解力、表现力、创造力的发展；在综合能力方面，主要促进幼儿身体和心理健康的发展、语言和认知能力的发展、情感和意志力的发展、个性和自我意识的发展、合作与社会性的发展，以及学习品质的发展。

二、幼儿园游戏化音乐活动的分类与特征

（一）幼儿园游戏化音乐活动的分类

幼儿园游戏化音乐活动可以分为“无规则游戏化活动”和“有规则游戏化活动”。无规则游戏化活动可以理解为play，最突出的特征是没有游戏规则与限制，幼儿自主性、自由度很大；有规则游戏可以理解为game，最突出的特征是游戏内容、方式、人数、结果上有一定的规定性，过程具有一定的竞技性。

瑞士著名心理学家皮亚杰从儿童认知水平出发，把游戏分为练习游戏（0～2岁）、象征游戏（2岁之后）、结构游戏（2岁之后）、规则游戏（7岁之后）四类，认为规则游戏是儿童进入小学后能达到的水平，如图0-2-1所示。

美国心理学家帕顿从幼儿社会性发展的角度将幼儿游戏的类型从低到高分为：偶然行为（0～2岁）、旁观游戏（2岁之后）、单独游戏（0～2岁）、平行游戏（2～4岁）、联合游戏（4～5岁）和合作游戏（5岁之后），认为5岁幼儿能达到联合游戏的水平，合作游戏是进入小学以后才能达到的水平。

无规则游戏化活动指没有游戏规则，只是融入丰富的游戏元素，呈现游戏特点的音乐教育活动。活动时刻突出音乐特点，一切学习活动以游戏的方式开展，吸引幼儿参与其中，获得快乐。同时，实现音乐教育活动的目标。

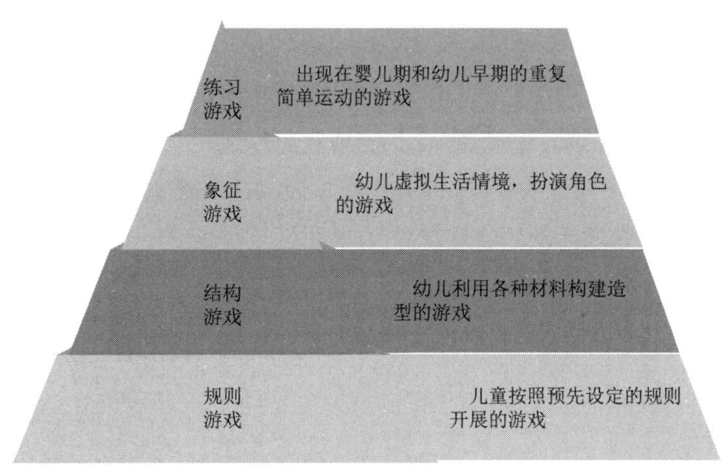

图0-2-1　皮亚杰对游戏的分类

有规则游戏化音乐活动：指不仅有丰富的游戏元素，同时有具体的玩法和规则，具有竞争性并能分出胜负的音乐教育活动，如图0-2-2所示。这样的音乐游戏更符合5岁以上幼儿的心理发展特点。在教师的引导和支持下，中班第二学期以后，幼儿就可以接触简单的游戏规则；在亲子游戏活动中，在家长的陪同参与下，幼儿也能够理解和参与规则较简单的游戏活动。在音乐治疗游戏活

动中,要根据幼儿身心状态选择是否融入简单的游戏规则。

图 0-2-2　幼儿园音乐游戏分类示意图

梳理与总结:3～6 岁幼儿在认知和社会性发展水平上均未达到玩有规则游戏的水平。因此,幼儿园游戏化音乐活动的开展应以无规则游戏化活动为主。游戏化自主音乐活动和音乐教育活动均以无规则游戏形式为主。音乐教育活动中,因为有教师、家长的参与,可以尝试融入简单的游戏规则、协作和竞技。

课例分享

大班奏乐活动“划龙舟”①

划龙舟

游戏化的奏乐活动中教师选择了湖南花鼓戏《刘海戏金蟾》作为演奏素材。用木铲当船桨,通过击打“船桨”进行奏乐。

教师将幼儿分为两组,随乐“划龙舟”并比赛。每组一名队长,N 名队员。队长先敲击“船桨”做加油的动作,队员模仿。然后大家随乐一起做划龙舟的动作。在音乐最后“放装备,放装备,准备跑”的“跑”字后,两队队长从队伍的外面出发去找“龙舟”(带万向轮的平板小车)。然后坐在“龙舟”上奋力用脚向前划动,先来到白板前拿到锣锤的队长获胜并敲一下锣。同时,计分板上这一队的龙舟向前行进 100 m 的赛道。

这是一个典型的融入游戏规则和竞技的课例,游戏规则简单,适合大班幼儿。幼儿在游戏中形成良好的团队意识和竞技意识,既进行了随乐动作游戏和击打木铲的演奏,又在比赛环节玩得不亦乐乎。

梳理与总结:在幼儿园音乐活动中,准确把握游戏规则的难度,可以提高游戏的趣味性和挑战性,激发幼儿的好胜心,还可以有效促进幼儿认知和社会能力发展,将幼儿能力向有规则游戏发展过渡。

(二)幼儿园游戏化音乐活动的特征

1. 音乐性

游戏化音乐活动中,音乐是灵魂。幼儿在活动中感知音乐,伴随音乐旋律的起伏、节奏的跳跃、音色的变化、情绪的发展,感悟音乐、表现音乐、创造音乐……音乐要贯穿游戏始终。

2. 趣味性

游戏化的音乐活动一定是快乐的,只有源自内心的快乐才能让幼儿在音乐中不断获得积极的情绪体验,专注、积极、愉悦地投入游戏。

3. 自主性

游戏是内部动机引起的,只有尊重幼儿的游戏意愿,由幼儿决定游戏化活动的进程和方式,音

① 陈静奋,周洁. 学前儿童音乐教育活动设计与指导[M]. 上海:上海交通大学出版社,2018.

乐活动才能最大限度地激发幼儿潜能。

4. 故事性

游戏中的故事来自幼儿真实的生活和想象的情境，充满了虚构色彩。但这种虚构恰恰是幼儿内心向往的体验，“故事”满足了幼儿的向往，幼儿获得愉悦的同时丰富了经验。

5. 多样性

音乐活动中，幼儿通过感知音乐的节拍、速度、力度、旋律、结构、风格、情绪等进行自由的表现和创造，使活动充满变化、想象与创新。多样化、多感官的游戏化活动才能吸引幼儿兴致盎然地投入其中。

6. 发展性

幼儿处于身心快速发展期，其各年龄段身心发展的特点和能力具有显著差异。因此，音乐活动的设计与实施要符合当前幼儿的实际水平与最近发展区，以促进幼儿发展。

7. 社会性

游戏化活动中，幼儿自然地养成遵守规则的意识、交往合作的意识，成功地从家庭生活过渡到集体生活，提高社会适应能力。

梳理与总结：幼儿园的基本教育形式是游戏，音乐教育也不例外。只有游戏化的教育形式，才是符合幼儿学习心理与学习能力的。因此，幼儿园音乐教育中的“玩”，是幼儿教师精心设计的“玩”和促进幼儿成长的“玩”。

思考练习

一、判断正误

1.“以游戏为基本活动”指幼儿园一日生活都体现游戏化特点。 (　　)

2. 游戏化自主音乐活动和音乐教育活动均有游戏规则。 (　　)

3. 小班第二学期后，幼儿就可以接触简单的游戏规则。 (　　)

4. 尊重幼儿的游戏意愿，音乐活动才能最大限度地激发幼儿潜能。 (　　)

5. 音乐活动的设计与指导可以跨越幼儿的实际水平与最近发展区。 (　　)

二、小组讨论/线上讨论

关于曼曼对于幼儿家长的解释：

主要观点：____

____

语言组织：____

____

赛证考点

1. 对应幼儿教师资格考试“职业理念”中：

- 幼儿教育的概念、性质、特点、原则。
- 幼儿素质教育的实施途径方法。

2. 对应幼儿教师资格考试“游戏活动的指导”中：

- 幼儿园以游戏为基本的活动依据。

- 幼儿游戏的主要功能。

考试形式:笔试、面试。

任务布置

学习完本任务,请完成以下任务:

任务名称	认识幼儿园游戏化音乐活动
任务说明	了解幼儿园游戏化音乐活动才能准确进行活动的设计与指导。因此,本课的任务是分析课例中表现出来的游戏化特点,并绘制关系图进行说明
任务要求	1. 小组集体认真学习幼儿园游戏化音乐活动的概况、分类与特征。 2. 小组成员广泛查阅资料,补充欠缺的知识,构建新的认知体系。 3. 分析课例中表现出来的游戏化特点,并绘制关系图进行说明。 4. 结合课例从如何进一步突出幼儿的自主性的角度提出建议。 5. 完成后上传云平台,各小组交流互评

找奶嘴

任务材料:大班歌唱游戏"找奶嘴"①

游戏玩法:

一名幼儿扮演找奶嘴的人,其他幼儿商量把奶嘴藏起来。

当找奶嘴的人来找时,师幼一起唱《找奶嘴》的儿歌,找奶嘴的人离奶嘴越近,师幼唱歌的声音要越小;离奶嘴越远,师幼歌声要越大。用唱歌声音的大小,来提示奶嘴藏到了哪里。

角色扮演:

(1)第一次游戏,一名教师扮演找奶嘴的人,另一名教师与幼儿一起唱,用不同力度的歌声提示找奶嘴的人找到奶嘴。找到后,教师和幼儿讨论是怎么找到奶嘴的,进一步明确游戏的玩法。

(2)游戏两次后,请一名幼儿找奶嘴,其他小朋友用不同强弱的歌声提示。

(3)再次游戏,再请一名幼儿在娃娃家(游戏区角)找奶嘴,其他小朋友边唱歌边拍手,进一步表现强弱变化。

故事延伸:

宝宝的奶嘴找到了,所以她要甜甜地睡了。我们一起抱着娃娃,摇她睡觉吧。播放《摇篮曲》,帮助幼儿从兴奋中安静下来。

任务实施

实施步骤1:组建团队

学生4~6人结成学习小组,按照项目间轮换、项目内固定的原则,同一个项目内小组成员固定,小组长轮换,不同项目间成员轮换,让学生学会组织与协作。将成员姓名和分工填入表0-2-1。

① 陈蓉.从头到脚玩音乐[M].北京:少年儿童出版社,2012.

表 0-2-1　小组任务分工与角色扮演

<table>
<tr><th rowspan="2">姓名</th><th rowspan="2">承担角色</th><th colspan="2">工作任务</th></tr>
<tr><th>平行任务</th><th>角色人物(分层任务)</th></tr>
<tr><td></td><td>小组组长</td><td></td><td></td></tr>
<tr><td></td><td>小组副组长</td><td></td><td></td></tr>
<tr><td></td><td rowspan="4">小组成员</td><td></td><td></td></tr>
<tr><td></td><td></td><td></td></tr>
<tr><td></td><td></td><td></td></tr>
<tr><td></td><td></td><td></td></tr>
</table>

实施步骤 2:丰富认识

广泛查阅资料,填入表 0-2-2,补充欠缺的知识,填入表 0-2-2,完善学习者自身认知体系。

表 0-2-2　补充知识记录单

幼儿园音乐游戏	补充知识	补充成员

实施步骤 3:绘制图表

分析课例中表现出来的游戏化特点,并在表 0-2-3 中绘制关系图进行说明。结合课例从如何进一步突出幼儿的自主性的角度提出建议,完成后上传云平台,各小组交流互评。

表 0-2-3　课例分析关系图

实施步骤 4:反思提升

学生展示小组成果,师生通过讨论、评价等方式给出意见和建议,填入表 0-2-4,促进自我反思提升。

注:此表可另附纸张或于线上提交。

表 0-2-4　反思与修改

修改内容	修改原因

任务评价

教师组织学生互评、双师评价，将评价结果填入表 0-2-5 ~ 表 0-2-6。

表 0-2-5　学生互评表

评分组别	分析准确(4.0 分)	建议合理(4.0 分)	设计精美(2.0 分)	总分
一组给分				
二组给分				
三组给分				
四组给分				
评语与建议	评价小组：			

表 0-2-6　双师评价表

评分组别	校内指导教师	幼儿园指导教师
评分等级	★★★★★	★★★★★
评语与建议	指导教师：	指导教师：

任务三　认识“活教育”与幼儿园一日音乐生活

任务情景

曼曼非常重视幼儿园一日生活中音乐教育的渗透与融入，然而在哪些环节融入、怎样融入都成了曼曼的难题，来学习本课内容，帮曼曼找找答案吧！

知识储备

一、“活教育”的教育理念内涵

陈鹤琴先生是我国幼儿教育和实践的奠基人，他的“活教育”理念影响了几代中国幼教人的教育理念与教育实践。新时代，重新认识“活教育”理念，再思考“为何教”“教什么”“如何教”的基本教育问题，依然具有深刻的现实意义和时代价值。

（一）“活”的目的，与时俱进关注幼儿发展

陈鹤琴先生立足中国国情，旗帜鲜明地提出“做人，做中国人，做现代中国人”的教育目的。1948 年，陈鹤琴将“做中国人”和“做现代中国人”合并，又增加了“做世界人”，并主张“具有世界的眼光”。“活教育”理念在回答“为何教”上有着层次分明的规划：

在“做人”中体现教育的道德性，培养幼儿独立的人格。

在“做中国人”中体现教育的民族性，培养幼儿爱国情感和为祖国发展而奋斗。

在“做现代中国人”中体现教育的时代性，强调促进幼儿身心均衡发展，知识与能力均衡发展，继承与创新均衡发展，独立与合作均衡发展，以及良好的服务意识。

在“做世界人”中体现教育的世界性，主张具有世界眼光。

（二）“活”的课程，回归生活引领幼儿发展

陈鹤琴先生对“教什么”进行了富有创造性的回答。即把自然、社会作为课程，把自然和社会作为纷繁多姿、变化万千的“活”教材。打破分科教学的课程模式，采用单元编制或活动中心编制，以基于幼儿生活的“五指活动”（即健康、社会、科学、艺术及文学活动）作为具体课程。在实践中，幼儿活动没有课内课外之别，没有固定的课程时间表，完全视幼儿的兴趣和需要而定。“五指活动”如一只手的五个指头，“各个指头相互联结构成一个整体”，总体的指向是幼儿理想的生活。

（三）“活”的方法，做中教学彰显幼儿主体

关于“如何教”，陈鹤琴的“活教育”取法于杜威的“Learning by doing”（在做中学），同时也受到陶行知“教学做合一”主张的影响，强调儿童的直接经验积累，凸显了幼儿的主体地位。“活教育”的教学原则主要有：着重室外的活动，着重对生活的体验，鼓励幼儿在户外通过各种活动，自己动手、动脑去发现、去学习；幼儿在做中获得了直接经验，才是求得进步；教师与幼儿共同做，必要时给幼儿以指导，以逐步形成互动的教学关系。

陈鹤琴先生的十七条教学原则：

1. 儿童应当做自己能够做的。
2. 儿童应当想自己能够想的。
3. 怎样做，就应当怎样教。
4. 鼓励儿童发现自己的世界。
5. 倡导积极的鼓励，反对消极的制裁。
6. 灵活使用自然与社会这一活教材。
7. 运用比较的教学方法。
8. 以比赛促效率。
9. 倡导积极的暗示，反对消极的命令。
10. 运用替代的教学方法。
11. 强调环境的教育价值。
12. 倡导分组的合作学习。
13. 采用游戏化的教学方法。
14. 采用故事化的教学方法。
15. 教师之间应相互学习借鉴。
16. 引导儿童之间的互帮互助。
17. 帮助儿童学会精密地观察。

梳理与总结：陈鹤琴先生的幼教理念已走过百年。他的认识幼儿、生活课程、快乐游戏等“活”

的教育理念与“五指活动”“十七条教学原则”,在今天的幼儿园教育中,依然极具生命力。我们应学习和传承我国优秀的幼教理念,引领每一个孩子更好地自主发展,实现看得见的成长!

二、幼儿园一日音乐生活的组织要点

幼儿园一日生活中的音乐教育存在于教师有目的、有计划的音乐教育活动中,也存在于幼儿的自主音乐活动中。

(一)一日生活中的音乐教育须相互渗透

幼儿园一日生活中的集体音乐活动是幼儿教师有目的、有计划地发展幼儿能力的教育形式。除此以外,入园/离园、午睡/唤醒、进餐、饮水、如厕、洗手、户外游戏、体育锻炼、散步、区角游戏等环节都可以有机渗透游戏化的音乐教育活动。并且,幼儿园一日生活中的音乐教育是相互渗透的。有经验的幼儿教师会把一日生活的音乐教育作为整体进行设计,注重一日生活中各环节音乐素材、游戏化音乐活动的关联与整合,发挥各音乐教育环节的优势,充分运用幼儿的有意注意和无意注意,使教育效果最大化。

比如,在幼儿入园/离园、进餐、如厕、洗手、体育游戏、户外散步时提前渗透集体音乐活动中的音乐作品,或在区角音乐游戏中投放集体音乐活动刚刚学习过、运用过的音乐或材料,使幼儿的音乐学习有预备、有延伸。

也可以请幼儿把音乐活动中学习的内容表演给爸爸妈妈看,或与爸爸妈妈一起玩音乐游戏,把对幼儿的音乐美育延伸到家庭。

(二)一日生活中要创设浓郁的音乐氛围

教师须为幼儿创设富有音乐审美色彩的一日生活环境。

(1)入园/离园时播放舒缓、欢快的音乐或儿童歌曲,稳定幼儿情绪、培养愉悦心境。每学期可以选择3~5首音乐循环播放。

(2)餐前是融入多元风格音乐的好时机。古典音乐、拉丁音乐、爵士音乐、民族音乐都可以以“泛读”的形式简单地介绍给幼儿。这部分音乐可以在如厕、洗手、户外活动、体育运动、散步、区角游戏中有规律地重复,以巩固形成音乐表象。

(3)进餐时可以播放旋律优美、节奏舒缓的音乐,营造愉快温馨的进餐氛围,增进食欲。但要避免播放童谣或歌曲,以免幼儿边吃边跟唱。

(4)午睡时适宜播放抒情缓慢的摇篮曲,严格控制音量与播放时长,帮助幼儿放松并尽快入睡。幼儿入睡后要把音乐轻轻关掉。

(5)晨间操需要选择节奏感强、容易抖擞精神,激发幼儿运动欲望的音乐。歌词内容有趣,容易用形象的动作来表现的音乐也可用于晨间操音乐。晨间操不以动作整齐为目标,而要以幼儿是否心情愉快,是否获得运动锻炼为目标。

(6)体育游戏的热身环节和放松环节最具音乐色彩,教师可以根据音乐的节拍与乐句进行身体的伸展与收缩,为体育游戏做准备或整理。

(7)户外散步中教师应把幼儿的音乐审美从音乐教室带回大自然,聆听并欣赏大自然的鸟鸣、风声、流水、蛙鸣,以及生活中的走路声、汽笛声等,感受声音的长短、高低、强弱和不同的音色。

(8)区角中,教师须为幼儿提供“有准备的环境”和“可操作的材料”,让幼儿在环境中与材料互动、与同伴互动,自由、自发地表现与创造。

梳理与总结:教师可以有计划或随机地提升一日生活中音乐渗透的游戏化水平。引入故事、情境、角色等游戏元素与音乐巧妙结合,帮助幼儿随乐想象,自发产生音乐游戏行为,获得主动、深刻的音乐体验。

(三)一日生活中要创设自由的表现空间

幼儿教师还要为幼儿创设宽松的心理环境,让幼儿乐于表达,大胆用自己的方式积极参与音乐活动。教师要主动欣赏与回应幼儿的“表演”,赞赏和鼓励幼儿独特的表现。区角活动中,教师的角色是观察者、支持者,不要过多干预幼儿游戏活动过程,更不要把自己的意愿强加给幼儿,只在幼儿需要时给予帮助和提示即可。

梳理与总结:幼儿园音乐教育要从一日生活的安排上保证幼儿有充足的游戏时间和游戏权利;要赋予幼儿园一日音乐活动以游戏的性质,让幼儿感受到心智的自由,产生丰富的“游戏”体验;从而热爱音乐、愉悦身心、健康成长。

三、创新幼儿园一日音乐生活中的游戏化活动

下面,我们通过课例来学习幼儿园一日音乐生活中游戏化活动的创新设计。

课例分享

中班散步与游戏活动“冰冻士兵”

奥尔夫音乐《走走停停》

1. 音乐选择

奥尔夫音乐《走走停停》。

2. 活动环境

幼儿园户外活动场地、小树林、小花园等。

3. 游戏玩法

幼儿和老师扮演勇敢的士兵,创设勇敢的士兵会被寒冰冻住,抖掉身体上的冰块儿后又可以继续行走的游戏情景。在音乐进行时,要表现士兵走路的样子;在音乐休止时,要创造性地表现抖落冰块的动作。

4. 设计思路

随着轻松的游戏,幼儿逐渐掌握音乐的拍子,能随乐走步;幼儿逐渐掌握“走”与“停”的乐句规律,能较准确且有准备地做“走”与“停”的动作;幼儿根据音乐的形象自由发挥,生动地表演士兵走路和抖冰的动作、神态。提高幼儿随乐动作、创造性表演的能力,培养幼儿大胆表现的自信心。

5. 游戏变化

同样是《走走停停》的音乐,在过渡阶段(餐前或活动间隙时间)可以变换玩法。如在教室玩“黄先生与蓝先生”的游戏——用黄色和蓝色的塑料杯扮演两位先生。在音乐进行时,手拿杯子交替做出走路的动作;音乐每休止一次,幼儿都要随机表演两位先生在做什么。如:把杯子扣到头上表现戴帽子,放到耳朵上表现打电话,放到嘴上表现吹喇叭等,取得的活动效果与“冰冻士兵”游戏是近似的。

思考练习

一、判断正误

1. “活教育”理念指出了“为何教”“教什么”“谁来教”的基本教育问题。 (　　)
2. 基于幼儿生活的“五指活动”指健康、社会、科学、艺术及语言活动。 (　　)
3. 进餐时是融入多元风格音乐的好时机。 (　　)
4. 教师要主动欣赏与回应幼儿的“表演”,赞赏和鼓励幼儿独特的表现。 (　　)
5. 午睡时须严格控制音乐的音量,背景音乐可以一直播放。 (　　)

二、小组讨论/线上讨论

关于曼曼的音乐教育实施途径:

观察梳理:____

____

遗漏补充:____

____

赛证考点

对应幼儿教师资格考试“生活指导”中:

- 国内学前教育学的建立和发展。
- 幼儿园一日生活的主要环节与教育意义。
- 幼儿的常规生活教育。

考题形式:笔试、面试。

任务布置

学习完本任务,请完成以下任务:

任务名称	认识“活教育”与幼儿园一日音乐生活
任务说明	对“活教育”理念和幼儿园一日音乐生活的总体认知是创设幼儿园一日音乐生活中游戏化活动的基础。 因此,本课的任务是自选幼儿园一日音乐生活中的任一环节,创设游戏化活动
任务要求	1. 小组集体认真学习幼儿园一日音乐生活的组织要点。 2. 小组成员广泛查阅资料,补充欠缺的知识,构建新的认知体系。 3. 研读幼儿园一日音乐生活中游戏活动的案例,模仿创设新游戏活动。 4. 说明游戏的设计思路。 5. 完成后上传云平台,各小组交流互评

任务实施

实施步骤1:组建团队

学生4~6人结成学习小组,按照项目间轮换、项目内固定的原则,同一个项目内小组成员固定,小组长轮换,不同项目间成员轮换,让学生学会组织与协作。将成员姓名和分工填入表0-3-1。

表 0-3-1 小组任务分工与角色扮演

姓名	承担角色	工作任务	
		平行任务	角色人物(分层任务)
	小组组长		
	小组副组长		
	小组成员		

实施步骤 2:丰富认识

广泛查阅资料,补充欠缺的知识,填入表 0-3-2,完善学习者自身认知体系。

表 0-3-2 补充知识记录单

"活教育"/一日音乐生活	补充知识	补充成员

实施步骤 3:绘制图表

研读幼儿园一日音乐生活中游戏活动的案例,模仿创设新游戏活动,说明游戏的设计思路,填入表 0-3-3。完成后上传云平台,各小组交流互评。

表 0-3-3 活动设计方案

音乐教育环节描述	
音乐选择	
活动环境	
游戏玩法	
设计思路	

实施步骤 4:反思提升

学生展示小组成果,师生通过讨论、评价等方式给出意见和建议,填入表 0-3-4 中,促进自我反思提升。

表 0-3-4 反思与修改

修改内容	修改原因

任务评价

教师组织学生互评、双师评价,将评价结果填入表 0-3-5 ~ 表 0-3-6。

表 0-3-5 学生互评表

评分组别	音乐得当(4.0 分)	游戏合理(4.0 分)	思路清晰(2.0 分)	总分
一组给分				
二组给分				
三组给分				
四组给分				
评语与建议	评价小组:			

表 0-3-6 双师评价表

评分组别	校内指导教师	幼儿园指导教师
评分等级	★★★★★	★★★★★
评语与建议	指导教师:	指导教师:

学习评价

个人积分成长

任务	任务一	任务二	任务三
得分			
成长曲线	任务一	任务二	任务三

项目一

探索新型游戏化集体音乐活动

问题导入

幼儿园集体音乐活动是由教师设计、组织、实施的，以整班幼儿为对象的音乐教育活动。按照2020年中共中央办公厅、国务院办公厅印发的《关于全国加强和改进新时代学校美育工作的意见》中强调的“扎根中国、融通中外”要求，“新型”主要通过吸收借鉴融合中外音乐教育理念和方法，对传统集体音乐教学活动的内容与形式进行丰富。“游戏化”主要指活动蕴含自由、自主、创造、愉悦的游戏精神，从而提升幼儿的活动体验。

请大家思考：如何借鉴国内外教育理念与方法创新幼儿园集体音乐活动？怎样制订游戏化集体音乐活动的目标、设计活动的流程、实施活动的评价？

学习目标

知识目标：

1. 理解并能阐述奥尔夫与集体音乐活动融合的教学思路。
2. 理解并能阐述游戏化集体音乐活动目标制订的原则与方法。
3. 理解并能阐述游戏化集体音乐活动评价实施的原则与方法。

能力目标：

1. 能协作设计新型游戏化集体音乐活动的流程。
2. 能协作制订新型游戏化集体音乐活动的目标。
3. 能协作实施新型游戏化集体音乐活动的评价。

素质目标：

1. 培育深入研究教育教学理论、不断提高教学能力的教师职业精神。
2. 树立兼收并蓄、不断探索幼教新方法的改革创新意识。
3. 形成紧跟时代、不断吸收信息技术运用于幼儿园教学的科技意识。

学习内容

经过对项目流程关键环节以及各环节知识点、技能点的分析提炼，本项目共提炼出四个岗位任务。建议全部混合式学习，课时分配如下：

<table>
<tr><td rowspan="2">项目</td><td rowspan="2">知识点/技能点</td><td rowspan="2">学习形式</td><td colspan="2">课时分配</td></tr>
<tr><td>理论</td><td>实践</td></tr>
<tr><td rowspan="4">探索新型游戏化集体音乐活动</td><td>奥尔夫音乐教育体系的借鉴融合
♫ 奥尔夫音乐教育体系实践基础
♫ 探索奥尔夫与集体音乐活动的融合</td><td>混合</td><td>0.5</td><td>0.5</td></tr>
<tr><td>新型游戏化集体音乐活动流程设计
♫ 新型游戏化集体音乐活动的要素
♫ 新型游戏化集体音乐活动的流程
♫ 探索新型游戏化集体音乐活动的设计</td><td>混合</td><td>0.5</td><td>0.5</td></tr>
<tr><td>新型游戏化集体音乐活动目标制订
♫ 新型游戏化集体音乐活动的目标
♫ 制订新型游戏化集体音乐活动目标的原则
♫ 制订新型游戏化集体音乐活动目标的方法
♫ 制订新型游戏化集体音乐活动的目标</td><td>混合</td><td>0.5</td><td>0.5</td></tr>
<tr><td>新型游戏化集体音乐活动评价实施
♫ 新型游戏化集体音乐活动的评价
♫ 实施新型游戏化集体音乐活动评价的原则
♫ 实施新型游戏化集体音乐活动评价的方法
♫ 实施新型游戏化集体音乐活动的评价</td><td>混合</td><td>0.5</td><td>0.5</td></tr>
</table>

课前测试

课前预习并完成以下测验题(不定项选择题):

1.《指南》中关于幼儿园艺术领域教育目标的表述是(　　)。

A. 感受与欣赏　B. 模仿与练习　C. 表现与创造　D. 游戏与快乐

2. 关于奥尔夫音乐教育体系在幼儿园实践基础的叙述,正确的是(　　)。

A. 20 世纪 80 年代引进我国

B. 由上海音乐学院廖乃雄教授带回中国

C. 对奥尔夫的"本土化"做了积极探索

D. 使学前音乐教育不与世界音乐教育接轨

3. 幼儿园音乐教育活动可以从哪些方面与奥尔夫教育理念进行融合(　　)。

A. 与"原本性"理念融合　B. 与"综合性"理念融合

C. 与"参与性"理念融合　D. 与"创造性"理念融合

4. 音乐表现媒介指的是(　　)。

A. 肢体媒介(声势、律动)　B. 视觉媒介(指挥、图谱)

C. 嗓音媒介(语言、歌唱)　D. 乐器媒介(音条乐器、小打击乐器)

5. 新型游戏化集体音乐活动的流程包括(　　)。

A. 伴随故事情境的创设,幼儿模仿学习最初音乐元素。

B. 伴随故事情境的发展,幼儿累加掌握新的艺术元素。

C. 伴随故事情境的变化,艺术元素形成创造模型,幼儿转换音乐表现媒介进行创造。

D. 伴随故事情境的结尾,活动形成多种艺术形式立体组合的音乐表现形式。

任务一　奥尔夫音乐教育体系的借鉴融合

任务情景

今天,幼儿园教师集体参加的奥尔夫音乐教育培训,让曼曼感到耳目一新。曼曼在想:为什么在奥尔夫音乐活动中幼儿能自由参与,还能很有成效的创新呢?

帮助曼曼总结"奥尔夫"音乐活动特点,一起借鉴奥尔夫音乐教育的方法吧!

知识储备

一、奥尔夫音乐教育体系实践基础

奥尔夫音乐教育体系的创建者卡尔・奥尔夫(1895—1982)是20世纪著名的德国作曲家,他的音乐作品在全世界上演。他也是一位音乐教育改革先驱,其音乐教学法既具有先进独特的奥尔夫音乐教育理念,又开放包容,与著名的达尔克罗兹、柯达伊音乐教育体系高度融合,得到世界各国音乐教育工作者的推崇。

20世纪80年代,奥尔夫音乐教育体系由上海音乐学院廖乃雄教授带回中国,其丰富的内容、灵活的教法、生动的课堂,对中国音乐教育产生了深远影响。我国的奥尔夫教育专家对奥尔夫音乐教育理念在幼儿园音乐教育中的"本土化"做了积极的探索,产生了一批优秀的研究成果,如陈淑宜的《奥尔夫音乐亲子教学》,陈蓉的《从头到脚玩音乐》《跟我摇摆》等。

从理论发展与改革实践来看,如今幼儿园律动活动、歌唱活动、奏乐活动中,处处可见奥尔夫教育理念和方法的应用。如:语言节奏的应用;动作学习的空间顺序;四种古典声势的应用;打击乐器的分类、配器;柯达伊节奏读法;柯尔文手势;听、说、动、唱、奏、演多感官通道的音乐欣赏方法等。

梳理与总结:奥尔夫音乐教育体系引入中国的40余年间,在幼儿园有很好的实践基础。实现了幼儿园音乐教育较大程度的发展,为未来的音乐教育改革奠定了良好的基础,并在一定程度上与世界音乐教育接轨。

二、探索"奥尔夫"与集体音乐活动的融合

奥尔夫音乐教育充满了"游戏"精神,凸显了"玩中学"的特点,这一点与《纲要》中的"游戏"理念高度一致。幼儿自觉自愿、不知不觉、轻松快乐、不知疲倦地在说说唱唱、蹦蹦跳跳、敲敲打打中爱上音乐。在快乐的游戏中养成动脑动手的习惯,形成综合能力。我们完全可以在奥尔夫教育理念与集体音乐活动的融合上,做更进一步的探索。

(一)奥尔夫"原本性"理念与集体音乐活动的融合

奥尔夫音乐教育理念的核心是"原本性"。它强调幼儿具有音乐表达的本能;原本的音乐是接近土壤的、自然的、机体的,能被幼儿体验并学会的,是适合幼儿的。

将“原本性”融入幼儿园集体音乐活动，主要是依据幼儿身心特点，运用本能的音乐表达方式——动作，以最简单、质朴的音乐元素为切入点（如心跳、呼吸、走路、跑跳、语言的节奏等），自然引发幼儿的游戏行为，从而实现快乐、自主的音乐感知、表现和创造。

（二）奥尔夫“综合性”理念与集体音乐活动的融合

奥尔夫音乐教育是一个高度综合的整体，语言、声势、律动、歌唱、奏乐、绘画、故事、戏剧等一切调动幼儿多感官参与的艺术形式都可以使用。

将“综合性”融入幼儿园集体音乐活动，可以从最基本的元素出发，不断加入新的元素和表现手段，形成多种艺术形式立体式组合的音乐表现形式，使孩子兴致勃勃地参与音乐游戏。

（三）奥尔夫“创造性”理念与集体音乐活动的融合

创造是奥尔夫音乐教育的灵魂，也是最吸引人的构成。但奥尔夫的“即兴”与“创造”不是毫无根据与无所适从的即兴，而是在前一环节做好坚实的铺垫，在幼儿具备经验的基础上，音乐表现媒介的转换。如：肢体媒介（声势、律动）、嗓音媒介（语言、歌唱）、视觉媒介（指挥、图谱）、乐器媒介等之间的相互转换，如图 1-1-1 所示。以此为幼儿的“即兴”与“创造”提供支持，降低创造难度与焦虑，锻炼幼儿的想象力和创造力，培养幼儿的反应能力、自信心、专注力、合作精神、创新能力。

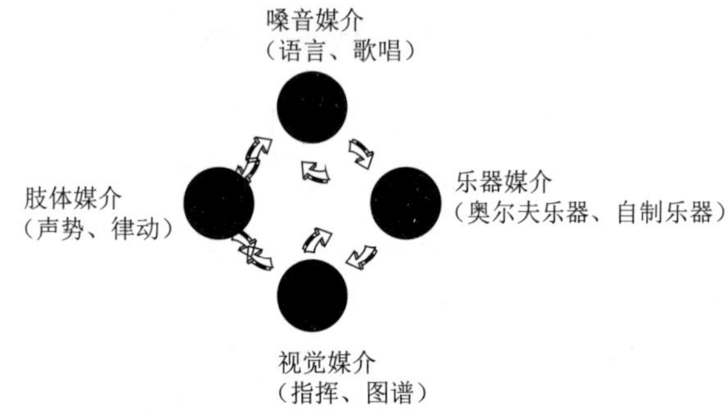

图 1-1-1　奥尔夫音乐表现媒介的转换

将“创造性”融入幼儿园集体音乐活动，主要是对活动环节进行科学设计，使每个环节成为后一环节坚实的基础，关注幼儿前期经验的输入，形成“创造模型”。在此基础上，启发幼儿用艺术的形式表达内心的感受、独到的见解和创新的表演。

（四）奥尔夫“参与性”理念与集体音乐活动的融合

奥尔夫音乐教育的最终目标是培养全面发展的人，而不是音乐家。因此，它更强调亲身体验的重要性，认为经验优于概念。因此，奥尔夫音乐活动中，幼儿不再是观众和听众，而是音乐表演者和音乐创作者，从始至终在用各种各样的方式表现音乐。

将“参与性”融入幼儿园集体音乐活动，主要是保护幼儿音乐活动中的主体精神和内在动力。只有全身心地投入、多感官地体验，才能获得游戏带来的音乐体验，促进幼儿感觉、知觉、观察、注意、记忆、想象、思维、语言等认知能力和社会交往能力的发展。

（五）奥尔夫“主体性”理念与集体音乐活动的融合

奥尔夫音乐教学的过程为：模仿—探索—创造—展示。奥尔夫从不反对模仿，反而把模仿作为学习必要的体验与积累；但随着幼儿音乐体验和积累的增加，到了“探索—创造—展示”阶段，教师“教”的行为要做减法，适时把自主权还给幼儿，促成幼儿的独立学习与发展。

将“主体性”融入幼儿园集体音乐活动，主要是借鉴奥尔夫教学法中“教”的智慧，学习教师角色转变的做法，即从示范到引导、到参与、到旁观，既能恰到好处地给幼儿学习支持，又能收放自如地给幼儿更多的自主空间，尊重幼儿的独特感受和游戏意愿，让幼儿成为音乐活动的主人。

梳理与总结：奥尔夫教育体系为音乐活动“游戏化”特征的体现提供了具体的方法，而且更贴合幼儿身心特点，帮助幼儿更好地融入以音乐为核心的综合艺术中，更好地尊重幼儿的主体性，促进幼儿发展。

思考练习

一、判断正误

1. 奥尔夫音乐教育理念，独立于达尔克罗兹、柯达伊教育体系之外。（　　）
2. 奥尔夫音乐教育充满了“游戏”精神和“玩中学”的特点。（　　）
3. 音乐表现媒介中视觉媒介指的是指挥、声势和图谱。（　　）
4. 奥尔夫把模仿作为音乐学习必要的体验与积累。（　　）
5. 从“模仿”到“展示”教师“教”的行为要做减法。（　　）

二、小组讨论/线上讨论

对曼曼在一个音乐游戏中运用六种艺术形式的做法，你有什么建议呢？

借鉴：______________________________

____

修改建议：______________________________

____

赛证考点

1. 对应幼儿教师资格考试“中外幼儿教育思想的发展”中：

- 西方学前教育学的形成和发展。
- 国内学前教育学的建立和发展。

考题形式：笔试。

2. 奥尔夫音乐指导师考点——奥尔夫教学法。

任务布置

学习完本任务，请完成以下任务：

任务名称	奥尔夫音乐教育体系的借鉴融合
任务说明	奥尔夫音乐教育体系对我国学前音乐教育影响深远，其原本性、综合性、创造性、参与性、主体性理念使音乐教育更贴合幼儿身心特点。 了解奥尔夫音乐教育体系才能运用其设计指导幼儿园集体音乐活动。因此，本课的任务是分析课例中蕴含了哪些奥尔夫音乐教育理念，并绘制关系图进行说明
任务要求	1. 小组集体认真学习奥尔夫音乐教育理念与音乐活动融合的意义。 2. 小组成员广泛查阅资料补充欠缺的知识，构建新的认知体系。 3. 分析课例中蕴含的奥尔夫音乐教育理念，并绘制分析图。 4. 结合课例从如何进一步突出游戏化活动趣味性的角度提出建议。 5. 目标完成后上传云平台，各小组交流互评

任务材料:大班韵律游戏“丫丫和哈哈”。

课例流程:

步骤1 听故事。丫丫和哈哈是好朋友,可是哈哈不见了。丫丫决定拿着地图去找哈哈。路线图太难懂了,我们一起帮丫丫看看好不好?

步骤2 播放音乐,引导幼儿用手跟着音乐图谱(路线图)整体认知音乐。

步骤3 发展故事。教师提问:“丫丫前面出现了几座高山呀?快来数一数。”丫丫爬不上去只有钻山洞了,同时要启发幼儿创编钻洞和左右看的动作。

步骤4 沿着路线图走,再钻过山洞,丫丫就找到了哈哈。我们跟着音乐告诉哈哈我们是怎样找来的吧!

任务实施

实施步骤1:组建团队

学生4~6人结成学习小组,按照项目间轮换、项目内固定的原则,同一个项目内小组成员固定,小组长轮换,不同项目间成员轮换,让学生学会组织与协作。将成员姓名和分工填入表1-1-1。

表1-1-1 小组任务分工与角色扮演

姓名	承担角色	工作任务	
		平行任务	角色人物(分层任务)
	小组组长		
	小组副组长		
	小组成员		

实施步骤2:丰富认识

广泛查阅资料,在表1-1-2中补充欠缺的知识,完善学习者自身认知体系。

表1-1-2 补充知识记录单

奥尔夫借鉴融合	补充知识	补充成员

实施步骤3:绘制图表

分析课例中蕴含的奥尔夫教育理念,在表1-1-3中绘制分析图(表)。完成后上传云平台,各小组交流互评。

表1-1-3　课例分析图

实施步骤4:反思提升

学生展示小组成果,师生通过讨论、评价等方式给出意见和建议,填在表1-1-4中,促进自我反思提升。

表1-1-4　反思与修改

修改内容	修改原因

任务评价

教师组织学生互评、双师评价,将评价结果填入表1-1-5～表1-1-6中。

表1-1-5　学生互评表

评分组别	分析准确(4.0分)	建议合理(4.0分)	设计精美(2.0分)	总分
一组给分				
二组给分				
三组给分				
四组给分				
评语与建议	评价小组:			

表 1-1-6　双师评价表

评分组别	校内指导教师	幼儿园指导教师
评分等级	★★★★★	★★★★★
评语与建议	指导教师：	指导教师：

任务二　新型游戏化集体音乐活动流程设计

任务情景

曼曼热情满满地设计了一个新型游戏化集体音乐活动，活动流程分四个部分，即教师呈现最初的音乐元素，累加新的艺术元素，两种元素立体呈现，幼儿进行整体表演。曼曼总觉得活动设计忽略了什么。

帮曼曼想一想："活动流程设计忽略了什么呢？"

知识储备

一、新型游戏化集体音乐活动的要素

奥尔夫理念与幼儿园集体音乐活动的融合，使活动充满了快乐、参与、多样、自主、发展、交流的元素，更新了幼儿园集体音乐活动设计思路和指导方法，形成了新型游戏化的幼儿园集体音乐活动。

我们把这样的活动比喻成一棵生长的树：树生长的环境是幼儿喜爱的故事化情境，由此创设了活动的游戏氛围。树的种子是最初的音乐元素。树的养分是逐渐累加的新的艺术形式（包括：语言、声势、律动、歌唱、奏乐、绘画、游戏、戏剧等）。树的果实就是活动中幼儿得到的音乐能力（感受力、理解力、表现力、创造力）和综合能力（身体和心理健康的发展、语言和认知能力的发展、情感和意志力的发展、个性和自我意识的发展、合作与社会性的发展以及学习品质的发展），如图 1-2-1 所示。

二、新型游戏化集体音乐活动的流程

奥尔夫音乐教育不拘一格、千变万化，总是可以不断突破幼儿的音乐学习、艺术感受与综合能力。综合多个奥尔夫教学案例，我们就会发现其活动设计的规律。这些规律可以帮助幼儿教师快速掌握新型游戏化集体音乐活动的设计思路。

经过总结提炼，我们认为其流程可以归纳为四个部分：

（1）A 部分。伴随故事情境的创设，出现活动中最初的音乐元素（简称"元素"），幼儿通过模仿掌握这一基本元素。

（2）B 部分。伴随故事情境的发展，活动累加新的艺术形式（简称"新元素"），幼儿通过探索掌握这些新元素，理解新元素与音乐的关系，从而表现音乐。

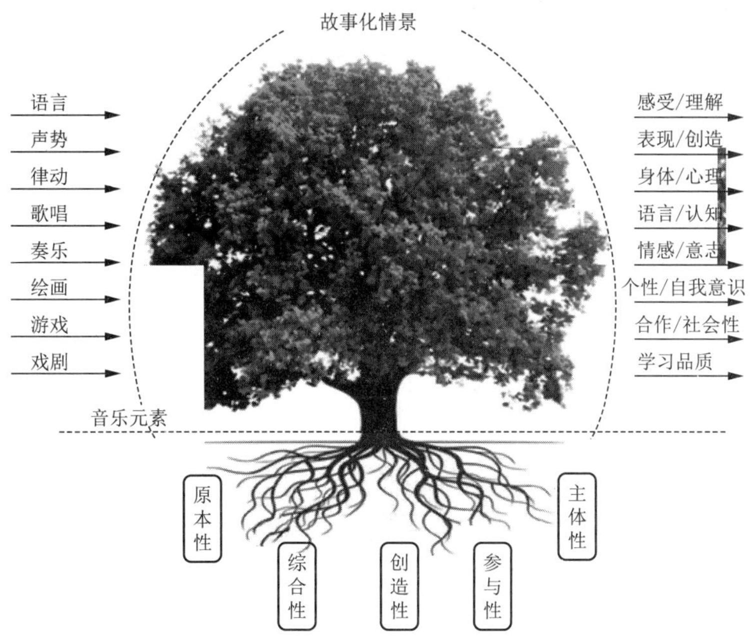

图 1-2-1 新型游戏化集体音乐活动的要素

(3)C 部分。伴随故事情境的变化,活动中之前的“元素”与“新元素”共同形成“创造模型”。幼儿据此“创造模型”转换音乐表现媒介,即兴创造新的音乐“玩”法。

(4)D 部分。伴随故事情境的结尾,活动形成多种艺术形式立体式组合的音乐表现形式。幼儿在模仿、探索、创造的过程中已经掌握了音乐的要素,具备了音乐表现的能力,在合作展示中享受活动成果。

活动始终在“故事”中创设、发展、变化、结束,使活动充满游戏化的情境,具有完整感,始终吸引幼儿的注意力与兴趣;活动中,抓住音乐中最初的、最主要的音乐元素,并按照幼儿的游戏意愿丰富和累加艺术形式,实现幼儿内心的音乐表达与再创作;实现了幼儿音乐能力从模仿—探索—创造—展示的逐渐增强;教师角色从“示范—引导—参与—旁观”逐渐减弱,凸显了幼儿在音乐活动中的主体地位,如图 1-2-2 所示。

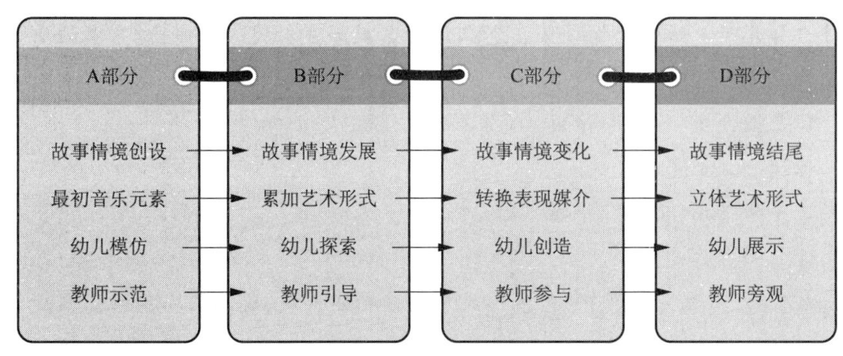

图 1-2-2 新型游戏化集体音乐活动设计流程图

梳理与总结:图 1-2-2 是理论层面完整的活动流程。在实际音乐活动开展过程中,教师可以根据幼儿的年龄、音乐经验、游戏时间，结合活动目标对活动流程做适当、灵活的调整。活动不一定完全按照 A + B + C + D 的组合形式开展。

小班幼儿有可能一次活动只进行 A + B 部分；中班幼儿有可能一次能进行的内容多一些。教师不必被流程图困住，而是要借助流程图的内在逻辑性设计与创设适合本班幼儿的活动。

三、探索新型游戏化集体音乐活动的设计

下面，我们通过课例来学习新型游戏化集体音乐活动的设计。

课例分享

懒惰虫

中班韵律活动“懒惰虫”

1. 韵律音乐

2. 课例流程设计

（1）A 部分：

步骤 1 教师创设故事情境：森林里，住着一只懒惰虫，他总赖在家里睡大觉。这一天，大树爷爷说：“到底谁是懒惰虫呢？”于是，小动物唱起歌来……

步骤 2 教师以四二拍强弱规律为最初音乐元素，与幼儿围坐成圈，用双手拍自己腿的动作为强拍，双手拍左边小朋友腿的动作为弱拍。引导幼儿在拍腿律动中熟悉旋律，感受强弱交替的内在规律，保持音乐速度的稳定。

（2）B 部分：

步骤 3 教师发展故事情境（第一次）。

懒惰虫什么样儿呢？听听大树爷爷是怎么说的。教师在拍腿的基础上，累加语言的艺术形式，跟歌词节奏朗诵儿歌。

你是懒惰虫，你是懒惰虫
你的一身都是痛
又是眼睛痛，又是肚子痛
你的一身都是痛

步骤 4 幼儿在“动作 + 朗诵”的艺术形式中继续拍腿游戏，巩固四二拍的强弱规律，保持音乐速度的稳定。

步骤 5 教师发展故事情境（第二次）。

教师提问：“懒惰虫为什么痛呢？”鼓励幼儿思考。如：不想劳动，就装痛；不运动，所以痛，等等。

教师提问:“那怎样表现眼睛痛呢?”鼓励幼儿创新动作。

教师提问:“怎么表现肚子痛呢?”鼓励幼儿创新动作。

我们在音乐结束时要演一演,看谁演得最像。

律动中增加音乐最后一句结束时的自由表演。教师在说到“你的一身都是”时稍作停顿给幼儿创新动作的时间,鼓励幼儿自信表演,形成“动作 + 朗诵 + 表演”的“创造模型”。

(3)C 部分:

步骤 6　教师变化故事情境(第一次)。

教师说:“看到这么多人来找自己,懒惰虫躲了起来,想一想他可能躲到了哪里呢?”

鼓励幼儿说出各种可能性,借助这些可能性,在之前的“创造模型”基础上,由幼儿创编动作。此时的律动可以由坐姿改为站姿。

如:躲在树上(即由幼儿创编以上肢为主的向上的动作)、土里(即由幼儿创编向下的动作,如跺脚等),其他方向也是可以的,决定权要交给幼儿,这部分可能出现滑稽可笑的动作,老师要积极参与,与幼儿开心律动。

步骤 7　教师变化故事情境(第二次)。

教师说:“看到这么多人来找自己,懒惰虫说什么也不好意思出来,我们用什么好听的声音把他吸引出来呢?”

教师继续把选择权给幼儿,这时声音媒介的转换可以是嗓音,也可以是乐器。如果是歌唱,那这时幼儿已经有了较好的歌词与旋律的基础;如果是乐器,幼儿已经有了较好的动作经验,只需要把动作转换为奏乐。

此时的活动可以设计歌唱的自由队形,或使用奏乐的队形。

(4)D 部分:

步骤 8　教师设计故事结尾。

教师说:“看到森林里的小动物们都这么精神,懒惰虫很不好意思,于是他想不想当懒惰虫了呢?”结合活动对幼儿做出正面引导。

教师说:“当然再也不想了,他要和我们一起唱歌表演呢!”

创造表演机会,呈现多种艺术形式立体式组合的音乐表现形式。幼儿在合作展示中享受成果,再次把游戏推向高潮。

3. 课例分析

以上课例为无规则的游戏化活动,活动的发展变化由故事情境来推动,适合中班幼儿开展。

课堂导入部分成功创设了神秘的森林和寻找懒惰虫的故事情境,幼儿自然地扮演了可爱的小动物,让音乐活动随故事发展来推进。

“音乐”始终是活动的主线。第一步中,配合动作聆听儿歌,感受节拍强弱规律。第二步中,融入语言来配合动作,共同辅助幼儿熟悉儿歌。引导幼儿理解儿歌内容,用简单的表演诠释儿歌。第三步中,借助儿歌“创造模型”,基于音乐创编动作/奏乐;第四步中,立体组合艺术形式、伴随音乐快乐地展示。

活动中,幼儿的学习从模仿教师拍腿的动作开始,直至创编表演与动作,自由表达游戏意愿、选择游戏形式,快乐自由的表演;教师从抛砖引玉的示范动作到参与幼儿游戏,再到观看幼儿展示,为幼儿律动提供了必要的支持,但没有干涉、影响幼儿的自主发挥。通过有效教学,实现快速让位,使幼儿成为活动的主人。

另外,活动合理安排了坐—站—队形的活动空间顺序,活动设计层层累加,难度和玩法不断提升,不断突破幼儿的能力与经验,促进幼儿发展。活动在故事情境中结尾,给幼儿以完整感。

思考练习

一、判断正误

1. 新型游戏化集体音乐活动不需要创设故事情境。 (　　)

2. 新型游戏化集体音乐活动通常有四个部分,即:接触最初音乐元素、累加艺术形式、转换表现媒介、呈现立体艺术形式。 (　　)

3. 新型游戏化集体音乐活动的结构必须是 A + B + C + D,缺一不可。 (　　)

4. 教师的教学示范会干涉和影响幼儿参与活动时的自主发挥。 (　　)

5. 课例《懒惰虫》为韵律活动,不应该出现噪音或乐器媒介。 (　　)

二、小组讨论/线上讨论

曼曼游戏设计哪里出了问题呢?

问题:____

____

解决:____

____

赛证考点

对应幼儿教师资格考试“教育评价”中:

- 设计丰富多样的保教活动。

考题形式:笔试、面试。

任务布置

学习完本任务,请完成以下任务:

任务名称	新型游戏化集体音乐活动流程设计
任务说明	奥尔夫音乐教育理念融合的第一步就是对活动流程设计的改变。因此,本课的任务是分析课例的流程,并绘制流程图进行说明
任务要求	1. 小组集体认真学习新型游戏化集体音乐活动的流程。 2. 小组成员广泛查阅资料补充欠缺的知识,构建新的认知体系。 3. 分析课例的流程设计,并绘制流程图进行说明。 4. 结合课例从如何进一步突出幼儿的创造性的角度提出建议。 5. 完成后上传云平台,各小组交流互评

任务材料:大班韵律游戏“山谷回音”。

山谷回音
真好听

课例流程:

步骤1　我们来到一个美丽的山谷,高兴得手舞足蹈。领队决定用手势和山谷里的小动物打个招呼,于是我们是这样做的(老师随4/4拍的音乐,呈现声势动作):拍手、拍腿、拍手、嘘——

步骤2　幼儿与老师一起用声势动作与小动物打招呼,这时山谷出现了回声。全体小朋友分成两个声部用卡农的形式,一个声部表现打招呼的声音,另一个声部表现回声。

步骤3　刚才我们对山里的小动物说的是“你们好啊”,现在你们想对小动物说什么呢?鼓励第一声部幼儿创编,第二声部幼儿即兴模仿,共创编2~3小节的节奏型。

步骤4　“刚才你们对小动物说了什么呢?我们把三句话连起来,听听山里的回声好不好?”老师与幼儿一起把2~3小节的节奏型连起来用声势卡农表现出来!

任务实施

实施步骤1:组建团队

学生4~6人结成学习小组,按照项目间轮换、项目内固定的原则,同一个项目内小组成员固定,小组长轮换,不同项目间成员轮换,让学生学会组织与协作。将成员姓名和分工填入表1-2-1。

表1-2-1　小组任务分工与角色扮演

姓名	承担角色	工作任务	
		平行任务	角色人物(分层任务)
	小组组长		
	小组副组长		
	小组成员		

实施步骤2:丰富认识

广泛查阅资料,在表1-2-2中补充欠缺的知识,完善学习者自身认知体系。

表1-2-2　补充知识记录单

游戏设计探索	补充知识	补充成员

实施步骤3:设计流程

分析课例的流程设计,在表1-2-3中绘制流程图。完成后上传云平台,各小组交流互评。

表 1-2-3　课例分析图

实施步骤 4:反思提升

学生展示小组成果,师生通过讨论、评价等方式给出意见和建议,填入表 1-2-4 中,促进自我反思提升。

表 1-2-4　反思与修改

修改内容	修改原因

任务评价

教师组织学生互评、双师评价,将评价结果填入表 1-2-5 ~ 表 1-2-6。

表 1-2-5　学生互评表

评分组别	分析准确(4.0 分)	建议合理(4.0 分)	设计精美(2.0 分)	总分
一组给分				
二组给分				
三组给分				
四组给分				
评语与建议	评价小组:			

表 1-2-6　双师评价表

评分组别	校内指导教师	幼儿园指导教师
评分等级	★★★★★	★★★★★
评语与建议	指导教师：	指导教师：

任务三　新型游戏化集体音乐活动目标制订

任务情景

曼曼正在为音乐活动制订目标，一起实习的小林走过来说："每个活动方案里的目标不都差不多嘛，还这样冥思苦想？活动过程设计好就行了"。

是这样吗？活动目标对活动的开展有什么意义，又该怎样制订呢？帮曼曼找找答案吧……

知识储备

一、新型游戏化集体音乐活动的目标

教育目标是幼儿园音乐教育之前对教育效果的预期，是教育实践活动的起点和终点。它指导和决定着整个教育活动的过程，并最终影响教育效果，决定幼儿发展。

幼儿园音乐教育的目标包括四个层次。

（一）第一层：总目标

教育部 2012 年颁布的《指南》指出：幼儿艺术领域学习的关键在于充分创造条件，在大自然和社会文化生活中萌发幼儿对美的感受和体验，丰富其想象力和创造力，引导幼儿学会用心灵去感受和发现美，用自己的方式去表现和创造美。

（二）第二层：各年龄阶段目标

在总目标下是小班、中班、大班的音乐教育目标，每一年龄阶段又分韵律活动、歌唱活动和奏乐活动的目标。

（三）第三层：单元目标

在各年龄阶段目标下幼儿园音乐活动的单元目标。通常这一目标由幼儿园或任课教师根据幼儿实际能力与单元教育主题制订，可以是时间单元目标，也可以是主题单元目标。

（四）第四层：教育活动目标

教育活动目标即新型游戏化集体音乐活动目标，这一目标是单元目标下由教师为具体音乐活动制订的，与上面三层目标有着密切的承接关系。每一次音乐活动的目标都可以从认知目标、操作技能目标和情感态度目标三方面来制订。

二、制订新型游戏化集体音乐活动目标的原则

（1）发展性原则，指在适应幼儿已有发展水平的基础上创造挑战，促进幼儿迈向最近发展区，

获得新经验。

(2)系统性原则,强调同一活动中多个教育目标的横向联系,即综合地、系统地撰写认知目标、操作技能目标和情感态度目标。

(3)系列化原则,强调音乐活动目标与上级目标的一致性和承接性关系,体现由易到难、循序渐进。

(4)可行性原则,即目标制订要陈述可见、可测、能落实的教育预期,要表述清楚活动中要学什么?怎样学?学到何种程度?

三、制订新型游戏化集体音乐活动目标的方法

制订新型游戏化集体音乐活动目标,需要在掌握幼儿特点的基础上,从分析音乐作品入手,通过构建作品与幼儿发展的联系来构思教育活动,从促进幼儿全面发展的角度运用一定的表述方法清晰、准确地撰写出活动目标。

(一)主体一致

目标的主语也就是行为主体。在制订目标时,我们提倡以幼儿为行为主体,以突出幼儿在活动中的主体地位。三条目标的行为主体要统一。但在目标的表述中通常省略主语,直接使用主体发出的动词。

(二)动词准确

认知目标常用的动词有:了解、熟悉、理解、认识、知道等,具体的目标内容可以是音乐知识的掌握与认知能力的发展。

操作技能目标常用的动词有:运用、掌握或更简洁的能、会等,具体的目标内容可以是某一动作能力、空间能力、歌唱能力、演奏能力、合作能力、道具使用等能力的发展要求。

情感态度目标常用的动词有:体会、感受、喜爱、乐于、感悟、形成等,具体的目标内容可以是情绪情感、审美意识、人际交往、爱与责任、道德思政等。

(三)补充完整

除动词以外,有时还需要补充说明目标实现的前提条件,如在什么样的情境与气氛下,或在教师的引导、帮助、示范下,在小朋友的相互启发下等。

也可以补充说明目标实现的程度,如部分幼儿可以怎样,大多数幼儿可以怎样?尽量做到什么?等等。

梳理与总结:清晰准确的目标表述,可以让教师和教学管理者清晰地了解活动的预期目标。了解活动主体在什么条件下,学什么?教师在活动中怎样做?幼儿怎样做?以及达到什么程度?如图1-3-1所示。

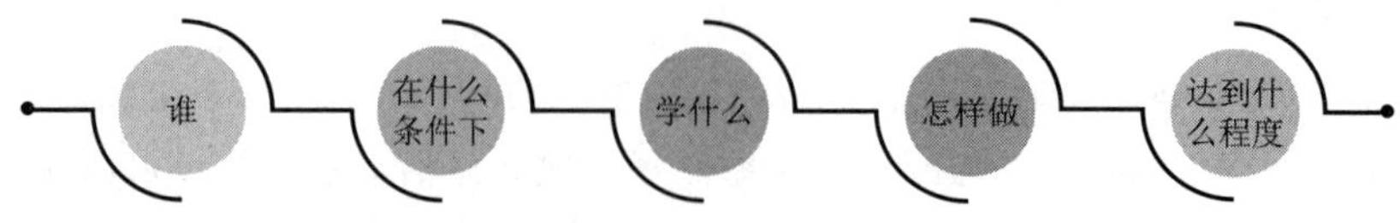

图1-3-1　规范的游戏目标结构

四、制订新型游戏化集体音乐活动的目标

新型游戏化集体音乐活动目标的制订要与音乐教育的总目标、年龄段目标、单元目标的承接

关系。在适应幼儿已有发展水平的基础上有效促进幼儿发展。目标撰写要注意在同一音乐活动中认知目标、操作技能目标和情感态度目标的横向联系，陈述可见、可测、能落实的教育预期，要表述清楚活动中要学什么？怎样学？学到什么程度？前后音乐活动的目标要体现由易到难、循序渐进。

重要的是：目标要特别突出让幼儿喜爱活动、投入活动、自主活动、参与活动等游戏化音乐活动特点，体现幼儿园课程改革精神。把“以游戏为基本活动……”的要求贯彻到每一次教育活动中。

梳理与总结：制订音乐活动目标听起来不那么容易！需要我们消化这些原则方法，从分析课例目标开始学习制订！

思考练习

一、判断正误

1. 游戏化集体音乐活动目标属于音乐教育目标的第四层——教育活动目标。　(　　)
2. 三维目标指的是认知目标、德育目标和情感态度目标。　(　　)
3. 音乐活动目标要特别突出让幼儿喜爱游戏、投入游戏、自主游戏、参与游戏。　(　　)
4. 三条目标的行为主体要统一，尽量以教师为动作的发出者。　(　　)
5. 体会、感受、喜爱、乐于这些词适合表述认知目标。　(　　)

二、小组讨论/线上讨论

活动目标真的没什么用吗？帮曼曼解答一下：

作用：____

____

撰写：____

____

赛证考点

对应幼儿教师资格考试“教育活动的组织与实施”中：

- 主题活动方案中核心要素的设计。

考题形式：笔试、面试。

任务布置

学习完本任务，请完成以下任务：

任务名称	新型游戏化集体音乐活动目标制订
任务说明	幼儿园音乐教育的各级目标有着与上级目标的一致性和承接性关系。因此，本课的任务是联系幼儿园或上网查找一套完整的幼儿园音乐教育目标，要求具有完备的总目标、年龄段目标、单元目标和教育活动目标，分析其四层目标的内在联系
实施步骤	1. 小组集体认真学习幼儿园音乐教育目标的层级关系、制订目标的原则、方法。 2. 小组成员广泛查阅资料补充欠缺的知识，构建新的认知体系。 3. 查找一套完整的幼儿园音乐教育目标，分析四层目标的内在联系。 4. 思考评价其中音乐游戏目标制订是否合理，提出修改建议。 5. 完成后上传云平台，各小组交流互评

任务实施

实施步骤1:组建团队

学生4~6人结成学习小组,按照项目间轮换、项目内固定的原则,同一个项目内小组成员固定,小组长轮换,不同项目间成员轮换,让学生学会组织与协作。将成员姓名和分工填入表1-3-1。

表1-3-1 小组任务分工与角色扮演

姓名	承担角色	工作任务	
		平行任务	角色人物(分层任务)
	小组组长		
	小组副组长		
	小组成员		

实施步骤2:丰富认识

广泛查阅资料,在表1-3-2中补充欠缺的知识,完善学习者自身认知体系。

表1-3-2 补充知识记录单

游戏目标制订	补充知识	补充成员

实施步骤3:分析目标

收集课例,对课例中的目标进行分析,提出目标优化建议,填入表1-3-3中。完成后上传云平台,各小组交流互评。

表1-3-3 任务汇报单

目标获取途径	
目标内容	总目标: 年龄段目标: 单元目标: 教育活动目标:

续上表

目标内在联系分析	
修改建议	思考评价其中音乐活动目标制订是否合理：

实施步骤4：反思提升

学生展示小组成果，师生通过讨论、评价等方式给出意见和建议，填入表1-3-4中，促进自我反思提升。

表1-3-4　反思与修改

修改内容	修改原因

任务评价

教师组织学生互评、双师评价，将评价结果填入表1-3-5～表1-3-6中。

表1-3-5　学生互评表

评分组别	目标完整(4.0分)	分析准确(4.0分)	修改合理(2.0分)	总分
一组给分				
二组给分				
三组给分				
四组给分				
评语与建议	评价小组：			

表1-3-6　双师评价表

评分组别	校内指导教师	幼儿园指导教师
评分等级	★★★★★	★★★★★
评语与建议	指导教师：	指导教师：

任务四　新型游戏化集体音乐活动评价实施

任务情景

在查阅学习资料时，曼曼在《指南》中读到“真正的课程改革，不能忽视评价实践的改革……”“然而一直以来，我国的幼儿发展评价始终处于教师工作的边缘地带……”①

这是什么原因呢？怎样使评价在幼儿园新型游戏化音乐活动中发挥应有的作用呢？我们和曼曼一起来探索吧！

知识储备

一、新型游戏化集体音乐活动的评价

新型游戏化集体音乐活动的评价是针对幼儿园集体音乐活动特点和组成要素，通过收集和分析信息，科学地检测、判断教学质量的过程。

为什么要进行活动评价呢？

一是发现每个孩子的音乐潜力和特点，支持幼儿音乐能力的个性化发展，最终实现幼儿全面和谐的发展。

二是运用专业知识分析音乐活动的适宜性，发现、分析、研究、解决活动设计与实施问题，支持教师形成教学反思的职业习惯，有效促进教师的自我成长。

三是审视优化活动的可能，提升音乐教育活动品质。为幼儿园课程建设提供有效的反馈信息和改进意见，促进幼儿园课程的日臻完善和发展。

当我们把评价结果用于比较幼儿孰优孰劣时，会使很多幼儿遭受挫折体验，影响幼儿学习的自信心和积极性，甚至对音乐避之不及。但当我们从幼儿对活动的喜爱程度、接受程度、主动程度、注意力集中程度、预期发展能力提升程度等方面入手，审视音乐活动的差距、问题，并寻求解决策略时，我们就可以不断提升教学能力、优化课程，为幼儿创设更优质的音乐活动。

梳理与总结：幼儿园新型游戏化集体音乐活动的评价不是狭隘地评价幼儿唱得准不准，跳得好不好，奏得齐不齐。而是立足于促进幼儿发展、教师成长、课程优化而进行的育人的重要组成部分。因此，我们要学会评价，用好评价。

二、实施新型游戏化集体音乐活动评价的原则

（一）评价要有目的性

不论是上级评价还是同级评价，目的都是为了总结经验、找出问题、改进教学。所以，在一些参观访问、观摩交流、评优竞赛中，评价往往偏向于活动形式的新颖别致、活动内容的丰富多彩、活动氛围的热烈程度，偏向教师和幼儿熟练的艺术表现，导致表演课和排练课大量出现，脱离教学实

① 高敬，杨爱娟，袁敏姗，等. 幼儿发展评价指南[M]. 华东师范大学出版社，2021.

际，既不利于教学问题的发现和教学的改进，也不利于教师对教学评价的认识。

（二）评价要有针对性

教学评价要围绕当前的主要问题来进行，有效促进教学问题的解决和改善。泛泛的、面面俱到的评价不仅流于形式，也会让教师对教学评价产生淡漠感，疲于应付之中失去教学评价应有的价值。

（三）评价要有诊断性

评价不仅要指出现状评定差异，更要找出造成现状和差异的原因，即便不能明确原因，也要分析出相关的可能性，以便于教师找到解决问题的办法，改进教学工作。

（四）评价要有计划性

评价要有计划，持之以恒地开展，才能促进幼儿园教育工作在不断的自我调节、控制过程中向更加科学、完善的方向发展。要使评价常态化支持幼儿发展、教师成长和课程优化，就必须借助便于操作的、高效的评价工具，保证不给幼儿教师增加太多的工作量。

三、实施新型游戏化集体音乐活动评价的方法

（一）幼儿园音乐活动传统评价方法

1. 实物评价法

实物评价法，指用实物记录活动体验的评价方法。例如，创设互动墙壁，请幼儿在代表不同体验的区域贴上小星星。幼儿作为活动主体，幼儿的体验对我们审视音乐活动有重要价值。但互动墙壁上可以设置的栏目有限，并不能涵盖幼儿丰富多样的体验。

2. 观察评价法

观察评价法，指教师在音乐活动中有目的、有计划地对幼儿在音乐活动中的兴趣、行为、表现进行真实观察记录的评价方法，是幼儿园最基础、最常用的评价方法。

运用观察法可以对活动进行全面评价，也可以对某一方面进行评价；可以观察全体幼儿，也可以抽取有代表性的幼儿随时观察记录幼儿表现。不同的音乐活动应制订不同的观察计划、设计观察的内容与节点，以做到有目的地观察，得出有效记录。

3. 等级量表评价法

等级量表评价法，指基于观察，将观察结果以等级或数值的方式记录、统计、分析的评价法，也是幼儿园最常见的数字化评价方法，如下所示：

<table>
<tr><td colspan="2">活动名称</td><td></td><td>班级</td><td></td><td>人数</td><td></td></tr>
<tr><td colspan="2">教师</td><td></td><td>时间</td><td></td><td>课时</td><td></td></tr>
<tr><td rowspan="2">项目</td><td rowspan="2" colspan="2">标　准</td><td colspan="3">评分</td><td>备注</td></tr>
<tr><td>10</td><td>8</td><td>6</td><td></td></tr>
<tr><td rowspan="3">活动设计</td><td colspan="2">能根据教育主题选择儿歌、设计活动，主题鲜明、不生硬</td><td></td><td></td><td></td><td></td></tr>
<tr><td colspan="2">活动目标明确，体现《指南》《纲要》精神，科学可行</td><td></td><td></td><td></td><td></td></tr>
<tr><td colspan="2">活动设计步骤清晰、重点突出、层层推进，符合幼儿兴趣特点</td><td></td><td></td><td></td><td></td></tr>
</table>

续上表

项目	标　准	评分			备注
		10	8	6	
活动组织	活动组织层次分明，过程流畅自然，能抓住关键信息及时调整				
	能时时关注幼儿，对不同发展水平的幼儿提供支持				
	教态亲切自然，语言准确生动，富有启发性				
	教学示范富有童趣，能有效吸引、带动、提示幼儿				
	注意引导幼儿体验和互动，培养学习品质和人际交往能力				
	教具、道具使用巧妙恰当，操作熟练，有效辅助教学开展				
	幼儿活动自主、专注、愉悦、创新，获得多元发展，达成目标				
突出优点		总　分			

（二）幼儿园音乐活动新型评价方法

基于传统的观察和等级量表评价方法，幼儿园音乐活动结合 AI 智能技术和现代信息技术，就可以形成更加智能化、数字化、精准化、便捷化新型评价方法。

1. 运用 AI 智能技术辅助评价

AI 智能课程分析系统以常态化录播系统为基础，应用人脸识别、行为识别、语音识别、表情识别、文本识别等技术，对幼儿园音乐活动教学过程数据进行实时捕捉。智能计算教师语言指导、示范行为、精神面貌、幼儿语言参与、音乐行为、兴趣投入，以及师幼共同交流、幼儿间协作交流等数据。运用幼儿园音乐游戏观察量表，设计多个维度、多个观察点。智能获取并分析音乐活动的音乐性、趣味性、自主性、故事性、多样性、发展性、社会性等数据，帮助幼儿教师客观分析教学效果。

2. 运用幼儿教育专业 App 支持评价

与 AI 智能课程分析系统侧重于音乐活动过程评价相比较，幼儿教育专业 App 更加支持幼儿音乐和综合能力的发展评价。

幼儿教师使用各种手机 App 就可以对幼儿的音乐活动行为进行形式丰富、操作便捷的观察记录。记录形式包括徽章记录、短语记录、图片记录和视频记录四种记录方式，操作灵活，日常活动过程中就可完成观察记录。可以实现幼儿的单独观察评价，也可以实现多个幼儿的批量观察评价，把幼儿教师从繁重的评价工作中解放出来。

（1）徽章记录：在幼师口袋、班级优化大师等 App 中，根据音乐活动特点和《3—6 岁儿童发展行为观察指引》的相关标准，系统设计小徽章，如“乐于表现”“节奏感好”等。根据幼儿音乐活动行为，随时颁发徽章，评价记录。

（2）短语记录：通过提前设计模板化评语或根据幼儿行为表现随时编写评语进行即时评价。

（3）图片记录：通过手机拍照快速即时捕捉幼儿参与游戏画面，用真实图片、照片随时评价记录。

（4）视频记录：通过手机拍照随时随处采集更为生动的视频材料，对幼儿对活动的兴趣、投入、自主、创新，以及音乐能力、协作能力进行图文并茂的评价记录。

App 评价将教师对幼儿的点滴观察进行记录，形成真实宝贵的幼儿园音乐活动过程评价。每个月，App 一键生成模板化幼儿（音乐能力）成长报告，展现幼儿成长轨迹，形成阶段性评价。每个学期自动生成电子成长册，形成总结性评价和增值性评价。

评价报告同步家长，实现家园沟通、家园共育，促使家长关注幼儿的全面发展。

四、实施新型游戏化集体音乐活动的评价

新型游戏化集体音乐活动是在传统和新型评价方法支持下开展的多元评价。

（1）评价对象包括音乐活动本身（教师的“教”）和幼儿发展（幼儿的“学”）。

（2）评价主体和评价内容包括：幼儿（自我评价和活动体验）、家长（幼儿音乐和综合能力的发展）、教师（音乐活动和幼儿发展）、专家/同行（音乐活动的目标、内容、方法、过程、环境等），如图 1-4-1所示。

图 1-4-1　新型游戏化集体音乐活动评价示意图

（3）评价方法包括实物评价法（下简称“实物评”）、观察和等级量表评价法（下简称“量表评”）、AI 智能课程分析系统评价法（下简称 AI 评）、幼儿教育专业 App 评价法（下简称“App 评”）。

梳理与总结：现代信息技术为幼儿园新型游戏化音乐活动评价改革提供了新的动力。但目前，国内 AI 智课数据分析准确率还停留在 70% 左右，App 的评价也未做到与幼儿园课程无缝对接。因此，幼儿教师应积极尝试新型评价方法，从岗位需求出发促进新型评价方法在幼儿园教育中不断完善。

思考练习

一、判断正误

1. 实施幼儿园音乐活动评价的目的是服务于幼儿全面和谐地发展。（　　）
2. 评价的针对性原则是指：评定差异—查找原因—解决问题。（　　）
3. 幼儿园音乐活动评价应重点评价教师和幼儿的艺术表现。（　　）
4. 观察法是幼儿园最常用的教学评价方法，也是各种评价方法的基础。（　　）
5. 观察法并不是游戏过程中的自然观察，而是专门条件下的实验观察。（　　）

二、小组讨论/线上讨论

我们想到幼儿园评价边缘化的原因和改革措施有：

原因：____

____

解决：____

____

赛证考点

对应幼儿教师资格考试"教育评价"中：

- 幼儿园教育评价的含义、目的、作用。
- 幼儿园教育评价的类型。

考题形式:笔试、面试。

任务布置

学习完本任务,请完成以下任务：

任务名称	新型游戏化集体音乐活动评价实施
任务说明	为方便幼儿教师基于音乐活动常态收集和记录信息,对幼儿发展做出评价。幼儿教师要善于发现和使用现代技术手段。 因此,本课的任务是自主探究一款幼儿教育专业 App,结合幼儿园音乐活动评价需求,研究其评价功能,并说明使用方法
任务要求	1. 小组集体认真学习音乐活动评价的目的、原则、方法。 2. 小组成员广泛查阅资料补充欠缺的知识,构建新的认知体系。 3. 结合音乐活动特点,自主探究一款幼儿教育专业 App 的评价功能。 4. 说明其评价功能的使用方法。 5. 完成后上传云平台,各小组交流互评

任务实施

实施步骤 1:组建团队

学生 4 ~ 6 人结成学习小组,按照项目间轮换、项目内固定的原则,同一个项目内小组成员固定,小组长轮换,不同项目间成员轮换,让学生学会组织与协作。将成员姓名和分工填入表 1-4-1。

表 1-4-1　小组任务分工与角色扮演

姓名	承担角色	工作任务	
		平行任务	角色人物(分层任务)
	小组组长		
	小组副组长		
	小组成员		

实施步骤 2:丰富认识

广泛查阅资料,在表 1-4-2 中补充欠缺的知识,完善学习者自身认知体系。

表 1-4-2　补充知识记录单

游戏评价实施	补充知识	补充成员

实施步骤 3:案例评价

结合音乐活动特点,自主探究一款幼儿教育专业 App 的评价功能,在表 1-4-3 中说明其评价功能的使用方法。完成后上传云平台,各小组交流互评。

表 1-4-3　任务汇报表

App 名称与图标	
评价功能与使用方法	
App 使用交流意见	互评小组:

实施步骤 4:反思提升

学生展示小组成果,师生通过讨论、评价等方式给出意见和建议,填入表 1-4-4,促进自我反思提升。

表 1-4-4　反思与修改

修改内容	修改原因

任务评价

教师组织学生互评、双师评价，将评价结果填入表 1-4-5 ~ 表 1-4-6。

表 1-4-5　学生互评表

评分组别	软件优质(4.0 分)	说明清晰(4.0 分)	互评精准(2.0 分)	总分
一组给分				
二组给分				
三组给分				
四组给分				
评语与建议	评价小组：			

表 1-4-6　双师评价表

评分组别	校内指导教师	幼儿园指导教师
评分等级	★★★★★	★★★★★
评语与建议	指导教师：	指导教师：

项目二

设计实施游戏化集体韵律活动

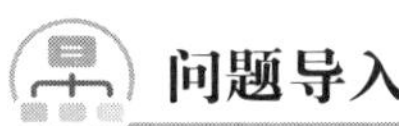

问题导入

幼儿园游戏化集体韵律活动是教师组织指导下，幼儿用动作表现音乐、表达情感的音乐活动。活动中，幼儿与教师用身体动作感受和表现音乐的高低、长短、强弱、快慢、音乐的情绪和风格特点。

请大家思考：不同年龄段的幼儿适合什么样的韵律动作？幼儿教师组织韵律活动工作流程以及操作要点是怎样的？应该怎样为活动选择合适的音乐、制订合理的目标、设计科学的流程、提供专业的指导？

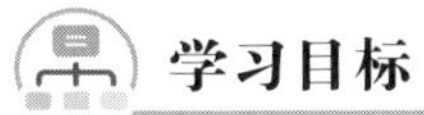

学习目标

知识目标：

1. 理解并能阐述幼儿韵律能力发展特点。
2. 理解并能阐述幼儿韵律音乐选择标准。
3. 理解并能阐述奥尔夫动作造型材料分类。

能力目标：

1. 能协作为游戏化集体韵律活动选音乐、定目标、设流程、编动作、评教学。
2. 能选择运用奥尔夫动作造型的形式。
3. 能协作组织指导游戏化集体韵律活动的过程。

素质目标：

1. 具有钻研幼儿园游戏化集体韵律活动的学习热情。
2. 乐于学习思考动作造型游戏化活动的形式与方法。
3. 善于将奥尔夫动作造型方法本土化，创新韵律活动。

学习内容

经过对项目流程关键环节以及各环节知识点、技能点的分析提炼，本项目共提炼出九个岗位任务，建议学习形式及课时分配如下：

<table>
<tr><th rowspan="2">项目</th><th rowspan="2">知识点/技能点</th><th rowspan="2">学习形式</th><th colspan="2">课时分配</th></tr>
<tr><th>理论</th><th>实践</th></tr>
<tr><td rowspan="9">设计
实施
游戏化
集体
韵律
活动</td><td>任务一　幼儿韵律能力的分析
♫ 各阶段幼儿动作能力发展特点
♫ 各阶段幼儿随乐能力发展特点
♫ 各阶段幼儿合作能力发展特点
♫ 各阶段幼儿创造能力发展特点</td><td>线上</td><td>0</td><td>0</td></tr>
<tr><td>任务二　韵律活动音乐的选择
♫ 韵律音乐选择的标准
♫ 选择游戏化集体韵律活动的音乐</td><td>线上</td><td>0. 5</td><td>0. 5</td></tr>
<tr><td>任务三　韵律活动目标的制订
♫ 韵律活动的各级教育目标
♫ 制订游戏化集体韵律活动的目标</td><td>混合</td><td>0. 5</td><td>0. 5</td></tr>
<tr><td>任务四　韵律活动流程的设计
♫ 韵律活动的总体流程
♫ 韵律活动的设计原则
♫ 设计游戏化集体韵律活动的流程</td><td>混合</td><td>1</td><td>1</td></tr>
<tr><td>任务五　奥尔夫动作造型运用
♫ 奥尔夫动作造型材料的分类
♫ 奥尔夫动作造型材料的运用</td><td>混合</td><td>0. 5</td><td>0. 5</td></tr>
<tr><td>任务六　韵律活动动作的预设
♫ 韵律动作预设的依据
♫ 韵律活动音乐的分析
♫ 韵律活动动作的预设</td><td>混合</td><td>0. 5</td><td>0. 5</td></tr>
<tr><td>任务七　韵律活动材料的准备
♫ 师幼知识经验的储备
♫ 韵律活动常规的制订
♫ 辅助活动道具的准备</td><td>线上</td><td>0</td><td>0</td></tr>
<tr><td>任务八　韵律活动过程的实施
♫ 韵律活动的实施策略
♫ 韵律活动的实施案例</td><td>混合</td><td>1</td><td>1</td></tr>
<tr><td>任务九　韵律活动效果的评价
♫ 韵律活动评价小徽章设计
♫ 韵律活动观察评价表设计</td><td>线上</td><td>0</td><td>0</td></tr>
</table>

课前测试

课前预习并完成以下测验题(不定项选择题):

1. 幼儿园音乐教育的目标包括(　　)。
   A. 总目标　B. 各领域目标　C. 单元目标　D. 教育活动目标
2. 制定集体音乐活动目标的原则包括(　　)。
   A. 发展性　B. 系统性　C. 系列化　D. 可行性
3. 实施新型游戏化集体音乐活动评价的原则包括(　　)。
   A. 评价要有目的性　B. 评价要有针对性
   C. 评价要有诊断性　D. 评价要有计划性
4. 韵律音乐选择的标准包括(　　)。
   A. 旋律优美　B. 节奏感强　C. 结构复杂　D. 形象鲜明,便于表现
5. 韵律活动的总体流程包括(　　)。
   A. 故事　B. 动作　C. 音乐　D. 挑战

任务一　幼儿韵律能力的分析

任务情景

本周,曼曼在中班组织了实习以来的第一次韵律活动,为此她做了精心的准备。但不论曼曼怎么努力,幼儿表现“摘葡萄”的上下肢联合动作都不太协调,交换伙伴的队形也总出现混乱。曼曼决定从幼儿韵律能力入手找原因。

我们一起来帮帮曼曼吧!

知识储备

一、各阶段幼儿动作能力发展特点

(1)小班幼儿:动作进入初步分化阶段,能运用手、臂、躯干做单纯动作,如拍手、摆臂、跺脚等;能做大幅上肢动作,但大幅下肢动作困难;由于下肢力量弱、脚掌弹性不足,小跑、小碎步、踏步等能做到,跳跃及上下肢联合动作困难。

受神经系统协调能力发展限制,方位感、平衡感是这一年龄段幼儿韵律活动的最大障碍,空间队形变化困难。

(2)中班幼儿:动作能力发展较快,能做一些大幅度、移动式的动作和边拍手边摇晃身体的上下肢联合动作;能根据音乐调节动作的力度、速度与幅度。

这一阶段的幼儿会寻找参照物判断空间方位、变换简单队形。

(3)大班幼儿:大肌肉能力得到很好发展,小肌肉能力进一步提高,可以做手指、手腕运动,可以做出比较协调、准确的四肢动作。对于复合动作也可以很好地完成。如采蘑菇(低位)、摘果子(高位)等,可以做出移动式的跳跃、滑步、迈大步等动作,能跳一些民间特色舞蹈。这阶段幼儿方位感、平衡感有了进一步提高,可以排出很多不同队形。

梳理与总结:幼儿动作能力发展的规律是从大肌肉动作到小肌肉动作,从单一动作到联合动作。

二、各阶段幼儿随乐能力发展特点

(1)小班幼儿:听到喜爱或熟悉的音乐时会主动跟着音乐做出拍手、摇晃身体等动作,但是这些动作还不能完全合拍。随着韵律活动经验的积累,幼儿也能做到与节奏基本合拍,但不够稳定。

(2)中班幼儿:能够较为放松地随着音乐节奏做动作,动作与音乐的协调能力有所提高。幼儿可以用不同的动作节奏完成一曲音乐中的快慢对比。

(3)大班幼儿:能随音乐用身体表现音乐元素,如曲式结构等。对于音乐中的切分、附点等节奏可以做出较为正确的反应。

梳理与总结:幼儿动作与音乐的协调能力逐渐提高,能表现的音乐元素从简单到复杂。

三、各阶段幼儿合作能力发展特点

(1)小班幼儿:心理特点是以自我为中心,不善于与他人交流。因此,合作完成韵律活动较为困难。

(2)中班幼儿:合作意识初步发展,开始主动和其他小朋友一起游戏。

(3)大班幼儿:合作意识越来越强,很享受与同伴舞蹈的快乐并共享空间。

梳理与总结:幼儿合作能力发展特点是从以自我为中心,到开始主动合作,再到快乐合作、共享空间。

四、各阶段幼儿创造能力发展特点

(1)小班幼儿:有初步的创造意识,能跟着音乐的变化用动作表达自己的感受。同时可以想象动作,模仿一些日常事物。

(2)中班幼儿:可以进行简单的创编活动,如用动作表现熟悉的事物以表达情绪,尝试用一些基本舞蹈语汇做简单创编,创编动作需教师提示和提炼。

(3)大班幼儿:越来越喜欢韵律表演,在韵律活动中喜欢创造与其他人不同的动作表达自己的感受。

梳理与总结:幼儿创造的意识在逐渐发展,用来创作的动作素材从基本动作、单一动作到舞蹈动作、联合动作。

思考练习

一、判断正误

1. 中班幼儿可以随乐拍手,但不能完全合拍。 ( )
2. 大班幼儿可以做出移动式的跳跃、滑步、迈大步等动作。 ( )
3. 小班幼儿做跳跃及上下肢联合动作没有困难。 ( )
4. 大班幼儿喜欢创造与其他人不同的动作表达自我。 ( )
5. 中班幼儿可以尝试用一些基本舞蹈语汇做简单创编。 ( )

二、小组讨论/线上讨论

关于曼曼韵律活动中的教学障碍:

原因:____

解决方法：____

____

赛证考点

1. 对应幼儿教师资格考试“学前儿童发展”中：

- 幼儿身体发育的规律和特点。
- 幼儿动作发展的基础和规律。
- 幼儿认知能力和社会性发展。

考题形式：笔试、面试。

2. 奥尔夫音乐指导师考点——幼儿生理与心理特点。

任务布置

学习完本任务后，请完成以下任务：

任务名称	幼儿韵律能力的分析
任务说明	幼儿韵律能力的发展特点是开展幼儿园韵律活动的重要前提，也是活动设计科学性、合理性的基本依据。在幼儿身心发展变化较快的3～6岁这个阶段，幼儿教师一定要对比掌握各阶段幼儿动作、随乐、合作、创造的能力特点，科学指导幼儿韵律活动，促进幼儿能力发展。 因此，本课的任务是绘制图(表)，从四个方面梳理各阶段幼儿韵律能力发展特点
任务要求	1. 小组集体认真学习幼儿韵律能力发展特点。 2. 小组成员广泛查阅资料补充欠缺的知识，构建新的认知体系。 3. 对比分析幼儿韵律能力发展特点，绘制韵律能力的图(表)。 4. 图(表)须例举适合各阶段的韵律动作和活动形式。 5. 图(表)形式不限，完成后上传云平台，各小组交流互评

任务实施

实施步骤1：组建团队

学生4～6人结成学习小组，按照项目间轮换、项目内固定的原则，同一个项目内小组成员固定，小组长轮换，不同项目间成员轮换，让学生学会组织与协作。将成员姓名和分工填入表2-1-1。

表2-1-1　小组任务分工与角色扮演

姓名	承担角色	工作任务	
		平行任务	角色人物(分层任务)
	小组组长		
	小组副组长		
	小组成员		

实施步骤2:丰富认识

广泛查阅资料,在表2-1-2中补充欠缺的知识,完善学习者自身认知体系。

表2-1-2　补充知识记录单

幼儿韵律能力	补充知识	补充成员
动作能力		
随乐能力		
合作能力		
创造能力		

实施步骤3:能力分析

对比分析幼儿奏乐能力发展特点,在表2-1-3中绘制奏乐能力的图(表)。完成后上传云平台,各小组交流互评。

表2-1-3　分析示意图(表)

实施步骤4:反思提升

学生展示小组成果,师生通过讨论、评价等方式给出意见和建议,填入表2-1-4中,促进自我反思提升。

表2-1-4　反思与修改

修改内容	修改原因

三、任务评价

教师组织学生互评、双师评价,将评价结果填入表2-1-5～表2-1-6。

表 2-1-5　学生互评表

评分组别	知识准确(4.0 分)	分类清晰(4.0 分)	设计合理(2.0 分)	总分/排名
一组给分				
二组给分				
三组给分				
四组给分				
评语与建议	评价小组：			

表 2-1-6　双师评价表

评分组别	校内指导教师	幼儿园指导教师
评分等级	★★★★★	★★★★★
评语与建议	指导教师：	指导教师：

任务二　韵律活动音乐的选择

任务情景

曼曼在选择韵律音乐时有这样一些疑问：韵律音乐是不是选择中国作品比较好呢？是不是选择幼儿熟悉的作品比较好呢？是不是要考虑是否适合幼儿歌唱呢？最终，她选择了儿歌——《小跳蚤》，你认为这首儿歌适合中班韵律活动吗？

小跳蚤

知识储备

一、韵律音乐选择的标准

(一)韵律音乐选材的范围

(1)韵律活动可以选择世界各地的音乐或歌曲，以利于开阔幼儿音乐视野。

(2)从人对事物兴趣的“U”形规律来看，听到新的音乐容易激发幼儿好奇心，单调重复就容易导致幼儿兴趣下降；但熟悉且能熟练驾驭的音乐，又可以重新激发幼儿的表现力和创造力。所以，韵律活动中我们可以选择幼儿熟悉的音乐，也可以选择幼儿不熟悉的音乐，重点是对音乐花样运用，激发幼儿兴趣。

(3)韵律活动的音乐选择要区别于歌唱活动，要重点考虑音乐是否适合随乐做动作，不必考虑是否适合幼儿歌唱的问题。

(二)韵律活动音乐的特征

(1)旋律优美，能为幼儿喜欢；

(2)节奏感强，能为幼儿掌握；

(3)结构工整,能为幼儿感知;

(4)形象鲜明,能为幼儿表现;

(5)便于表现,能为幼儿创造。

梳理与总结:结合幼儿各阶段韵律能力发展特点和幼儿园实践教学经验,我们认为各阶段的韵律音乐有如下特点。

(1)适合小班的韵律音乐。

篇幅:简单的一段体或两段体或规律性强,多重复的音乐。

速度:中速。

节奏型:构成较简单,可以按整拍、整小节做动作。

(2)适合中班的韵律音乐。

篇幅:内容较丰富的一段体;有故事、形象鲜明的两段体或三段体。

速度:中速为主,可以稍快或稍慢,乐段间可以出现速度变化。

节奏型:以基本音符为主,可以有整拍休止,可以按整拍、整小节做动作,也可以适当表现节奏型。

(3)适合大班的韵律音乐。

篇幅:内容丰富的一段体或有故事、形象鲜明的两段体、三段体、四段体。

速度:中速为主,可以稍快或稍慢,乐段间可以有速度变化,也可以有渐快渐慢。

节奏型:以基本音符为主,可以有整拍及半拍休止、弱起、附点、切分节奏,可以按整拍、整小节做动作,也可以表现节奏型。

(三)符合综合教育主题

目前幼儿园80%以上的集体音乐活动都是在综合主题活动中开展的。根据《纲要》和《指南》要求,音乐教育活动除了要完成自身对幼儿的促进、发展任务以外,还要为综合主题活动的教育价值追求提供支持。

因此,选择韵律音乐要考虑综合主题活动的教育要求。借助思维导图分析、描述综合主题和韵律活动的教育内涵。例如,在中班综合主题活动“秋天的礼物”(见图2-2-1)中,设计的教育内涵可以包括“树叶”“田野”“动物”“衣服”“天气”“果实”等。

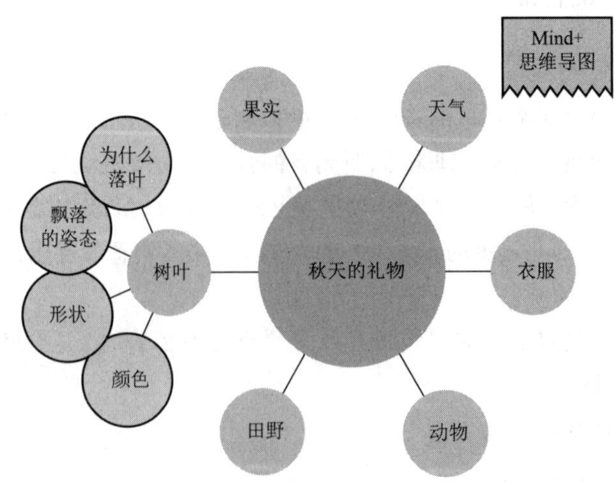

图2-2-1 “秋天的礼物”综合主题活动气泡图

如果我们选择“秋天的树叶”这一角度，就可以选择《小树叶》《落叶飘》等音乐作品作为备选，在韵律活动中引导幼儿观察和表现树叶的形态、飘落的样子等。当然，在选择韵律音乐时，教师还要考虑是否能借助音乐特点支持幼儿发展，提高幼儿韵律能力与音乐素养，特别是节奏感、动作协调能力和表现力等。

（四）难度标准

在选择韵律音乐时还要考虑韵律学习难度应刚好支持幼儿迈向其最近发展区，提高幼儿韵律水平与音乐能力。

二、选择游戏化集体韵律活动的音乐

下面，我们通过课例来学习游戏化集体韵律活动音乐的选择。

课例分享

落叶飘

中班韵律活动“秋天的礼物”

在“秋天的礼物”教育主题下，我们预选择儿歌《落叶飘》作为韵律音乐，其特点是否适合中班韵律活动呢？

梳理与总结：儿歌曲调优美，连贯抒情的旋律刻画了树叶缓缓飘落的动态；轻盈跳跃的旋律表现了小动物的轻巧可爱。儿歌为3/4拍，具有内在的舞蹈性。儿歌为一段体，共四个乐句，每个乐句四小节，非常工整，乐句间体现了起、承、转、合的发展特点。儿歌中秋天、落叶、小蚂蚁、小船、小蜜蜂、摇篮、小蝴蝶、花帽等形象鲜明可爱，符合幼儿的认知能力与审美心理，易于通过韵律动作进行表现。儿歌帮助幼儿积累关于秋天树叶飘落的经验，以落叶的美展示秋天的美，培养幼儿热爱四季，热爱大自然的情操。

可见，儿歌《落叶飘》的题材内容符合综合教育主题要求，旋律、节奏、曲式、音乐形象等特征都符合中班韵律活动使用。

思考练习

一、判断正误

1. 选择韵律音乐时，中国音乐更容易被幼儿接受。（　　）
2. 选择韵律音乐，不必考虑其教育主题。（　　）
3. 选择韵律音乐，应选择适合幼儿歌唱音域的作品。（　　）
4. 大班可以选择有故事、形象鲜明的两段体、三段体音乐。（　　）
5. 韵律音乐需要旋律优美、节奏感强、结构工整、形象鲜明、便于表现。（　　）

二、小组讨论/线上讨论

关于曼曼韵律音乐选择是否恰当：

意见：____

____

分析：____

____

赛证考点

对应幼儿教师资格考试“幼儿园音乐教育活动的设计”中：

- 幼儿园韵律活动内容的选择。

考题形式：笔试、面试。

任务布置

学习完本任务后，请完成以下任务：

任务名称	韵律活动音乐的选择
任务说明	好听的音乐可以瞬间吸引幼儿，给幼儿美的享受；形象鲜明的音乐可以快速为幼儿感知，唤醒幼儿本能的身体律动。韵律音乐在内容、旋律、节奏、曲式结构上适合幼儿表现，就会让韵律活动开展得更顺利，更富有色彩。所以，幼儿教师要善于把握标准，为不同年龄段的幼儿选择合适的韵律音乐。 本课的任务是把握韵律音乐标准，为某年龄班、某综合主题活动的韵律活动选择音乐
任务要求	1. 小组集体认真学习幼儿韵律活动音乐选择标准。 2. 小组成员广泛查阅资料补充欠缺的知识，构建新的认知体系。 3. 自主设定年龄班和综合活动主题，根据标准选择适合的韵律音乐。 4. 分析说明音乐特点与韵律活动的适应性。 5. 完成后上传云平台，各小组交流互评

任务实施

实施步骤 1：组建团队

学生 4 ~6 人结成学习小组，按照项目间轮换、项目内固定的原则，同一个项目内小组成员固定，小组长轮换，不同项目间成员轮换，让学生学会组织与协作。将成员姓名和分工填入表 2-2-1。

表 2-2-1　小组任务分工与角色扮演

姓名	承担角色	工作任务	
		平行任务	角色人物（分层任务）
	小组组长		
	小组副组长		
	小组成员		

实施步骤 2：丰富认识

广泛查阅资料，在表 2-2-2 中补充欠缺的知识，完善学习者自身认知体系。

表 2-2-2　补充知识记录单

音乐选择标准	补充知识	补充成员

实施步骤 3：选择音乐

自主设定年龄班和综合活动主题，根据标准选择适合的韵律音乐，说明音乐特点和韵律活动的适应性，填入表 2-2-3。完成后上传云平台，各小组交流互评。

表 2-2-3　任务汇报单

开展韵律活动的年龄班	A. 小班　　B. 中班　　C. 大班　　D. 其他
综合主题名称	
音乐名称	
乐谱或二维码	
该音乐作品适合韵律活动的特征分析	A. 旋律： B. 节奏： C. 结构： D. 形象： E. 表现：

实施步骤 4：反思提升

学生展示小组成果，师生通过讨论、评价等方式给出意见和建议，填入表 2-2-4，促进自我反思提升。

表 2-2-4　反思与修改

修改内容	修改原因

任务评价

教师组织学生互评、双师评价，将评价结果填入表 2-2-5 ~ 表 2-2-6。

表 2-2-5 学生互评表

评分组别	适合幼儿(4.0 分)	符合标准(4.0 分)	分析准确(2.0 分)	总分
一组给分				
二组给分				
三组给分				
四组给分				
评语与建议	评价小组:			

表 2-2-6 双师评价表

评分组别	校内指导教师	幼儿园指导教师
评分等级	★★★★★	★★★★★
评语与建议	指导教师:	指导教师:

任务三 韵律活动目标的制订

任务情景

曼曼在中班韵律活动中制订的三维目标是:

(1)认知目标:使幼儿熟悉韵律音乐,了解游戏的基本玩法。

(2)操作技能目标:训练幼儿上下肢动作的协调性,掌握摘葡萄的舞蹈动作。

(3)情感态度目标:帮助幼儿以饱满的情绪,边演唱歌曲边律动。

学习本课内容,看看曼曼制订的韵律活动目标是否合理吧。

知识储备

一、韵律活动的各级教育目标

(一)韵律活动总目标

(1)认知目标:知道韵律音乐的名称;能正确把握韵律音乐主要的音乐特征;正确感知和理解韵律音乐的内容及情感;理解韵律动作与音乐的关系;感知道具特有的表现力;知道集体韵律活动对空间配合的要求。

(2)操作技能目标:能较为自如地控制身体做出协调、优美的韵律动作;能运用动作、表情基本正确地表现音乐特征以及音乐的内容与情感;能创新选择与使用简单的道具;能掌握简单的空间知识,集体富有创造性地表现韵律作品。

(3)情感态度目标:喜欢律动;积极体验参与韵律活动和用身体动作探索音乐,表达情感的快乐;能够体验并努力追求集体韵律活动中与他人动作配合与情感交流的快乐。

(二)各年龄段韵律活动目标

1. 小班

(1)能随乐做简单的、上肢或下肢的基本动作和模仿动作。

(2)能用简单动作表现音乐的前奏和乐段的起止。

(3)能创造性地用动作表现简单的节奏型。

(4)初步了解道具的作用,能使用简单道具。

(5)学习一些较简单的集体舞。

(6)在无队形要求的空间移动中,能不与人相撞。

(7)乐于参加集体韵律活动。

(8)初步体验用动作、姿态和表情与他人交流的方法和乐趣。

2. 中班

(1)能随乐做简单的上下肢联合动作、模仿动作和舞蹈动作。

(2)能用动作表现音乐的前奏、间奏、尾声和音乐速度、力度的变化。

(3)能创造性地用动作表现有所变化的节奏型。

(4)进一步了解各种道具的特点,较熟练地使用简单道具。

(5)积累一些集体舞,初步了解创编韵律动作的规律。

(6)在有合作要求的空间移动中,能兼顾合作伙伴调整自己的位置。

(7)喜欢自发地随乐自由舞蹈,也乐于参加集体韵律活动。

(8)进一步增强用动作、姿态和表情与他人交流的能力。

3. 大班

(1)能较准确地随乐做稍复杂的基本动作、模仿动作和舞蹈动作组合。

(2)能用动作及时反映和表现音乐的前奏、间奏、尾声,表现乐段、乐句起止,表现音乐情感变化。

(3)能创造性地用动作表现熟悉的、创新的节奏型。

(4)了解更多道具的特点,能创新选择并较熟练地使用道具。

(5)进一步掌握创编韵律动作的规律,学会一些含有创造性的稍复杂的集体舞。

(6)能运用空间知识在多人合作中较好地解决空间分配,变化队形。

(7)喜欢自发地随乐自由舞蹈,也乐于参加教师或幼儿发起的创造性韵律活动。

(8)能积极熟练地运用动作、姿态和表情与他人交流。

(三)韵律活动单元目标

韵律活动的单元目标通常由幼儿园或任课教师根据幼儿实际能力与单元教育主题制订。在幼儿园音乐活动单元目标下,就是我们今天要学习制订的韵律活动目标。

二、制订游戏化集体韵律活动的目标

根据"新型游戏化集体音乐活动目标制订"的学习,我们知道集体音乐活动目标的制订要遵循以下标准:

基于幼儿能力分析，有效促进幼儿发展。

准确把握音乐特点，合理定位目标难度。

承接上级三层目标，三维目标横向互联。

主题一致表述准确，指导活动可评可测。

按照标准，我们来分析以下课例中的活动目标。

小鸟飞（曲）

课例分享

课例一：小班韵律活动“小鸟飞”

1. 认知目标

熟悉乐曲的旋律和ABA的结构，能分辨A段鸟飞和B段鸟吃食的音乐。

评析：这一条目标省略了主语——幼儿，从音乐作品的曲式结构特点出发，期望幼儿通过熟悉旋律，借助小鸟飞和小鸟啄食的动作，感受并分辨A段轻柔、连贯的音乐形象和B段轻巧、跳跃的音乐形象，从而发展幼儿对音乐结构与乐段的认知。

2. 操作技能目标

在教师的启发下，探索手臂在不同方位上的摆动，表现小鸟飞，并体验创造的乐趣。

评析：这条目标的主语依然是幼儿，即“幼儿在教师的启发下”，以此作为目标实现的前提条件，目标的动词为“探索”，技能目标的内容为“手臂在不同方位上的摆动，表现小鸟飞”，引导幼儿体会由方位变化创造出的手臂舞姿。同时，在技能学习过程中，教师没有忽略激发幼儿创造的兴趣。

3. 情感态度目标

初步学习找空地方做动作，做鸟飞动作时尽量不让别人碰到自己，自己也不碰到别人。

评析：这一条目标主要期望幼儿获得空间运动中与他人保持和谐人际关系的观念与技能。

梳理与总结：课例的三条目标清楚地表明了幼儿在什么前提下，做什么及做到何种程度，以及教师在活动中怎样支持引导幼儿学习。目标中的行为主体统一为幼儿，体现了幼儿的主体性，目标内容十分具体、可评可测，对活动有具体的指导意义。

课例二：大班韵律活动“小树叶”

小树叶

1. 认知目标

培养幼儿的音乐知识、技能、启发幼儿的想象力。

评析：这条目标的主语为教师，忽略了幼儿的主体性和主动性；同时，没有表述清楚《小树叶》这首作品蕴含的音乐特征，即知识点是什么。因此，培养幼儿的哪些知识、技能，怎样启发幼儿的想象力就显得空洞、无法落实。

2. 操作技能目标

启发幼儿有表情地律动，进行创造性的表演。

评析：这条目标的主语不统一。前半句的主语是教师，但未说清教师怎样启发幼儿，“有表情地”表现什么情绪，以及律动的技能点在哪里；后半句的主语是幼儿，但没说明幼儿在怎样的条件下创造性地表演，或对于歌曲的哪一部分进行创造性的表演。

3. 情感态度目标

培养幼儿的社会性和合作性，服从指挥；培养幼儿的个性、自我表达能力、自我克制能力。

评析:这条目标的主语是教师。目标内容多而杂,没有重点,其中“服从指挥”“自我克制能力”与“个性”有所矛盾;没有说清如何培养,也无法检查、落实,对活动起不到任何指导意义。

梳理与总结:制订目标是幼儿教师设计韵律活动的第一步。没有清晰的目标就说明没有对幼儿、对作品清晰的认识,对活动开展以及教学操作一头雾水。因此,不要把制订活动目标当作无用的形式,而是要通过目标的制订对韵律活动内容、方法、手段、活动组织形式以及活动效果都做到心中有数。

思考练习

找朋友

一、判断正误

分析以下韵律活动目标,判断正误

任务材料:大班韵律活动“找朋友”。

认知目标:使幼儿熟悉韵律音乐,了解游戏的基本玩法。

操作技能目标:训练幼儿动作的灵活性与协调性。

情感态度目标:复习歌曲《好朋友》,要求幼儿能以愉快、亲切的感情演唱歌曲。

1. 三条目标的主语都是教师,体现了以幼儿为游戏主体的观念。（　　）
2. 目标中用“训练”这样的动词,对幼儿不够尊重,也忽视了幼儿的主动性。（　　）
3. “愉快”的情绪是自然生成的,不能要求幼儿“愉快”。（　　）
4. 韵律游戏的目标可以既要求“动作灵活”,又要求有感情地演唱。（　　）
5. 泛泛地要求“灵活性”与“协调性”不够具体,不可评,不可测。（　　）

二、小组讨论/线上讨论

曼曼韵律活动目标的问题:

问题:____

____

修改:____

____

赛证考点

1. 对应幼儿教师资格考试“教育活动的组织与实施”中:

主题活动方案中核心要素的设计。

考题形式:笔试。

2. 对应幼儿教师资格考试“幼儿园音乐教育活动的设计”中:

幼儿园韵律活动目标的设计。

考题形式:笔试、面试。

任务布置

学习完本任务后,请完成以下任务:

任务名称	韵律活动目标的制订
任务说明	制订幼儿韵律活动的目标是幼儿教师对幼儿韵律能力、韵律音乐深入分析的基础上,设计游戏的第一步。目标中包括了对谁、学什么、怎么做、达到何种程度等问题的设想与预期。 因此,本课的任务是为前一任务中设定的韵律活动制订活动目标。预设的年龄班、综合主题,选择的韵律音乐尽量与前一任务保持一致
任务要求	1. 小组集体认真学习幼儿韵律活动各级目标与活动目标表述。 2. 小组成员广泛查阅资料补充欠缺的知识,构建新的认知体系。 3. 为前一任务中设定的韵律活动制订目标。 4. 对制订的目标进行必要的解释说明。 5. 目标完成后上传云平台,各小组交流互评

任务实施

实施步骤 1:组建团队

学生 4 ~6 人结成学习小组,按照项目间轮换、项目内固定的原则,同一个项目内小组成员固定,小组长轮换,不同项目间成员轮换,让学生学会组织与协作。将成员姓名和分工填入表 2-3-1。

表 2-3-1　小组任务分工与角色扮演

姓名	承担角色	工作任务	
		平行任务	角色人物(分层任务)
	小组组长		
	小组副组长		
	小组成员		

实施步骤 2:丰富认识

广泛查阅资料,在表 2-3-2 中补充欠缺的知识,完善学习者自身认知体系。

表 2-3-2　补充知识记录单

韵律目标制订	补充知识	补充成员

实施步骤 3:制订目标

为前任务确定的韵律活动制订目标,并解释说明,填入表 2-3-3 中,完成后上传云平台,各小组交流互评。

表 2-3-3　任务汇报单

开展韵律活动的年龄班	A. 小班　　B. 中班　　C. 大班　　D. 其他________
综合主题名称	
音乐名称	
韵律活动目标	认知目标： 操作技能目标： 情感态度目标：
解释说明，如：怎样迈向幼儿最近发展区；选择韵律音乐中蕴含的哪些知识点和技能点；怎样支持综合主题活动等。	

实施步骤 4：反思提升

学生展示小组成果，师生通过讨论、评价等方式给出意见和建议，填入表 2-3-4 中，促进自我反思提升。

表 2-3-4　反思与修改

修改内容	修改原因

任务评价

教师组织学生互评、双师评价，将评价结果填入表 2-3-5 ~ 表 2-3-6。

表 2-3-5　学生互评表

评分组别	目标合理(4.0 分)	撰写规范(4.0 分)	说明清晰(2.0 分)	总分
一组给分				
二组给分				
三组给分				
四组给分				
评语与建议	评价小组：			

表 2-3-6　双师评价表

评分组别	校内指导教师	幼儿园指导教师
评分等级	★★★★★	★★★★★
评语与建议	指导教师：	指导教师：

任务四　韵律活动流程的设计

任务情景

曼曼为了激发幼儿参与韵律活动热情，在活动一开始就组织幼儿在散点队形中探索摘葡萄的动作。幼儿的兴致十分高涨，边玩耍边“摘葡萄”。可当曼曼发现幼儿上下肢动作联合没有合拍时，幼儿已经兴奋得顾不上听曼曼讲解了。结果曼曼只能任由孩子们自由律动。

为什么会出现这样的教学现象，曼曼的教学设计哪里出了问题呢？我们从韵律活动的总体流程和设计原则中找找答案吧！

知识储备

一、韵律活动的总体流程

韵律活动总体流程是为了实现特定的教育目标，由师幼共同完成的一系列音乐教育活动的程序和方式的有序组成。

韵律活动的流程设计要在新型游戏化集体音乐活动流程的基础上，遵循韵律活动开展的规律，融入韵律活动的特别要求，其总体流程包括：故事—动作—音乐—挑战。

（一）导入部分——故事

“故事”是活动的导入部分，起到创设游戏情境、激发幼儿好奇心和集中幼儿注意力的作用。韵律活动的“故事”由韵律音乐的结构、内容、情绪、风格特点转化而来。故事内容要具体，并且与音乐发展高度吻合，支持游戏化韵律活动的展开。教师可以借助幼儿经验，设计幼儿感兴趣的故事情境；用生动的语言吸引幼儿融入韵律活动。

导入阶段故事的讲述要本着够用的原则，精炼讲解（通常 30 s ~ 1 min 内完成，互动式的故事也尽量不超过 2 min），要结合韵律动作巧妙地设计情节，让故事贯穿韵律活动的始终。结合新型游戏化集体音乐活动的设计思路，伴随故事情境的创设，活动中最初的音乐元素出现（动作元素），这一元素可以由教师预先准备好，也可以由幼儿提出。幼儿边听故事边模仿，集体掌握这一动作元素。

导入部分的“故事”可以来源于经典故事、动画故事、绘本故事，也可以根据活动需要进行创编。故事可以从唤起幼儿的回忆开始，从呈现有趣的角色开始，也可以从观察、绘画、诵读儿歌开始，形式并不局限于“讲故事”，重在创设情境并在故事中呈现最初的动作元素，帮助幼儿有效进入活动。

梳理与总结：这一部分可以概括为“故事情景＋动作元素”。

（二）基本部分1——动作

由于幼儿对音乐的认识具有“动作思维”的特点。因而，韵律动作往往从故事“翻译”而来。韵律动作可以随着故事情境自然进入，按照由单一到联合、由慢到快的顺序，逐渐提升动作学习难度。

动作教学可以以“学习动作”的方式展开，这种方式由幼儿教师做示范，幼儿模仿、练习（示范—模仿—练习）；也可以以“创编动作”的方式展开，即幼儿教师借助视频、图片、经验等引导幼儿探索动作、创造性地做韵律动作（引导—探索—创编）；当然也可以以“学创结合”的方式展开，也就是前两种方法的结合（示范—模仿—探索—创编）。这些方式都可以支持幼儿掌握韵律动作。

结合新型游戏化集体音乐活动的设计思路，伴随故事情境的发展，幼儿的动作逐渐丰富，同时累加新的艺术形式（如有节奏的语言、歌唱等）。新的艺术形式要充分尊重幼儿意愿进行设计和选择，幼儿通过探索掌握这些新元素，理解新元素与音乐的关系，从而表现音乐。

在此过程中，适当累加新的艺术形式不仅不会增加韵律活动的难度，反而会增加活动的乐趣，在变化的艺术体验中帮助幼儿记忆动作，更好地随乐律动。

梳理与总结：这一部分可以概括为“动作渐进＋艺术元素”。

（三）基本部分2——音乐

韵律音乐是韵律活动的重要组成部分，因此，可以在导入时作为故事的背景音乐，早早为幼儿感知；也可以在初步呈现韵律动作时，配合动作学习呈现；也可以在幼儿基本掌握动作模型后再出现。音乐呈现的时间和形式相对自由，但要给幼儿充足的时间熟悉音乐，只有熟悉音乐，才能更为自如地合乐做动作。

开始合乐时，音乐速度可以适当放慢，给幼儿思考动作的时间，避免学习焦虑。幼儿熟悉韵律动作后，音乐可逐渐回到原速。

结合新型游戏化集体音乐活动的设计思路，此时伴随故事情境的变化，活动中之前的“动作元素”与“艺术元素”共同形成“创造模型”。幼儿在熟悉音乐的过程中反复感知、内化这一模型。这样可以给幼儿更长的积累时间，防止幼儿还没有真正掌握“创造模型”就迎接新的挑战，避免幼儿产生学习焦虑，让幼儿更好地感受韵律活动带来的快乐。

梳理与总结：这一部分可以概括为“音乐感知＋模型内化”。

（四）创新部分——挑战

幼儿充分熟悉音乐与“创造模型”后，活动就可进入更高级的挑战阶段，从而进一步综合前面的学习成果，拓展幼儿的表现力和创造力。如：创新游戏玩法或增加游戏规则，提升韵律活动的趣味性；创设人际合作，进行空间和队形变化；融入歌唱，律动和歌唱结合进行表演；融入打击演奏，丰富音乐的节奏和色彩；融入戏剧，用韵律动作表现故事情节等。

结合新型游戏化集体音乐活动的设计思路，伴随故事情境的结尾，幼儿在模仿、探索、创造的过程中已经掌握了音乐的要素，具备了音乐表现的能力，可以根据“创造模型”转换音乐表现媒介，开始即兴“玩”音乐。活动中多种艺术形式立体式组合的音乐表现形式形成，师幼合作快乐地展示韵律活动成果。

“挑战”是韵律活动的第四个部分，因此合理控制挑战的时间与难度非常重要，不要等到幼儿疲倦乏味了才结束活动，更不要无休止地提升难度，增加幼儿心理负担，要见好就收，为幼儿留下美好和意犹未尽的活动体验。

梳理与总结：创新部分可以概括为“媒介转换＋快乐展示”。

这样我们就有了适合游戏化集体韵律活动的总体流程，如图 2-4-1 所示。

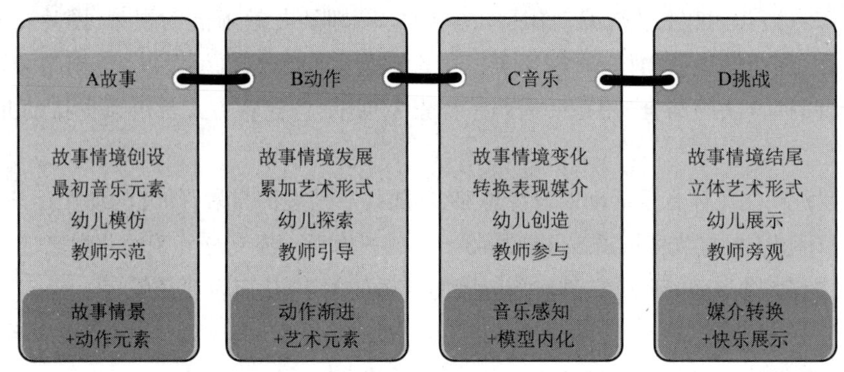

图 2-4-1　游戏化集体韵律活动的总体流程图

二、韵律活动的设计原则

学习了游戏化集体韵律活动的总体流程，还不能保证活动设计的科学合理，我们还要注意韵律活动的设计原则。

（一）空间原则

韵律活动空间安排一般要遵循“坐—站—走—队形”的顺序：

坐，即坐在座位上，先做上肢动作，再加入下肢动作。

站，即站在座位前做上下肢联合动作。

走，即不要求队形，幼儿找空地自由地站或走着做动作，也叫作散点。

队形，即在设计好的队形中做韵律动作。

比如韵律活动“学做解放军”中，幼儿合乐表现解放军行进时，通常先坐着用手轮流拍腿，模仿走路，实现合乐；再让幼儿站在座位前双臂摆动、原地踏乐，之后适当融入幼儿创编的动作；接着可以请幼儿找空地站或自由走动，表演解放军行进；最后根据幼儿的年龄特点和能力设计队形，在队形中表现纪律严明、坚毅勇敢的解放军。

（二）合作原则

韵律活动合作安排一般要遵循以下顺序：

（1）老师和全体幼儿合作互动。（必要时可以由两名教师合作示范）

（2）由老师和一名幼儿（或一组幼儿）为全体做示范性合作。

（3）由一对能力较强、学习较快的幼儿做合作示范尝试。

（4）由一对学习较慢、出现问题的幼儿做合作尝试，区别普遍性问题和个别问题，集体帮助或有针对性地帮助。

(5)幼儿理解示范内容后,可以进行规定结伴合作,如戴红手环的小朋友与戴黄手环的小朋友手拉手等。

(6)中班以后,还可以在前面基础上鼓励幼儿自由结伴,进行合作。

(7)随乐交换同伴合作的形式,通常出现在大班集体舞中,有队形,也有有规律地交换同伴的玩法。

这些原则在游戏化集体韵律活动设计中发挥科学指导的作用,但也不要使其成为锁链,束缚住教师的手脚,不敢创新。如以下活动设计就遵循了上述原则,但又有自身特点。

三、设计游戏化集体韵律活动的流程

下面,我们通过课例来学习游戏化集体韵律活动流程的设计。

课例分享

中班韵律活动“小鸡快跑”①

小鸡快跑

① 陈静奋,周洁. 学前儿童音乐教育活动设计与指导[M]. 上海交通大学出版社,2022.

案例流程分析如下：

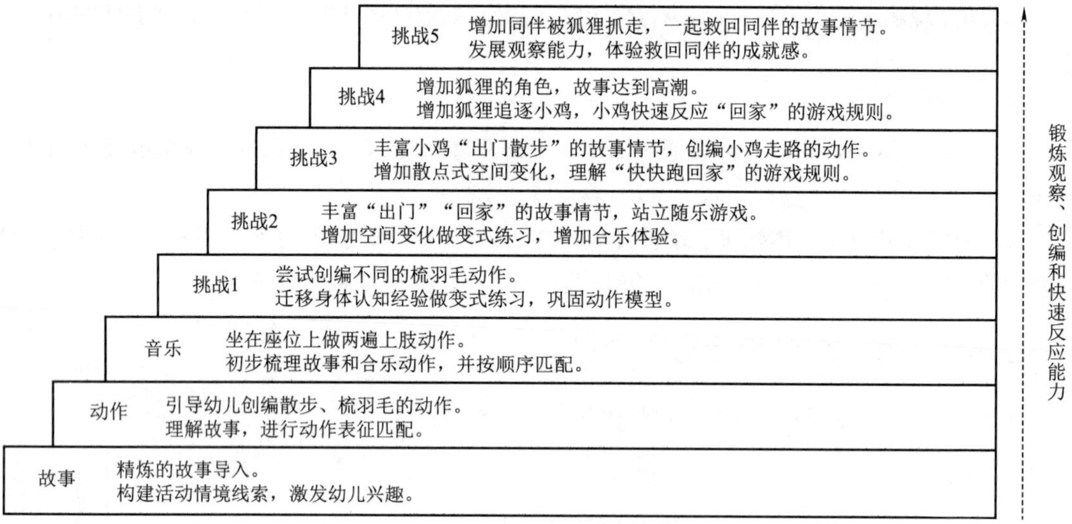

环节	内容
挑战5	增加同伴被狐狸抓走，一起救回同伴的故事情节。 发展观察能力，体验救回同伴的成就感。
挑战4	增加狐狸的角色，故事达到高潮。 增加狐狸追逐小鸡，小鸡快速反应“回家”的游戏规则。
挑战3	丰富小鸡“出门散步”的故事情节，创编小鸡走路的动作。 增加散点式空间变化，理解“快快跑回家”的游戏规则。
挑战2	丰富“出门”“回家”的故事情节，站立随乐游戏。 增加空间变化做变式练习，增加合乐体验。
挑战1	尝试创编不同的梳羽毛动作。 迁移身体认知经验做变式练习，巩固动作模型。
音乐	坐在座位上做两遍上肢动作。 初步梳理故事和合乐动作，并按顺序匹配。
动作	引导幼儿创编散步、梳羽毛的动作。 理解故事，进行动作表征匹配。
故事	精炼的故事导入。 构建活动情境线索，激发幼儿兴趣。

锻炼观察、创编和快速反应能力

梳理与总结：这是一个典型的融入游戏的韵律活动。课例中，老师通过小鸡出门散步、梳羽毛的故事情境，设计了活动的故事、动作、音乐、挑战四个部分，合理安排了坐—站—走（散点）的空间顺序。活动设计层层累加，游戏难度和玩法不断提升，既有不断变化的新鲜感，又有很强的参与感，在游戏中幼儿实现了合乐用韵律动作表现故事的学习目标。

思考练习

一、判断正误

1. 韵律活动设计的第一步是让幼儿欢快地动起来。（　　）
2. 小班韵律活动中可以设计两次队形变换。（　　）
3. 幼儿根据老师口令做韵律动作，不出现韵律音乐。（　　）
4. 中班韵律活动中老师要求幼儿每人创编三个小兔子的动作。（　　）
5. 老师用 5 min 讲述了精彩的故事作为韵律活动的导入。（　　）

二、小组讨论/线上讨论

关于曼曼韵律活动中的教学障碍：

原因：______________________________

____

解决：______________________________

____

赛证考点

1. 对应幼儿教师资格考试“教育活动的组织与实施”中：

幼儿园韵律活动的设计。

考题形式：笔试、面试。

2. 对应学前教育专业技能大赛“幼儿园教育活动设计”中：

教案/说课技能。

3. 奥尔夫音乐指导师考点——课堂流程设计技巧。

任务布置

学习完本任务后，请完成以下任务：

任务名称	韵律活动流程的设计
任务说明	韵律活动流程设计是活动目标指导下，幼儿教师和幼儿互动游戏的具体方案。合理的流程设计使活动目标落到实处，活动指导有据可循。 因此，本课的任务是在前面任务的基础上，设计韵律活动的流程
任务要求	1. 小组集体认真学习韵律活动的大体流程和设计原则。 2. 小组成员广泛查阅资料补充欠缺的知识，构建新的认知体系。 3. 在前面任务的基础上，设计游戏化集体韵律活动的流程。 4. 对设计的流程进行必要的解释说明。 5. 完成后上传云平台，各小组交流互评

任务实施

实施步骤1：组建团队

学生4～6人结成学习小组，按照项目间轮换、项目内固定的原则，同一个项目内小组成员固定，小组长轮换，不同项目间成员轮换，让学生学会组织与协作。将成员姓名和分工填入表2-4-1。

表2-4-1　小组任务分工与角色扮演

姓名	承担角色	工作任务	
		平行任务	角色人物（分层任务）
	小组组长		
	小组副组长		
	小组成员		

实施步骤2：丰富认识

广泛查阅资料，在表2-4-2中补充欠缺的知识，完善学习者自身认知体系。

表2-4-2　补充知识记录单

活动流程设计	补充知识	补充成员

实施步骤 3:设计流程

基于前任务,设计韵律活动的流程,填入表 2-4-3 中,完成后上传云平台,各小组交流互评。

表 2-4-3　任务汇报单

年龄班	A. 小班　B. 中班　C. 大班　D. 其他________
综合主题名称	
音乐名称	
韵律活动目标	认知目标: 操作技能目标: 情感态度目标:
韵律活动流程	
思路说明	

实施步骤 4:反思提升

学生展示小组成果,师生通过讨论、评价等方式给出意见和建议,填入表 2-4-4 中,促进自我反思提升。

表 2-4-4　反思与修改

修改内容	修改原因

任务评价

教师组织学生互评、双师评价,将评价结果填入表 2-4-5 ~ 表 2-4-6 中。

表 2-4-5　学生互评表

评分组别	目标落实(4.0 分)	流程科学(4.0 分)	说明清晰(2.0 分)	总分
一组给分				
二组给分				
三组给分				
四组给分				
评语与建议	评价小组:			

表 2-4-6　双师评价表

评分组别	校内指导教师	幼儿园指导教师
评分等级	☆☆☆☆☆	☆☆☆☆☆
评语与建议	指导教师：	指导教师：

任务五　奥尔夫动作造型运用

任务情景

曼曼的韵律活动总是缺少趣味性，怎样融入更为丰富的动作造型形式呢？曼曼准备到课程资源库去查阅关于奥尔夫动作造型的资料。

我们也一起来学习吧！

知识储备

一、奥尔夫动作造型材料的分类

在音乐教学活动中，音乐本身就是动态的艺术形式，当优美的音乐作用于幼儿心理时，幼儿就会产生情感体验。当身体想把这种情感表达出来时，最直接的方式就是动作。无论是德国的奥尔夫，还是瑞士的达尔克罗兹，都强调用身体当乐器，去理解和表现音乐。这样就有了两种动作造型材料——声势和律动。

(一) 声势

奥尔夫希望有一种基于人体自身的乐器，不需要外在物质就可以自然地、自由地体验音乐，于是就有了声势。声势使用简单而原始的身体动作发出各种有节奏的声音，兼具声音和动作体态的双重美感。四种古典声势通过捻指、拍手、拍腿、跺脚发出声响，所以声势也称为身体打击乐。如非洲、美洲的原住民舞蹈为声势发展注入了新的元素。新的声势动作包括了拍胸、拍头、拍臀以及脚下的踢踏节奏等。经过不断地丰富和扩充，双手拍打桌子或其他生活物品的节奏声响也被称作声势，如杯子、纸箱、盒子、勺子等，都可以用来设计与声势有关的游戏化韵律活动。

传统声势动作

声势通过打击身体进行演奏，方便与语言、歌唱、或其他艺术形式结合，进行多声体验。声势具有一定的技巧性，所以，使用时应控制好难度，在幼儿自然接受、享受快乐的前提下进行，不要因为技巧练习失去美好的音乐体验。

新的声势动作

(二)律动

奥尔夫音乐教育中的律动是对达尔克罗兹体态律动学的吸收和发展。基础律动主要是用动作体验音乐的要素,如节奏节拍、旋律线条、音色变化、曲式结构等;创意律动主要是幼儿独立和与他人合作开发身体动作的可能性,把原地动作(拍手/点头/踏脚等)、空间动作(走/跑/跳等),身体的高/中/低的位置以及方向相结合,提升动作的联合性、舞蹈性,探索身体动作在时间和空间中的运动,并创设有趣的队形变化。

律动可以有效发展幼儿的音乐听觉,还可以发展幼儿的专注力、动作协调能力、随乐能力和与其他幼儿的协作能力。

声势模仿

二、奥尔夫动作造型材料的运用

(一)声势动作造型

1. 声势模仿

教师示范声势动作,幼儿以同样的速度和节奏进行对话式模仿,例如:

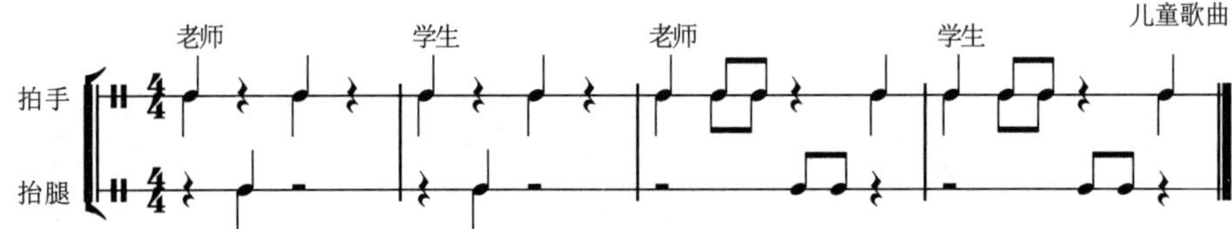

2. 声势接龙

声势接龙

声势接龙是非常有趣且有效的节奏游戏。以四拍为例,通常教师或一名幼儿做第一组声势,后面的幼儿重复第一组声势的后两拍,再即兴创编两拍……这样的接龙方式称为“接尾”。同样的道理,还可以接头,或者接头和接尾,具体方式要根据幼儿的接受能力来选择。以下为接尾游戏示意图:

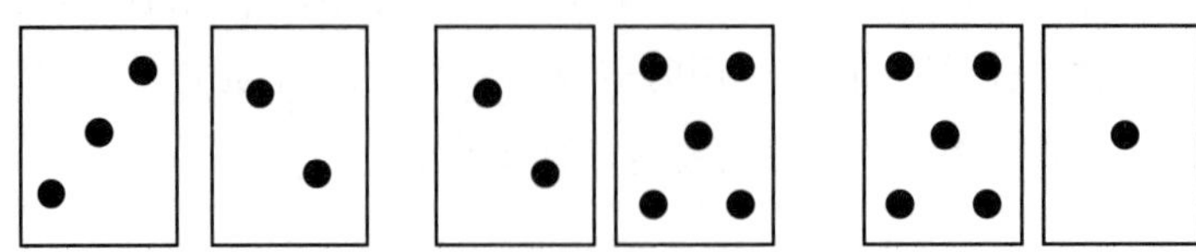

3. 声势卡农

声势卡农

这是一种利用声势完成的节奏卡农，通常以四四拍为稳定拍，幼儿需要在教师拍第二小节时，边模仿第一小节边注意听第二小节的节奏，对幼儿听、看、记的专注力要求较高，适合大班幼儿。例如：

4. 声势伴奏

声势伴奏

声势伴奏主要以固定音型为歌曲伴奏。固定音型可以是一个音乐动机或一个小乐句（2～4 小节）的不断重复。例如：

合拢放开

词曲　佚　名
黄倩芳编声势谱

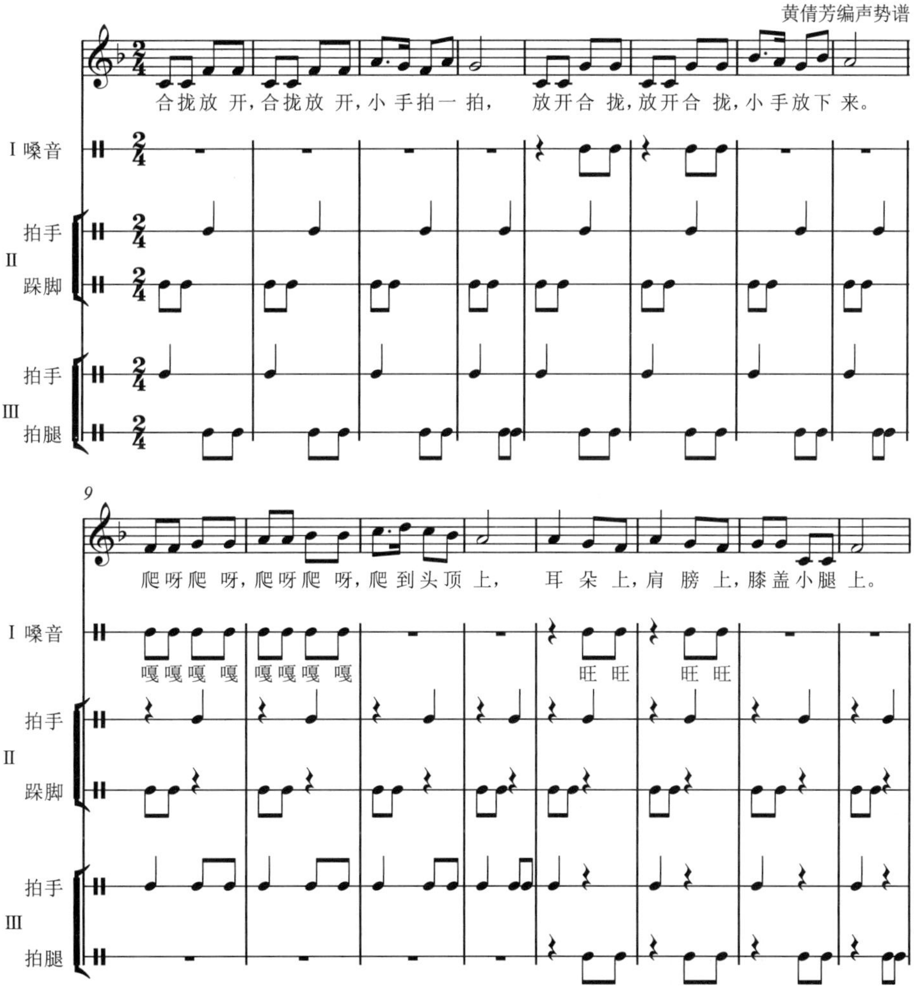

合拢放开，合拢放开，小手拍一拍，放开合拢，放开合拢，小手放下来。

Ⅰ 嗓音

Ⅱ 拍手 跺脚

Ⅲ 拍手 拍腿

9

爬呀爬呀，爬呀爬呀，爬到头顶上，耳朵上，肩膀上，膝盖小腿上。

Ⅰ 嗓音　嘎嘎嘎嘎　嘎嘎嘎嘎　旺旺　旺旺

Ⅱ 拍手 跺脚

Ⅲ 拍手 拍腿

5. 声势应答

声势应答是教师拍出一个节奏，幼儿用相同拍数的另一种声势“应答”。幼儿须听清拍数，然后创编相同拍数的节奏。这一形式对幼儿的听辨、观察、记忆、创新能力要求较高，适合四岁以上幼儿。例如：

声势应答

6. 即兴回旋

即兴回旋是围绕一个主题的节奏乐句不断循环重复，同时重复的两遍中间加入不同的乐句，即 ABACA……。例如：

即兴回旋

7. 声势游戏

声势游戏是以幼儿生活、故事、儿歌为素材，融音乐、声势、语言为一体的综合形式。例如：

声势游戏

好吃的麦当劳

黄倩芳编声势谱

在幼儿园，每一种声势造型形式都可以运用，但要根据幼儿的能力进行选择，更要合理控制活动的难度。

（二）韵律动作造型

1. 听辨律动

音乐是听觉的艺术，律动活动的首要形式就是听辨律动。也就是听音乐做律动，并进行丰富的动作变化。

听音乐前，教师可以为幼儿提供最基本的韵律动作片段。幼儿通过模仿，感知动作片段的基本要素，为随乐做动作奠定基础。

起初做随乐动作，幼儿主要感知音乐与动作的对应关系，获得节奏上的同步；之后，音乐可以逐渐加入变化因素，如速度变化、力度变化、音色变化、停顿等，也可以是节奏的小幅变化，幼儿根据这些变化，在动作上做出反应。从而获得动作模型，为创编打下基础。

之后就可以由幼儿创编小的动作片段，来代替原来动作的某个部分。

课例分享

走路的休止符

大班韵律活动“走路的休止符”

第一步：师幼在两小节四四拍（× × × × | × × × × ||）的音乐中围着圆走步，边走边数12345678，获得稳定的速度。

第二步：跟着教师边走边即兴做拍手、摸头等动作。

第三步：老师即兴把原节奏中的一个四分音符替换成四分休止符，并读出来，如 × × × × | × 0 × × ||，读作：12345 空 78。师幼一起走步时即在第六拍停住，第七拍时继续走。

第四步：由幼儿即兴说出替换的拍子，集体读出节奏，师幼一起走步时，在这一拍停住。

第五步：幼儿还可以创造其他动作来代替休止的拍子，如开始做过的拍手、摸头，还可以拍腿、击掌等。幼儿的创新五花八门，可以玩出很多乐趣。

第六步：大一点的幼儿还可以继续挑战，如在散点队形或几个人组成的小圆形上玩游戏，在休止的拍子上与旁边的小伙伴互动，如击掌、眨眼睛等。

也可以把原节奏重复八次，第一次在第八拍休止，做幼儿自由创编的动作，比如小猫洗脸的动作；第二次在第七拍休止，做小猫洗脸的动作，依此类推。还可以向奏乐活动延伸，如在休止处演奏圆弧响板或单响筒等，但不适用于有延音的乐器。

2. 歌曲律动

歌曲律动是幼儿为歌曲设计韵律动作，表现音乐和歌词内容的形式。对幼儿来说，对语言的理解更为直接，有歌词的音乐更能激发幼儿律动的创造力和想象力。例如，以摇篮曲、问好歌、问答歌的歌词与内容进行律动，幼儿的动作、神态和情绪都很容易与音乐协调一致。

课例分享

大班韵律活动“请你跳舞”

请你跳舞

孟　欣 词曲

幼儿站成圆形队形，两人一组对面站立。教师边唱歌边示范韵律动作，帮助幼儿获得完整的艺术体验。

儿歌分为两个部分：

第一乐段：舞伴面对面，边唱歌边在第一句“咚咚咚”处原地跺脚，在第二句“啪啪啪”处互相击掌，第三句与舞伴手挽手走一圈后回到原地，第四句舞伴相互行礼邀请跳舞。

第二乐段：第一句两个舞伴用十六分音符的滑步顺时针转圈回到原位，第二句用十六分音符的滑步逆时针转圈回到原位。

音乐最后，幼儿向后转身，与新舞伴游戏。

3. 舞蹈律动

舞蹈律动是以乐曲或舞曲为律动音乐，韵律动作和舞蹈动作融合的活动形式。

课例分享

匈牙利舞曲

大班韵律活动“三只小猪盖房子”①

音乐选自：勃拉姆斯《匈牙利舞曲第五号》

① 马尾楠. 奥尔夫音乐教育理念与实践操作[M]. 2 版. 北京：高等教育出版社，2020.

《匈牙利舞曲》性格鲜明、热情洋溢，有浓郁的吉卜赛风格。曲式为ABA的单三部曲结构，第三乐段是第一乐段的重现。

第一步：教师借助《三只小猪》的故事引入韵律活动，引导幼儿听一听三只小猪和老狼之间发生了怎样的故事。

第二步：播放音乐，教师用A段（拍手+拍腿）、B段（踩左脚+踩右脚）、A段（拍手+拍腿）的动作与幼儿感受音乐的节拍、结构、速度与情绪。

第三步：倾听音乐，与幼儿讨论：

A段音乐的情绪是什么样的，引导幼儿创编小猪开心盖房子的动作；

B段音乐的情绪是什么样的，引导幼儿创编老狼干坏事的动作；

A段音乐的情绪是什么样的，引导幼儿创编小猪战胜老狼喜悦的动作。

第四步：角色扮演游戏，将幼儿分为两组，分别扮演小猪和老狼，讨论表演的形式进行韵律表演，之后可以交换角色。

梳理与总结：以上就是奥尔夫动作造型的材料和形式。20世纪初，达尔克罗兹体态律动新音乐教育和维格曼音乐、语言、动作、舞蹈融为一体的现代舞蹈学，都给了奥尔夫新的启发，成就了奥尔夫动作节奏教育的创新。我们的幼儿园韵律活动也要在借鉴学习的基础上，不断创新发展。

思考练习

一、判断正误

1. 听辨律动、歌曲律动、即兴回旋都属于韵律动作造型。（　　）
2. 听辨律动可以从幼儿模仿韵律动作片段开始。（　　）
3. 声势律动活动中不可以融入奏乐的游戏形式。（　　）
4. 节奏应答与节奏模仿是一样的，没有区别。（　　）
5. 律动主要是用动作体验音乐的要素，不考虑空间因素。（　　）

二、小组讨论/线上讨论

关于曼曼动作造型形式的选择：

选择：____

____

运用：____

____

赛证考点

1. 对应幼儿教师资格考试“教育活动的组织与实施”中：

• 幼儿园韵律活动的设计。

考题形式：笔试、面试。

2. 奥尔夫音乐指导师考点——声势律动教学。

任务布置

学习完本任务后，请完成以下任务：

任务名称	奥尔夫动作造型运用
任务说明	奥尔夫动作造型材料和形式是设计韵律活动的重要素材，就像做饭时的各种食材一样，有了好的食材才能烹饪出丰盛的菜肴。掌握了这些动作造型材料和形式，才能为幼儿设计出丰富多彩的韵律活动。 因此，本课的任务是在前面任务的基础上，运用奥尔夫动作造型形式丰富活动设计
任务要求	1. 小组集体认真学习奥尔夫动作造型材料的分类和形式。 2. 小组成员广泛查阅资料补充欠缺的知识，构建新的认知体系。 3. 在前面任务的基础上，运用奥尔夫动作造型形式丰富活动设计。 4. 对形式的运用进行必要的设计说明。 5. 完成后上传云平台，各小组交流互评

任务实施

实施步骤1：组建团队

学生4～6人结成学习小组，按照项目间轮换、项目内固定的原则，同一个项目内小组成员固定，小组长轮换，不同项目间成员轮换，让学生学会组织与协作。将成员姓名和分工填入表2-5-1。

表2-5-1　小组任务分工与角色扮演

姓名	承担角色	工作任务	
		平行任务	角色人物（分层任务）
	小组组长		
	小组副组长		
	小组成员		

实施步骤2：丰富认识

广泛查阅资料，在表2-5-2中补充欠缺的知识，完善学习者自身认知体系。

表2-5-2　补充知识记录单

动作造型运用	补充知识	补充成员

实施步骤3：造型运用

基于前任务运用奥尔夫动作造型形式丰富设计，并说明设计思路，填入表2-5-3中，完成后上传云平台，各小组交流互评。

表 2-5-3　任务汇报单

年龄班	A. 小班　B. 中班　C. 大班　D. 其他________
活动流程	
动作造型材料与形式选择	
设计说明	

实施步骤 4:反思提升

学生展示小组成果,师生通过讨论、评价等方式给出意见和建议,填入表 2-5-4 中,促进自我反思提升。

表 2-5-4　反思与修改

修改内容	修改原因

任务评价

教师组织学生互评、双师评价,将评价结果填入表 2-5-5 ~ 表 2-5-6 中。

表 2-5-5　学生互评表

评分组别	流程丰富(4.0 分)	形式合理(4.0 分)	说明清晰(2.0 分)	总分
一组给分				
二组给分				
三组给分				
四组给分				
评语与建议	评价小组:			

表 2-5-6　双师评价表

评分组别	校内指导教师	幼儿园指导教师
评分等级	☆☆☆☆☆	☆☆☆☆☆
评语与建议	指导教师:	指导教师:

任务六　韵律活动动作的预设

任务情景

曼曼为中班幼儿精心地准备一系列动作。如摘葡萄、装葡萄、送葡萄、吃葡萄等，还用这些动作设计了动作组合与队形变化。但幼儿不仅学不好动作，队形变得也很混乱，没过一会儿就没有兴趣了，这是什么原因呢？

知识储备

一、韵律动作预设的依据

韵律动作是集体韵律活动必备的活动材料，但其主要作用是作为范例启发幼儿，而不是直接让幼儿学习。活动中最终选用哪些动作要尊重幼儿的选择，鼓励幼儿创新。

教师预设动作的依据主要包括：

(1)了解各阶段幼儿韵律能力的发展特点。

(2)了解本班幼儿具备的韵律动作经验。

(3)依据本次活动准备发展幼儿的韵律能力。

(4)准确分析韵律音乐的特点和重难点。

以上四条中，第(1)条我们已经专门学过，(2)、(3)条需要结合幼儿班级的实际情况而定。所以，今天我们重点学习“分析韵律音乐”。

二、韵律活动音乐的分析

首先，要熟悉音乐，听熟、会唱韵律音乐。了解音乐的结构、旋律的线条、音乐的情绪、风格、有特点的节奏、速度力度及其变化等特点。

之后，要确定韵律动作要表现哪些音乐元素和情绪情感。任何一组韵律动作对音乐的表现都不可能面面俱到。一般来说，幼儿年龄越小，韵律动作越简单，能表现的元素也就越少。所以，要根据幼儿能力与经验进行取舍，抓住音乐特点促进幼儿迈向最近发展区。

在此基础上，我们就可以根据音乐预设动作。通过反复听唱音乐，教师可以在脑海中预设一部分与音乐特点相吻合的律动动作。如：儿歌《小蜜蜂》“嗡嗡嗡，嗡嗡嗡，大家一起去做工，来匆匆，去匆匆，做工兴味浓。”这首儿歌教师就可以用采蜜、互相打招呼、飞等动作表现小蜜蜂的动作；而《学做解放军》就可以用踏步、敬礼等动作模仿军人的刚毅勇敢。

小蜜蜂

可见，在音乐分析的过程中，动作的创编其实就已经开始了。

三、韵律活动动作的预设

第一步——预选动作

幼儿喜欢什么样的动作呢？超越学习能力、太复杂的动作会让幼儿无所适从，产生挫败感；过于抽象无法理解的动作会让幼儿感觉索然无趣。因此，根据幼儿动作能力发展特点和生活经验，托班和小班幼儿通常以基本动作为主，如走、跑、跳、拍手、点头、摆臂及其他身体动作；逐渐增加模仿动作，如：模仿动物的动作（小兔跳、小鱼游等）、模仿劳动的动作（扫地、开车等）、模仿自然的动作（小树长大、雪花飘等）、模仿生活的动作（刷牙、吹喇叭等）；随着幼儿年龄的增长，韵律动作中舞蹈动作的比例也可以逐渐增加，到大班时就可以学习一些略有难度的基本舞步（比如：跑跳步、跑马步、秧歌十字步等），上肢动作可以学习一些简单的手、臂动作（如：提压腕等），也可以加入上下肢联合的舞蹈动作。

从上面的论述可以看出，韵律动作选择的规律是从大的整体动作到小的精细动作，从单纯动作到复合动作，从不移动动作到有空间移动的动作。

第二步——变化动作

选择好的动作元素可以运用六种方法做灵活变化。

（1）变化动作的线条，如：在直线、曲线上做动作。

（2）变化动作的方位，如：在上、下、前、后、左、右，以及斜向上做动作。

（3）变化动作的幅度，如：变化手臂划圈的幅度大小等。

（4）变化动作的速度，如：根据音乐的速度变化动作的速度。

（5）变化动作的力度，如：重重地踏脚或轻轻地踮步等。

（6）变化动作的姿态，如：挤牛奶的动作可以弓步重心向前做，也可以重心向后做。

一般来说，年龄越小越的幼儿越适合于单一的动作变化；随着年龄增大，在同一动作中可以融入两到三种动作变化形式，比如线条变化的同时融入方向变化等。

第三步——组织动作

预选好的动作，经过变化处理后就要用组织动作的方法进行编排：

组织方式	特点	具体动作举例
按情节内容组织	这种组织形式和音乐呈现的故事情境相关，容易为较小年龄幼儿所掌握	以《调皮的小猴子》为例：动作设计可以围绕猴子爬树、在树上玩耍、之后从树上滑下来的情节组织
按身体部位顺序组织	有利于发展幼儿的秩序感	以《加沃特舞曲》为例：按顺序先由下而上，再由上而下地拍打身体各部位
按音乐的重复变化组织	有利于幼儿感知音乐的结构，即相同的音乐做相同的动作，不同的音乐做不同的动作	以《小鸟飞》为例，A 段音乐表现小鸟飞，B 段音乐表现小鸟吃食、再现 A 段音乐又表现小鸟飞
按对称的原则组织	有利于发展幼儿的均衡和对称意识	以《手腕转动》为例：可以双手上举转动四下，双手垂下转动四下；左边转动四下，右边转动四下等
按主题动作组织	用一个主题动作反复出现或变化出现组织动作，这种组合方式有利于发展幼儿的整体统一意识	以《一群小鸭子》为例：根据鸭子的形右手屈肘上举做成鸭子的头颈、左手胸前屈肘托住右肘为主体动作，在此动作保持的基础上做小鸭走、小鸭跳水、小鸭洗澡、小鸭划水等动作

调皮的小猴子

加沃特舞曲　小鸟飞

手腕转动

一群小鸭子

梳理与总结：年龄越小的幼儿越适合多次重复的动作，动作变换不宜太频繁，通常乐句内不做动作变化。随着年龄增大，记忆和反应能力提高，动作变化可以在乐句中进行。

课例分享

小班韵律活动“学做解放军”

学做解放军

1. 乐谱

学做解放军

2. 动作预设

第一段，我们根据军人刚毅挺拔、坚定有力的形象选择了敬礼、齐步走的主题动作。采用方向（向左转、向右转）、姿态（敲起锣、打起鼓）的高低变化，丰富主题动作。用坚毅的表情表现解放军叔叔的勇敢坚强。

第二段，在方向对比上、姿态层次上，更细腻、更灵活，例如打鼓动作既有方向、又有姿态变化。而且在队形变化上，采用了从外八字到一横排再到三角形的快速变化。

那问题来了，这样的变化方法究竟适不适合小班的幼儿呢？

显然，按照小班幼儿的动作发展特点和空间感发展能力，驾驭多次动作方向变化和队形变化是比较困难的。

该怎样去调整呢？我们可以：

（1）减少动作变化。

（2）降低变化频率。

（3）依据中班幼儿空间感发展特点，减少队形变化。

例如：取消打鼓动作的层次，统一站立做动作；由外八字直接到一横排作为结束队形。从而，适应中班幼儿的韵律能力。

梳理与总结：综合以上学习内容，我们在预设动作时要符合作品的主题思想和形象特征选择主题动作。还要考虑各年龄段幼儿的动作发展特点和空间感发展能力，灵活处理变化动作，动作变化方法可以单一使用，也可以综合运用。

思考练习

一、判断正误

1. 年龄小的幼儿适宜做重复性的动作。 (　　)

2. 按照对称的原则组织动作,有助于发展幼儿的平衡和对称意识。 (　　)

3. 动作方位变化包括:向上、下、前、后、左、右做动作,不包括斜向做动作。 (　　)

4. 秧歌十字步欢快喜庆,适合任何年龄段的幼儿。 (　　)

5. 韵律动作选择的规律有:从不移动动作到有空间移动的动作。 (　　)

二、小组讨论/线上讨论

关于曼曼韵律活动中的教学障碍:

原因:____

____

解决:____

____

赛证考点

1. 对应幼儿教师资格考试“幼儿园教育活动的设计”中:

• 幼儿园韵律活动内容的选择。

考题形式:笔试、面试。

2. 对应学前教育专业技能大赛“幼儿歌曲弹唱与歌表演”中:

• 歌表演技能。

任务布置

学习完本任务后,请完成以下任务:

任务名称	韵律活动动作的预设
任务说明	韵律动作是游戏前幼儿教师必须准备的教学材料。通过对韵律动作设计多种可能的预设,幼儿教师将韵律音乐的特征与适合幼儿的肢体动作对应起来,筛选出适合本年龄段幼儿的基本动作、变化方式和组织方式,提炼出主题动作,为韵律游戏中幼儿的模仿—探索—创编—展示提供合理的范围和启发。 因此,本课的任务是在前面任务的基础上,预设韵律游戏动作
任务要求	1. 小组集体认真学习创编幼儿韵律动作的依据和方法。 2. 小组成员广泛查阅资料补充欠缺的知识,构建新的认知体系。 3. 在前面任务的基础上,预设韵律游戏动作。 4. 对预设的动作进行必要的设计说明。 5. 完成后上传云平台,各小组交流互评

任务实施

实施步骤1:组建团队

学生4~6人结成学习小组,按照项目间轮换、项目内固定的原则,同一个项目内小组成员固定,小组长轮换,不同项目间成员轮换,让学生学会组织与协作。将成员姓名和分工填入表2-6-1。

表2-6-1　小组任务分工与角色扮演

<table>
<tr><th rowspan="2">姓名</th><th rowspan="2">承担角色</th><th colspan="2">工作任务</th></tr>
<tr><th>平行任务</th><th>角色人物(分层任务)</th></tr>
<tr><td></td><td>小组组长</td><td></td><td></td></tr>
<tr><td></td><td>小组副组长</td><td></td><td></td></tr>
<tr><td></td><td rowspan="4">小组成员</td><td></td><td></td></tr>
<tr><td></td><td></td><td></td></tr>
<tr><td></td><td></td><td></td></tr>
<tr><td></td><td></td><td></td></tr>
</table>

实施步骤2:丰富认识

广泛查阅资料,在表2-6-2中补充欠缺的知识,完善学习者自身认知体系。

表2-6-2　补充知识记录单

韵律动作预设	补充知识	补充成员

实施步骤3:预设动作

基于前任务设计韵律活动动作,并说明设计意图,填入表2-6-3。完成后上传云平台,各小组交流互评。

表2-6-3　任务汇报表

年龄班	A. 小班　　B. 中班　　C. 大班　　D. 其他________
音乐名称	
韵律动作预设	预选动作: 主体动作: 动作变化:
动作组织与动作图谱	
设计说明	

实施步骤4:反思提升

学生展示小组成果,师生通过讨论、评价等方式给出意见和建议,填入表2-6-4中,促进自我反思提升。

表 2-6-4　反思与修改

修改内容	修改原因

任务评价

教师组织学生互评、双师评价，将评价结果填入表 2-6-5 ~ 表 2-6-6。

表 2-6-5　学生互评表

评分组别	契合音乐(4.0 分)	预设合理(4.0 分)	说明清晰(2.0 分)	总分
一组给分				
二组给分				
三组给分				
四组给分				
评语与建议	评价小组：			

表 2-6-6　双师评价表

评分组别	校内指导教师	幼儿园指导教师
评分等级	★★★★★	★★★★★
评语与建议	指导教师：	指导教师：

任务七　韵律活动材料的准备

任务情景

曼曼经过反思，发现韵律活动中自己忽略了一些细节。例如，幼儿韵律动作的起始比较随意、松散，缺少统一的信号；摘葡萄用的小篮子偏重，幼儿做动作不方便；幼儿探索摘葡萄的动作时，并不知道葡萄长在哪里？想到这些，曼曼就很自责，怎么没有提前想到这些问题呢？

活动前，我们还应该做好哪些准备工作呢？和曼曼一起学习吧！

知识储备

一、师幼知识经验的储备

(一)教师经验

游戏化韵律活动的教师经验包括:熟悉韵律音乐,具备语音提示韵律动作的能力、韵律动作示范能力、相关文化知识和教具的操作技能等。

(二)幼儿经验

幼儿经验主要是活动过程中涉及的知识经验、生活经验、动作经验和活动经验等。教师应根据活动需要,通过故事、动画、生活观察等提前帮助幼儿掌握相关经验。

二、韵律活动常规的制订

游戏化韵律活动中幼儿容易处于运动兴奋和不稳定状态。为了保持良好的活动秩序,集体韵律活动要形成约定俗成的常规。

(一)活动开始和结束的常规

活动开始前,教师和幼儿可以讨论和约定活动的信号。例如,以音乐为信号、以教师特定的语言为信号、以游戏中被呼啦圈套中、被拍到肩膀等特殊情境为信号等。信号出现,起立(开始动作)或坐下(结束动作)。

(二)活动进行的常规

在游戏化韵律活动进行中则需要注意:

(1)在规定范围的安全范围内律动。

(2)没有队形要求时,找比较空的地方律动。

(3)自由律动时不与人或障碍物相撞。

(4)在自由结伴律动中,热情友好地和舞伴互动。

(5)尊重其他小朋友的学习和表达。

(6)能安静倾听和思考教师的话等。

教师要巧妙运用活动常规,帮助幼儿养成文明有序的活动习惯,同时保证韵律活动顺利、有效开展。

三、辅助活动道具的准备

游戏化集体韵律活动会用到哪些教育或道具呢?其实,大部分情况下韵律活动不使用道具。在确实需要时,所使用的道具需具备以下几点:

(一)新颖有趣,且安全易拿

在韵律活动中,教师所选的道具应能吸引幼儿,且能增加活动的趣味性;还应容易抓握,没有毛刺、尖角等安全隐患,也不宜过大、过重,使用技巧也不宜过于复杂。

课例分享

美丽之门

在组织大班韵律活动“美丽之门”时，教师请幼儿用呼啦圈套住小朋友扮演的雕像，传递爱的能量使雕像复活。但由于准备的呼啦圈过大、过重，幼儿很难操作，使活动效果大打折扣。

（二）经济实惠，且便于获得

在选择道具时，不宜在经济或精力上投入太多，应多使用幼儿身边的普通材料，甚至废旧材料来制作道具。

课例分享

马刀舞曲

在组织大班韵律活动“马刀舞曲”时，教师带女孩儿用废纸折叠成纸扇，表演扇舞；带男孩儿将折叠好的纸扇并拢，作为“刀舞”的“刀”。既满足舞蹈道具需要，又创造性地开发了普通材料的功能，体现了男、女幼儿在选择玩具时的性别差异。

（三）有审美特点，且利于想象

教师所选道具不宜粗制滥造，也不宜过分讲究精致逼真，应益于激发和丰富幼儿想象与联想，增加幼儿的审美体验。

课例分享

在大班韵律活动“编织梦想”中，教师借助丝带五彩的颜色、柔软的质地、光滑的手感体验音乐之美——丝带的特性和音乐的意境极为一致。当教师引导幼儿帮助天使妈妈编织出太阳、蘑菇、孔雀等美丽梦想时，在场师生幸福感油然而生。

（四）能支持幼儿的学习，辅助解决活动难点

编织梦想

道具应能促进教学难点的突破，起到推动教学、促进学习的作用。

课例分享

在大班韵律活动“顽皮的小绅士”中，老师请幼儿右手戴白手套。借助手套帮助幼儿统一行进步伐（戴手套手放在哪条腿上，哪条腿就做踢、踏的动作，哪条腿就先走）。

顽皮的小绅士

梳理与总结：从以上四点我们可以梳理以下韵律活动道具、教具选用的原则：新颖有趣、安全易拿、经济实惠、便于获得、利于审美、利于想象、支持学习、解决难点等。

思考练习

一、判断正误

1. 幼儿韵律活动道具选择的首要原则是安全易拿。（　　）
2. 韵律活动常规由幼儿教师直接制订省时省力，效果较好。（　　）
3. 韵律活动中幼儿所需的生活经验一般在活动时现场讲解。（　　）
4. 活动道具不宜粗制滥造，应尽量精致逼真。（　　）
5. 活动道具应能促进教学重点、难点的突破。（　　）

二、小组讨论/线上讨论

关于曼曼韵律游戏中的教学障碍：

原因：____

____

解决：____

____

赛证考点

对应幼儿教师资格考试“幼儿园教育活动的设计”中：

• 幼儿园教育活动方案的设计——活动准备。

考题形式：笔试、面试。

任务布置

学习完本任务后，请完成以下任务：

任务名称	韵律活动材料的准备
任务说明	储备师幼经验、制订活动常规、准备活动道具是韵律活动前重要的准备工作。这些具体细致的准备工作是游戏顺利实施的重要保障，忽略其中任何一个细节都可能使活动效果大打折扣。 因此，本课的任务是在前面任务的基础上，准备韵律活动的材料
任务要求	1. 小组集体认真学习韵律活动中储备师幼经验、制订活动常规、准备活动道具的知识。 2. 小组成员广泛查阅资料补充欠缺的知识，构建新的认知体系。 3. 在前面任务的基础上，准备韵律活动的材料。 4. 对材料的选择与运用进行必要的解释说明。 5. 完成后上传云平台，各小组交流互评

任务实施

实施步骤1：组建团队

学生4～6人结成学习小组，按照项目间轮换、项目内固定的原则，同一个项目内小组成员固定，小组长轮换，不同项目间成员轮换，让学生学会组织与协作。将成员姓名和分工填入表2-7-1。

表2-7-1　小组任务分工与角色扮演

姓名	承担角色	工作任务	
		平行任务	角色人物（分层任务）
	小组组长		
	小组副组长		
	小组成员		

实施步骤2:丰富认识

广泛查阅资料,在表2-7-2中补充欠缺的知识,完善学习者自身认知体系。

表2-7-2　补充知识记录单

活动材料准备	补充知识	补充成员

实施步骤3:选择材料

基于前任务选择材料,并对材料选择和运用进行说明,填入表2-7-3。完成后上传云平台,各小组交流互评。

表2-7-3　任务汇报单

年龄班	A. 小班　B. 中班　C. 大班　D. 其他________
韵律活动准备	师幼知识经验:
	活动常规:
	活动道具:

实施步骤4:反思提升

学生展示小组成果,师生通过讨论、评价等方式给出意见和建议,填入表2-7-4,促进自我反思提升。

表2-7-4　反思与修改

修改内容	修改原因

任务评价

教师组织学生互评、双师评价,将评价结果填入表2-7-5~表2-7-6。

表 2-7-5　学生互评表

评分组别	支持流程(4.0 分)	准备到位(4.0 分)	说明清晰(2.0 分)	总分
一组给分				
二组给分				
三组给分				
四组给分				
评语与建议	评价小组:			

表 2-7-6　双师评价表

评分组别	校内指导教师	幼儿园指导教师
评分等级	★★★★★	★★★★★
评语与建议	指导教师:	指导教师:

任务八　韵律活动过程的实施

任务情景

曼曼在韵律活动中先讲述了故事,又细致讲解了韵律动作。五分钟后,曼曼开始做韵律动作,发现这时幼儿的注意力已经不集中了。曼曼很困惑:不讲解清楚,幼儿没法做动作,可长时间的讲解幼儿又明显没兴趣,这可怎么办呢?

我们从韵律活动实施策略入手来找找解决的办法吧!

知识储备

一、韵律活动的实施策略

幼儿园游戏化集体韵律活动开展得是否顺利,能否取得预期的教育效果与教师教学策略水平有直接关系,常用的实施策略包括:设计策略、组织策略、演示策略和支持策略。

(一)设计策略

(1)选择幼儿喜欢的、能理解的、便于表现的音乐。

(2)根据幼儿韵律能力发展特点,制订有效促进幼儿认知、操作能力和情感态度发展的活动目标。

(3)师幼提前储备经验,设计韵律动作,根据活动需要准备图谱、道具。

梳理与总结:设计策略的运用大部分在活动前,但活动开展过程中可以根据实际情况做必要的调整。比如:音乐长、乐段多,在活动时间完成困难时,教师则可以适当删减教学环节;目标偏难或对幼儿没有挑战时,教师则可以适当调整目标难度;韵律动作设计太难或太简单时,教师则可以适当简化或加入新动作;道具使用不能达到预期效果时,教师则可以因地制宜利用其他道具或舍弃道具等。

(二)组织策略

(1)支持综合教育主题,促进活动目标达成。

(2)按照"故事—音乐—动作—挑战"的流程,在生动的故事情境中,播放幼儿熟悉韵律音乐,合理设置初学动作的速度。

(3)按照"坐—站—走—队形"的顺序安排空间变化,根据幼儿合作能力设计合作。

(4)通过游戏、歌唱、戏剧等形式创造挑战,活动层层累加不断丰富,但不宜过多扩展。

(5)尽量把重难点安排在活动3/5的时间,利用好幼儿注意力集中的高峰时段。组织策略的运用主要在活动流程的设计上,体现了韵律活动流程的设计原则和科学方法。

梳理与总结:组织策略上首先体现在活动流程设计是否科学,同时体现了活动实施过程中教师落实活动方案的能力。

(三)演示策略

(1)教师的提示语言和示范动作能准确契合音乐的旋律、节拍、速度、力度、结构和情绪。

(2)教师能用体态和表情充满童趣地示范韵律动作。

(3)教师能用歌声、提示语和动作有机结合,提示幼儿做韵律动作。

(4)教师在示范时充分关注幼儿,用眼神和表情与幼儿交流,示范的位置须让全体幼儿轻松看到,通过环顾尽量照顾到每一位幼儿。

梳理与总结:演示策略主要运用在教学示范与师幼互动中,体现了幼儿教师的音乐素养、教学基本功和与幼儿的沟通对话能力。

(四)支持策略

(1)教师通过故事创设活动情境,活动开始时激发幼儿兴趣,活动过程中不断激起幼儿兴趣,在挑战阶段提升幼儿兴趣。

(2)教师通过语言、动作、眼神、微笑,认可和回应幼儿的努力与专注。

(3)教师通过提供前期经验、引导观察、鼓励表达、启发创造为幼儿搭建学习的阶梯。

(4)教师全程精炼讲解不啰唆,分散讲解配示范,语气抑扬有重点,避免讲述繁复无法被幼儿理解。

(5)教师全程营造轻松氛围、精心安排互动、设计有效提问、鼓励幼儿大胆地用语言和律动表达观点、抒发情感。

梳理与总结:支持策略的运用体现的是幼儿教师深层的教学能力和教学经验,适用于所有幼儿园音乐活动的实施。

二、韵律活动的实施案例

下面,我们通过课例来学习游戏化集体韵律活动的实施过程。

课例分享

小老鼠和泡泡糖

中班韵律活动“小老鼠和泡泡糖”①

1. 两位教师的教学策略

1)教师甲

要求幼儿随音乐，在每一乐句的前一小节学小老鼠走路，后一小节做“这边看一下，那边看一下”(东张张、西望望)的动作。

在教学过程中，教师先讲述一个《小老鼠和泡泡糖》的故事，随后便带领幼儿听音乐玩游戏。过程中，她一边不断地用语言提醒幼儿要“这边看一下，那边看一下”，一边用很响的两下跺脚声提醒幼儿“听到老师跺脚的声音就是要东看看，西看看！”结果，孩子们神情紧张，大部分都不能合拍地做动作，时间一长便出现焦虑、无措、混乱的场面。

2)教师乙

先根据音乐的节奏创编了一首儿歌做歌词。用歌词辅助幼儿掌握旋律与节奏。活动分为以下九步：

步骤	教师策略	策略分析
第一步	教师按节奏边朗诵儿歌，边用手在腿上做小老鼠走的示范动作：“小老鼠东跑跑，西看看。”放慢速度，在‘西’处停顿	在坐姿上解决了教学重难点
第二步	教师带领幼儿一起用手在腿上做小老鼠走的动作，并提醒幼儿自我反省：“念到哪个字的时候看啊？我说‘西’的时候，你应该做什么？”当念到“西”处，教师稍作停顿并环顾四周，看幼儿是否已做好看的准备	教师设计了有效提问帮助幼儿进一步明确哪里做什么动作？同时，用语言节奏和动作的变化提示幼儿
第三步	幼儿在教师的带领下，放慢速度边念儿歌，边用手在腿上做动作	放慢速度，帮助幼儿做到随乐动作、学会动作，避免幼儿焦虑
第四步	幼儿继续念儿歌做动作，教师清唱旋律	巩固练习
第五步	老师问“小脚准备好了吗？坐在座位上轻轻地踮起脚来走一走。”教师提示并继续清唱旋律	由上肢动作改为坐在座位上的下肢动作，帮助学生难度提升
第六步	老师对幼儿说“我们把儿歌念在心里，听着音乐在座位上学小老鼠走路。”	让幼儿降低对儿歌的依赖
第七步	老师问“如果音乐快了，我们行不行？”教师播放音乐录音	恢复原来的速度播放音乐
第八步	“请站在自己的座位前，听音乐、学小老鼠的动作。”	站起来做韵律动作，进一步增加难度
第九步	“请小朋友们找个空地方，听音乐学小老鼠‘走’和‘看’的动作。”	散点做动作，给幼儿更大的表现空间

① 谈亦文. 幼儿园音乐教育[M]. 北京：人民教育出版社，2013.

2. 两位教师的策略对比

1）教师甲

教师甲用语言和跺脚的声音指示幼儿做出反应，幼儿始终处于被动状态，没有实现音乐和节奏的内化；直接播放音乐让幼儿参与律动的做法，使幼儿思想准备不足，反应时间不够，对随乐律动的适应不足，不断积聚焦虑；过早做空间移动，导致学习环境不稳定，幼儿无法集中注意力，在没有解决学习重难点就过于兴奋。最终，幼儿没有掌握学习内容，韵律活动效果不佳。

2）教师乙

教师乙对应韵律音乐创编儿歌，用歌词即时提醒幼儿该做什么，幼儿运用语言自我指导；教师用"我说'西'的时候，你应该做什么？"等有效提问，实现了幼儿认知上的自我监控、自我反省、主动学习；活动开始时放慢速度、暂时停顿、目光环视……教师的暗示成为幼儿学习的有力支持；先清唱旋律、再播放音乐的做法，增加了幼儿初学阶段的反应时间，减少了学习焦虑，使幼儿从容地随乐律动；最后，不过早安排幼儿做空间移动，为幼儿创造了稳定的学习环境，踏踏实实地攻克了随乐律动的重难点。

梳理与总结：从这个课例可以看出，韵律活动实施策略的重要性。它不仅影响活动目标的实现，甚至影响到教师的教学活动能否顺利开展下去。因此，要想成功地组织集体韵律活动，需要我们系统掌握和熟练运用活动实施策略，并不断积累工作经验，提升灵活运用策略的能力。

思考练习

一、判断正误

1. 韵律活动中，教学重难点应置于活动时间的后2/5。（　　）
2. 不过早做空间移动，利于幼儿在稳定的环境中掌握学习内容。（　　）
3. 教师的提示语言和示范动作须能准确地契合音乐。（　　）
4. 轻松愉快的氛围，有利于幼儿大胆地表现与表达。（　　）
5. 教师在示范时应尽情展示自己的才华，不必关注幼儿。（　　）

二、小组讨论/线上讨论

关于曼曼韵律活动中的教学障碍：

原因：______________________________

____

解决：______________________________

____

赛证考点

1. 对应幼儿教师资格考试"游戏活动的指导"中：

- 尊重幼儿游戏的自主性。
- 按幼儿游戏规律指导游戏。
- 满足幼儿充分游戏的心理需求。
- 关心幼儿的游戏意愿。

考题形式：笔试、面试。

2. 对应学前教育专业技能大赛"幼儿园教育活动设计"中：

- 教案/说课技能。

3. 奥尔夫音乐指导师考点——现场课堂实践操作。

任务布置

学习完本任务后，请完成以下任务：

任务名称	韵律活动过程的指导
任务说明	韵律活动的前期工作完成后，决定活动效果的关键就是游戏化活动过程的指导。在指导过程中，教师的过程组织、教学示范、启发引导对活动能否按预期目标完成，幼儿能否"玩"有所获，起重要作用。活动过程中也会发现前期设计的不足，需要教师运用教学经验灵活处理，把影响降到最低。 因此，本课的任务是在前面任务的基础上，运用策略指导活动过程
任务要求	1. 小组集体认真学习游戏化集体韵律活动指导策略。 2. 小组成员广泛查阅资料补充欠缺的知识，构建新的认知体系。 3. 在前面任务的基础上，模拟教学，运用策略指导活动过程。 4. 每两组自由结对，观摩反思，给出教学策略指导意见。 5. 录制模拟教学视频和互评意见，完成后上传云平台，各小组交流学习

任务实施

实施步骤 1：组建团队

学生 4～6 人结成学习小组，按照项目间轮换、项目内固定的原则，同一个项目内小组成员固定，小组长轮换，不同项目间成员轮换，让学生学会组织与协作。将成员姓名和分工填入表 2-8-1。

表 2-8-1　小组任务分工与角色扮演

姓名	承担角色	工作任务	
		平行任务	角色人物(分层任务)
	主班老师		
	配班老师		
	幼儿		

实施步骤 2：丰富认识

广泛查阅资料，在表 2-8-2 中补充欠缺的知识，完善学习者自身认知体系。

表 2-8-2　补充知识记录单

游戏过程指导	补充知识	补充成员

实施步骤 3：过程指导

基于前任务模拟教学，针对活动过程给出指导策略，填入表 2-8-3。完成后上传云平台，各小组交流互评。

表 2-8-3　任务汇报单

年龄班	A. 小班　　B. 中班　　C. 大班　　D. 其他________
韵律活动名称	
模拟教学视频（二维码）	
教学策略指导意见	设计策略运用情况： 组织策略运用情况： 演示策略运用情况： 支持策略运用情况： 互评小组：　　________

实施步骤 4：反思提升

学生展示小组成果，师生通过讨论、评价等方式给出意见和建议，填入表 2-8-4 促进自我反思提升。

表 2-8-4　反思与修改

修改内容	修改原因

任务评价

教师组织学生互评、双师评价，将评价结果填入表 2-8-5 ~ 表 2-8-6。

表 2-8-5　学生互评表

评分组别	策略得当(4.0 分)	模拟逼真(4.0 分)	互评精准(2.0 分)	总分
一组给分				
二组给分				

续上表

评分组别	策略得当(4.0 分)	模拟逼真(4.0 分)	互评精准(2.0 分)	总分
三组给分				
四组给分				
评语与建议	评价小组:			

表 2-8-6　双师评价表

评分组别	校内指导教师	幼儿园指导教师
评分等级	★★★★★	★★★★★
评语与建议	指导教师:	指导教师:

任务九　韵律活动效果的评价

任务情景

第一次组织韵律活动后,曼曼很期待老师和同学对自己教学的评价,也想知道幼儿对游戏活动的感受。于是,想到之前学过的活动评价方法,决定借助评价工具收集评价信息。运用哪种评价工具呢? 与曼曼一起设计评价工具吧!

知识储备

现代信息技术的融入更新了幼儿园新型游戏化集体音乐活动的评价方法。下面,我们就一起来探索传统与新型评价工具的使用,结合韵律活动的特点自主设计评价工具。

一、韵律活动评价小徽章设计

自主查阅《3—6 岁儿童发展行为观察指引》,结合韵律活动特点,系统设计幼儿自评小徽章和教师奖励小徽章。

注意:

(1)把握韵律活动评价要点,文字简洁明了。

(2)徽章内容设计好后制作到 App 中(可以修改、调整、补充和重复利用)。

(3)幼儿自评小徽章可以根据实际需要分类,如:正面徽章(喜欢随乐蹦跳)、负面徽章(同伴碰疼我了)。帮助教师了解幼儿游戏兴趣;是否得到表达机会;是否得到创新机会;是否有不开心体验等,以调整活动设计与指导策略。

(4)教师奖励小徽章要多采用正面激励,发现幼儿个性化音乐才能和优点。可以从幼儿音乐能力、学习能力和情感社会性等维度设计。

二、韵律活动观察评价表设计

韵律活动观察评价表的评价内容可以是活动本身,也可以是幼儿发展。实施观察前,须根据观察目的提前明确观察方向,列出观察评价点。以幼儿发展评价为例:

1. 幼儿韵律活动中音乐能力观察点

1)音乐方面

(1)拍子:动作速度稳定;能表现出强拍。

(2)节奏型:有清晰的节奏型;能表达有特点的音乐节奏型。

(3)句子:具有清晰的句型;能有意识地进行句子的起落;音乐句子重复时动作重复;对比句的动作有对比性。

(4)段落:段落转换自如;能用不同风格的动作表达不同音乐风格的段落。

(5)尾声:能在前奏或间奏后准确起拍;尾声处有结束性的动作。

2)动作方面

(1)协调性:表情与音乐情绪一致;动作自然放松;肢体协调;能发现错误并及时调整。

(2)空间感:能合理利用个人空间;能在利用集体空间时不与别人相撞;无方向性障碍;能根据队形调整自己站位。

(3)合作:愿意与同伴交流合作;具有用目光和表情交流的意识。

2. 幼儿学习能力发展观察点

幼儿学习能力发展观察点可以是幼儿的专注、观察、记忆、模仿、探究、创造能力发展水平和学习兴趣等。

3. 幼儿情感社会性发展观察点

幼儿情感社会性发展观察点可以是活动是否发展了幼儿正确的自我意识和同伴关系等。

观察评价表的设计可以是以上一个方面,也可以是多个方面。观察点可以更加细化、更加具体,要与幼儿当前的发展目标和要解决的问题密切联系。

三、设计韵律活动评价等级量表

韵律活动评价等级量表的评价内容也可以是韵律活动本身或幼儿发展。对活动本身的评价主要从活动目标、活动内容、活动方法、活动过程、活动环境等几个维度进行。根据活动实际开展情况也可以拓展其他维度或侧重于某个维度。我们也可以对应前面所学习的韵律活动指导策略设计等级量表。

根据自己的评价思路,试着把表格补充完整,表格项目可以调整。

韵律活动评价等级量表

评价项目	评 价 标 准	目标达成度/%			
		A	B	C	小计
活动目标	1. 目标凸显韵律活动教育价值,能有效促进幼儿音乐认知、技能和兴趣、情感、自主、协作等能力发展				
	2. 目标定位明确,体现适应性,具体、可操作				

续上表

评价项目	评 价 标 准	目标达成度/%			
		A	B	C	小计
活动内容					
活动方法					
活动过程					
活动环境					
备注描述		评价等级			

思考练习

小组讨论/线上讨论

关于曼曼韵律活动评价工具的设计：

设计：____

应用：____

赛证考点

1. 对应幼儿教师资格考试“教育评价”中：

- 幼儿园教育评价的基本方法。

2. 对应幼儿教师资格考试“游戏活动的指导”中：

- 正面评价幼儿游戏。

考题形式：笔试。

任务布置

学习完本任务后，请完成以下任务：

任务名称	韵律活动效果的评价
任务说明	韵律活动评价是本次活动的终点，却是教师审视活动效果，反思指导策略的重要一步，是幼儿教师积累教学经验，实现自我成长的起点。幼儿教师要养成良好的职业习惯，在不断的评价反思中提升教学能力。 因此，本课的任务是根据项目一的理论知识，结合韵律活动特点，自选一种评价工具进行设计
实施步骤	1. 小组集体认真学习游戏化集体韵律活动常用的三种评价工具。 2. 小组成员广泛查阅资料补充欠缺的知识，构建新的认知体系。 3. 结合韵律活动特点，自选一种评价工具进行设计。 4. 每两组自由结对，充分交流并试用对方评价工具，给出修改建议。 5. 评价工具和互评意见完成后上传云平台，各小组交流学习

任务实施

实施步骤1:组建团队

学生4~6人结成学习小组,按照项目间轮换、项目内固定的原则,同一个项目内小组成员固定,小组长轮换,不同项目间成员轮换,让学生学会组织与协作。将成员姓名和分工填入表2-9-1。

表2-9-1　小组任务分工与角色扮演

姓名	承担角色	工作任务	
		平行任务	角色人物(分层任务)
	小组组长		
	小组副组长		
	小组成员		

实施步骤2:丰富认识

广泛查阅资料,在表2-9-2中补充欠缺的知识,完善学习者自身认知体系。

表2-9-2　补充知识记录单

评价工具设计	补充知识	补充成员

实施步骤3:效果评价

基于前任务选择并试用评价工具,给出修改意见,填入表2-9-3。完成后上传云平台,各小组交流互评。

表2-9-3　任务汇报单

评价工具类型	A. App评价小徽章　B. 观察评价表　C. 评价等级量表
评价工具展示与说明	展示: 说明
组间试用情况与修改建议	试用情况 修改建议

实施步骤 4:反思提升

学生展示小组成果,师生通过讨论、评价等方式给出意见和建议,填入表 2-9-4,促进自我反思提升。

表 2-9-4　反思与修改

修改内容	修改原因

任务评价

教师组织学生互评、双师评价,将评价结果填入表 2-9-5 ~ 表 2-9-6。

表 2-9-5　学生互评表

评分组别	工具科学(4.0 分)	建议有理(4.0 分)	说明清晰(2.0 分)	总分
一组给分				
二组给分				
三组给分				
四组给分				
评语与建议	评价小组:			

表 2-9-6　双师评价表

评分组别	校内指导教师	幼儿园指导教师
评分等级	★★★★★	★★★★★
评语与建议	指导教师:	指导教师:

项目三 设计实施游戏化集体歌唱活动

问题导入

歌唱是幼儿用纯净、甜美的声音表现歌曲内容、抒发内心情感、勇敢展示自我、获得成功体验的重要途径。歌唱对幼儿的教育价值有:锻炼身心、陶冶情操、启迪智慧、活跃思维、完善人格。因此,歌唱活动是幼儿园开展最广泛、最普遍的音乐教育活动。

请大家思考:不同年龄段的幼儿适合什么样的歌唱活动?幼儿教师组织歌唱活动的工作流程以及操作要点是怎样的?应该怎样为活动选择合适的儿歌、制订合理的目标、设计科学的流程、提供科学的指导?

学习目标

知识目标:

1. 理解并能阐述幼儿歌唱能力发展特点。
2. 理解并能阐述幼儿歌唱儿歌选择标准。
3. 理解并能阐述奥尔夫嗓音造型材料分类。

能力目标:

1. 能协作为游戏化集体韵律活动选儿歌、定目标、设流程、配伴奏、制图谱、评教学。
2. 能选择运用奥尔夫嗓音造型的形式。
3. 能协作组织指导游戏化集体韵律活动的过程。

素质目标:

1. 具有钻研幼儿园游戏化集体歌唱活动的学习热情。
2. 乐于学习思考嗓音造型游戏化活动的形式与方法。
3. 善于将奥尔夫嗓音造型方法本土化,创新歌唱活动。

学习任务

经过对项目流程关键环节以及各环节知识点、技能点的分析提炼,本项目共提炼出十个岗位任务。建议学习形式及课时分配如下:

项目	知识点/技能点	学习形式	课时分配	
			理论	实践
设计 实施 游戏化集体 歌唱 活动	任务一　幼儿歌唱能力的分析 ♫ 各阶段幼儿歌词能力发展特点 ♫ 各阶段幼儿音域能力发展特点 ♫ 各阶段幼儿旋律能力发展特点 ♫ 各阶段幼儿节奏能力发展特点 ♫ 各阶段幼儿呼吸能力发展特点 ♫ 各阶段幼儿合作能力发展特点	线上	0	0
	任务二　歌唱活动儿歌的选择 ♫ 歌唱活动儿歌的选择标准 ♫ 选择游戏化集体歌唱活动的儿歌	混合	0.5	0.5
	任务三　歌唱活动目标的制订 ♫ 歌唱活动的各级教育目标 ♫ 制订游戏化集体歌唱活动的目标	混合	0.5	0.5
	任务四　歌唱活动流程的设计 ♫ 歌唱活动的总体流程 ♫ 歌唱活动的设计建议 ♫ 设计游戏化集体歌唱活动的流程	混合	1	1
	任务五　奥尔夫嗓音造型运用 ♫ 奥尔夫嗓音造型材料的分类 ♫ 奥尔夫嗓音造型材料的运用	混合	0.5	0.5
	任务六　歌唱活动伴奏的编配 ♫ 儿歌学唱的伴奏方法 ♫ 儿歌伴奏的编配方法	混合	0.5	0.5
	任务七　歌唱活动练声的指导 ♫ 歌唱能力培养的内容 ♫ 创编发声练习小游戏	线上	0	0
	任务八　歌唱活动图谱的运用 ♫ 歌唱活动图谱的制作 ♫ 歌唱活动图谱的使用	混合	0.5	0.5
	任务九　歌唱活动过程的实施 ♫ 歌唱活动的实施策略 ♫ 歌唱活动的实施案例	混合	1	1
	任务十　歌唱活动效果的评价 ♫ 歌唱活动评价小徽章设计 ♫ 歌唱活动观察评价表设计	线上	0	0

课前测试

课前预习并完成以下测试题(不定项选择题):

1. 奥尔夫动作造型材料指的是(　　)。
   A. 声势　B. 歌唱　C. 语言　D. 律动
2. 幼儿园韵律活动常用的总体流程是(　　)。
   A. 动作—故事—音乐—挑战　B. 故事—挑战—动作—音乐
   C. 音乐—故事—动作—挑战　D. 故事—动作—音乐—挑战
3. 韵律活动空间顺序的安排一般要遵循(　　)。
   A. 坐—走—站—散点　B. 坐—站—走—散点
   C. 坐—站—走—队形　D. 站—走—坐—队形
4. 幼儿歌唱能力培养的内容包括(　　)。
   A. 正确的歌唱姿势　B. 正确的呼吸换气
   C. 正确的咬字吐字　D. 宣泄式情感表达
5. 属于小班幼儿歌唱能力的表述正确的是(　　)。
   A. 生理性走音　B. 按乐句换气　C. 很少唱错字　D. 音域较窄

任务一　幼儿歌唱能力的分析

任务情景

带着组织幼儿韵律活动的经验,曼曼满怀信心地组织了小班歌唱活动。但困扰曼曼的是:很多幼儿唱歌走音。曼曼花费了很大的功夫,幼儿的音准问题还是没能解决。曼曼既疲惫又灰心。

是不是曼曼的教学出了问题了?我们从接下来的学习中找找答案吧!

知识储备

一、各阶段幼儿歌词能力发展特点

(1)小班幼儿:对于歌词的理解能力有限,会发错一些音或者把一些有困难的字词省略掉。

(2)中班幼儿:掌握歌词的能力有所提高,一般能比较完整、准确地再现熟悉的歌曲中的歌词,唱错字、发错音的情况相对较少。

(3)大班幼儿:能记住更长、更复杂的歌词,对词义的理解能力提高,在歌词的发音、咬字吐字方面表现得更趋完善。

梳理与总结:我们可以用分界记忆法,以中班幼儿“能比较完整、准确地再现熟悉的歌曲中的歌词”这一特点为标准划分界限,就可以很快区分三各年龄段幼儿歌词方面的能力了,因为弱于标准的是小班幼儿,强于标准的就是大班幼儿。

二、各阶段幼儿音域能力发展特点

(1)小班幼儿:歌唱的音域一般为 c1 ~ a1,但幼儿有个体差异,音域偏窄的幼儿 3 岁仅能唱出 3

个音左右。

(2)中班幼儿:音域有了扩展,一般可以达到 c1 ~ b1,但个体间仍有很大差异。

(3)大班幼儿:音域基本可以达到 cl ~ c2,个别甚至更宽。

梳理与总结:三个年龄段幼儿音域方面的能力可以用递进法记忆,从中央 c 向上,小班音域为六度,中班音域为七度,大班音域为八度。

三、各阶段幼儿旋律能力发展特点

(1)小班幼儿:感知旋律方面存在明显的不精准性,经常走音、说歌,在没有伴奏或独立歌唱时,走调、没调的情况更为严重。

(2)中班幼儿:对旋律的感知、再认能力和对音准的把握有所提高。在乐器或成人带领下,大多数幼儿能基本唱准旋律适宜的歌曲。

(3)大班幼儿:音准方面进步很大,不仅能比较准确地唱出旋律的音高,对级进音级、三度四度、五度音程的旋律都能比较容易地掌握。

梳理与总结:幼儿旋律能力发展特点也可以用分界记忆法,以中班特点"在乐器或成人带领下能基本唱准旋律适宜的歌曲"为分界,弱于这个能力的是小班幼儿,强于这一能力的就是大班幼儿。

四、各阶段幼儿节奏能力发展特点

(1)小班幼儿:对于四分音符、八分音符和二分音符这样与心跳、呼吸、走路、跑步等生理活动(身体动作)接近的节奏构成的歌曲,可以基本做到合拍歌唱;可以唱四二拍、四四拍的儿歌。

(2)中班幼儿:对四分音符、八分音符和二分音符的歌唱掌握较好,可以表现整拍的休止和歌曲中少量的附点节奏、切分节奏;可以唱四三拍的儿歌。

(3)大班幼儿:能准确地表现二拍子、四拍子的歌曲,对三拍子歌曲和弱起节奏有一定的理解和掌握,能更好地掌握半拍的休止、附点、切分节奏。大班末期,在稍快或稍慢演唱时不影响幼儿节奏的准确性;可以唱八六拍的儿歌。

梳理与总结:幼儿节奏能力发展的规律是从大时值音符到小时值音符;从基本音符到附点音符,再到切分、弱起等特殊节奏;可以唱的儿歌是从两拍子、四拍子到三拍子、六拍子。

五、各阶段幼儿呼吸能力发展特点

(1)小班幼儿:逐步学会用较长的气息代替一字一换气地歌唱,会根据气息使用的情况换气,会因换气中断词义。

(2)中班幼儿:对气息的控制能力有所提高,一般能在教师指导下按乐句和情绪的要求换气,任意中断句子、中断词意的现象有明显的改进。

(3)大班幼儿:对气息的控制能力较中班又有进一步提高,能够按乐曲情绪要求较自然地换气。

梳理与总结:幼儿呼吸方面能力发展也可以以中班"任意中断句子、中断词意的现象有明显的改进”这一特点为标准,弱于这一能力的是小班幼儿,强于这一能力的就是大班幼儿。

六、各阶段幼儿合作能力发展特点

(1)小班幼儿:在集体歌唱时,还不会相互配合,但基本上能与集体相一致,能在歌曲同时开始和结束中,初步体会歌唱活动中协调一致的快乐。

(2)中班幼儿:唱歌合作能力有所提高,能懂得在速度、力度等方面与集体协调一致,并能在老师的提示下进行分唱、齐唱。

(3)大班幼儿:歌唱合作能力大大加强,在速度、力度等方面与集体协调一致,在音色方面也能尽量与集体协调一致。

梳理与总结:幼儿歌唱活动中合作能力的发展特点可以概括为四句儿歌:

小班合作,初尝快乐;中班胜任,分分合合;

大班协调,统一音色;能力渐进,乐于合作。

思考练习

一、判断正误

1. 小班幼儿会因换气中断词义。　　(　　)

2. 小班幼儿歌唱音域一般为 c1 ~ a1,但有个体差异。　　(　　)

3. 中班幼儿懂得在速度、力度等方面与集体协调一致。　　(　　)

4. 小班幼儿经常走音,在没有伴奏时情况更严重。　　(　　)

5. 大班幼儿对级进、三度跳音的歌唱都没有太大困难。　　(　　)

二、小组讨论/线上讨论

关于曼曼歌唱中幼儿走音的教学障碍:

原因:____

____

解决方法:____

____

赛证考点

1. 对应幼儿教师资格考试“学前儿童发展”中:

- 幼儿身体发育的规律和特点。
- 幼儿动作发展的基础和规律。
- 幼儿认知能力和社会性发展。

考题形式:笔试、面试。

2. 对应幼儿教师资格考试“艺术领域(弹唱)专项技能”中:

- 幼儿歌唱的一般特点。

考题形式:面试。

3. 奥尔夫音乐指导师考点——婴幼儿生理与心理特点。

任务布置

学习完本任务后，请完成以下任务：

任务名称	幼儿歌唱能力的分析
任务说明	幼儿歌唱能力的发展特点是开展幼儿园歌唱活动的重要前提，也是活动设计科学性、合理性的基本依据。在幼儿身心发展变化较快的3～6岁这个阶段，幼儿教师一定要对比掌握各年龄段幼儿音域、旋律、呼吸、歌词等能力特点，准确把握幼儿歌唱经验，指导幼儿能力发展。 因此，本课的任务是绘制图（表），从六个方面梳理各阶段幼儿歌唱能力发展特点
任务要求	1. 小组集体认真学习幼儿歌唱能力发展特点。 2. 小组成员广泛查阅资料补充欠缺的知识，构建新的认知体系。 3. 对比分析幼儿歌唱能力发展特点，绘制歌唱能力的图（表）。 4. 图（表）须例举适合各阶段的幼儿歌曲。 5. 完成后上传云平台，各小组交流互评

任务实施

实施步骤1：组建团队

学生4～6人结成学习小组，按照项目间轮换、项目内固定的原则，同一个项目内小组成员固定，小组长轮换，不同项目间成员轮换，让学生学会组织与协作。将成员姓名和分工填入表3-1-1。

表3-1-1　小组任务分工与角色扮演

姓名	承担角色	工作任务	
		平行任务	角色人物（分层任务）
	小组组长		
	小组副组长		
	小组成员		

实施步骤2：丰富认识

广泛查阅资料，在表3-1-2中补充欠缺的知识，完善学习者自身认知体系。

表3-1-2　补充知识记录单

幼儿歌唱能力	补充知识	补充成员
歌词方面能力		
音域方面能力		
旋律方面能力		
节奏方面能力		
呼吸方面能力		
合作方面能力		

实施步骤3:对比分析

对比分析幼儿奏乐能力发展特点,在表3-1-3中绘制奏乐能力的图(表)。完成后上传云平台,各小组交流互评。

表3-1-3　示意图(表)

实施步骤4:反思提升

学生展示小组成果,师生通过讨论、评价等方式给出意见和建议,填入表3-1-4,促进自我反思提升。

表3-1-4　反思与修改

修改内容	修改原因

任务评价

教师组织学生互评、双师评价,将评价结果填入表3-1-5~表3-1-6。

表3-1-5　学生互评表

评分组别	知识准确(4.0分)	分类清晰(4.0分)	设计合理(2.0分)	总　　分
一组给分				
二组给分				
三组给分				
四组给分				
评语与建议	评价小组:			

表 3-1-6　双师评价表

评分组别	校内指导教师	幼儿园指导教师
评分等级	★★★★★	★★★★★
评语与建议	指导教师：	指导教师：

任务二　歌唱活动儿歌的选择

任务情景

快乐小鸟

我爱我的小动物

本周的综合活动主题是“可爱的小动物”，曼曼准备为小班幼儿选择儿歌。于是，在《快乐小鸟》和《我爱我的小动物》两首儿歌之间犹豫不决。

你认为曼曼应该选择哪首儿歌，为什么呢？

知识储备

一、歌唱活动儿歌选择的标准

（一）歌词方面

贴近生活、浅显易懂，能为幼儿理解。

内容有趣、表达新鲜，能为幼儿喜爱。

语法简单、用词朴实，能为幼儿掌握。

情感真挚、富于美感，能为幼儿感知。

形象生动、易于表演，能为幼儿表现。

（二）曲调方面

旋律优美平稳、音域范围适中、节拍节奏简单、结构短小工整、词曲关系单纯。

（三）儿歌形式方面

儿歌形式方面，要选择能够唤起幼儿歌唱兴趣、吸引幼儿快速参与的儿歌，如能跟唱、对唱的《问答歌》《回声歌》等，使幼儿轻松获得歌唱的成就感。

当然，教师在选择儿歌时也要考虑，歌曲的难度是不是能支持幼儿迈向其最近发展区，提高幼儿歌唱水平或音乐能力。

梳理与总结：结合幼儿各阶段歌唱能力发展特点和幼儿园实践教学经验，得出以下规律：

（1）适合小班的儿歌作品。

音域：c1 ~ a1。

速度：中速。

节奏型：四分音符、八分音符、二分音符。

（2）适合中班的儿歌作品。

音域：c1 ~ b1。

速度:中速,或比中速稍快或稍慢的速度,可以有简单的速度变化。

节奏型:以四分音符、八分音符、二分音符为主,可以有整拍休止、简单的十六分音符、附点、切分节奏。

(3)适合大班的儿歌作品。

音域:cl ~ c2。

速度:中速,或比中速稍快或稍慢的速度,中间可以出现一两次速度变化,可以由渐快或减慢。

节奏型:以四分音符、八分音符、二分音符为主,可以有整拍及半拍休止、难度不大的十六分音符、弱起、附点、切分节奏等稍复杂的节奏型。

(四)符合综合教育主题

除了歌词、曲调、儿歌表现形式以外,儿歌的选择我们还需要考虑当前的综合教育主题,儿歌的题材内容要能够支持综合主题活动。

比如:在大班综合主题活动“可爱的家”中,中间的泡泡是“可爱的家”;周围的泡泡可以是重现家庭生活和温暖亲情的相关事物,如“美丽的小房间”“我和奶奶去买菜”“爷爷的小花园”“爸爸力气大”“美味厨房”等。

如果我们选择“我和奶奶去买菜”这一角度,就可以选择《买菜》《买菜歌》等儿歌作为备选,在歌唱中引导幼儿感知家庭生活的美好。当然,教师在选择儿歌时也要考虑,歌曲的难度是不是能支持幼儿迈向其最近发展区,提高幼儿歌唱水平或音乐能力。歌唱活动中可以很好地融入语言、动作、绘画、数数等游戏形式,体现幼儿教育的学科综合。多种形式加深幼儿对亲情的感知,体会亲情的温暖和家人的重要。把真挚的感情融入歌唱游戏,提高幼儿歌唱的表现力。

二、选择游戏化集体歌唱活动的儿歌

下面,我们通过课例来学习游戏化集体歌唱活动儿歌的选择。

课例分享

买菜

大班歌唱活动“买菜”

在“可爱的家”教育主题下,我们预选择儿歌《买菜》作为歌唱作品,其特点是否适合大班幼儿歌唱呢?

买菜

梳理与总结：

儿歌歌词内容贴近生活，符合幼儿生活经验，易于幼儿理解；“鸡蛋圆溜溜呀，青菜绿油油呀，母鸡咯咯叫呀，鱼儿水里游呀”四句歌词生动顺口。儿歌旋律优美，音域从 c1 ~ c2，旋律进行平稳，节奏虽然用了很多十六分音符，但旋律和节奏型多次重复，有效地降低了歌唱难度。念白部分歌词与节奏对应简单，突出了儿歌说唱的特点，形象鲜明、情感真挚，轻快的速度表现了和奶奶买菜时的新奇和愉快，体现了家庭生活的其乐融融。鸡蛋、青菜、母鸡、鱼儿等歌词适合用模仿动作表现，很容易引起幼儿兴趣，吸引幼儿参与。

可见，儿歌《买菜》的题材内容符合综合教育主题，歌词、旋律、音域、节奏以及儿歌的表现形式等特征都符合大班歌唱使用。

思考练习

一、判断正误

1. 不需要考虑综合教育主题来选择儿歌的题材内容。（　　）
2. 小班选用儿歌可以是中速，或稍快、稍慢的速度。（　　）
3. 儿歌的歌词应贴近生活、浅显易懂，能为幼儿理解。（　　）
4. 儿歌难度应支持幼儿迈向其最近发展区。（　　）
5.《问答歌》可以使幼儿轻松获得歌唱的成就感。（　　）

二、小组讨论/线上讨论

关于曼曼儿歌的选择是否恰当：

意见：____

____

分析：____

____

赛证考点

对应幼儿教师资格考试“幼儿园教育活动的设计”中：

- 幼儿园歌唱活动内容的选择。

考题形式：笔试、面试。

任务布置

学习完本任务后，请完成以下任务：

任务名称	歌唱活动儿歌的选择
任务说明	好听的儿歌、熟悉的内容可以快速吸引幼儿，融入游戏化集体歌唱活动，主动用歌声表达歌曲内容；节奏鲜明、音乐恰当的儿歌可以为幼儿成功的感知和表现，树立歌唱的自信，也会让游戏开展得更精彩，更富有激情。所以，幼儿教师要善于把握标准，为不同年龄段的幼儿选择合适的儿歌作品 本课的任务是把握儿歌标准，为某年龄班、某综合主题活动的歌唱活动选择儿歌
任务要求	1. 小组集体认真学习幼儿歌唱活动儿歌选择标准。 2. 小组成员广泛查阅资料补充欠缺的知识，构建新的认知体系。 3. 自主设定年龄班和综合活动主题，根据标准选择适合的儿歌作品。 4. 分析说明儿歌特点与歌唱活动的适应性。 5. 完成后上传云平台，各小组交流互评

任务实施

实施步骤1：组建团队

学生4～6人结成学习小组，按照项目间轮换、项目内固定的原则，同一个项目内小组成员固定，小组长轮换，不同项目间成员轮换，让学生学会组织与协作。将成员姓名和分工填入表3-2-1。

表3-2-1　小组任务分工与角色扮演

<table>
<tr><th rowspan="2">姓名</th><th rowspan="2">承担角色</th><th colspan="2">工作任务</th></tr>
<tr><th>平行任务</th><th>角色人物（分层任务）</th></tr>
<tr><td></td><td>小组组长</td><td></td><td></td></tr>
<tr><td></td><td>小组副组长</td><td></td><td></td></tr>
<tr><td></td><td rowspan="4">小组成员</td><td></td><td></td></tr>
<tr><td></td><td></td><td></td></tr>
<tr><td></td><td></td><td></td></tr>
<tr><td></td><td></td><td></td></tr>
</table>

实施步骤2：丰富认识

广泛查阅资料，在表3-2-2中补充欠缺的知识，完善学习者自身认知体系。

表3-2-2　补充知识记录单

儿歌选择标准	补充知识	补充成员

实施步骤3：选择作品

自主设定年龄班和综合活动主题，根据标准选择适合的儿歌作品。分析说明儿歌特点与歌唱活动的适应性，填入表3-2-3中。完成后上传云平台，各小组交流互评。

表3-2-3　任务汇报单

年龄班	A. 小班　　B. 中班　　C. 大班　　D. 其他________
综合主题名称	
儿歌名称	
乐谱或二维码	
该儿歌作品适合歌唱活动的特征分析	
A. 歌词内容	
B. 旋律音域	
C. 节拍节奏	
D. 曲式结构	
E. 词曲关系	
F. 创编形式	

实施步骤4:反思提升

学生展示小组成果,师生通过讨论、评价等方式给出意见和建议,填入表3-2-4,促进自我反思提升。

表3-2-4 反思与修改

修改内容	修改原因

任务评价

教师组织学生互评、双师评价,将评价结果填入表3-2-5~表3-2-6。

表3-2-5 学生互评表

评分组别	适合幼儿(4.0分)	符合标准(4.0分)	分析准确(2.0分)	总分
一组给分				
二组给分				
三组给分				
四组给分				
评语与建议	评价小组:			

表3-2-6 双师评价表

评分组别	校内指导教师	幼儿园指导教师
评分等级	★★★★★	★★★★★
评语与建议	指导教师:	指导教师:

任务三 歌唱活动目标的制订

任务情景

曼曼在小班歌唱活动中制订的三维目标是:

认知目标:观察鸡妈妈孵蛋,了解小鸡破壳而出的生长过程;

操作技能目标:尝试创编小鸡出壳的各种动作。

情感态度目标：喜欢边歌唱边做动作，感受小鸡破壳而出的快乐；

曼曼制订的歌唱活动目标是否合理呢？学习本课内容，来分析判断吧！

知识储备

一、歌唱活动的各级教育目标

（一）歌唱活动总目标

1. 认知目标

知道演唱歌曲的名称；能正确把握儿歌作品主要的音乐特征；能正确感知和理解歌曲中歌词、曲调所表达的内容及情感；知道保护嗓音和用自然优美的声音歌唱；知道集体歌唱活动对声音和谐的要求。

2. 操作技能目标

掌握基本的歌唱方法，能运用正确的呼吸、发声和咬字方法歌唱；能基本正确地再现歌曲的歌词和曲调；能用自然、美好的声音表现并配合表情和身体动作创造性地表现歌曲。

3. 情感态度目标

喜欢唱歌；积极体验参与歌唱活动和创造美好歌声的快乐；能够体验并努力追求集体歌唱活动中与他人声音和谐与情感默契的快乐。

（二）各年龄段歌唱活动目标

1. 小班

（1）学习用正确的姿势、自然的声音歌唱，音域为 c1 ~ g1。

（2）歌唱时吐字基本清楚，节奏基本正确，能唱出正确的旋律线条。

（3）能模仿教师跟着歌曲的前奏整齐地开始和结束。

（4）在有伴奏的情况下，能基本完整地唱熟悉的歌曲。

（5）能初步理解和表现歌曲的形象、内容和情感。

（6）在教师的帮助引导下，能够为熟悉、短小、工整而多重复的简单歌曲增编新的歌词。

（7）喜欢自己歌唱也喜欢与同伴一起歌唱。

（8）集体歌唱时能注意控制自己的声音与伴奏、集体声音起止同步。

（9）知道不能长时间大声歌唱。

2. 中班

（1）能用正确的姿势、自然的声音歌唱，音域为 c1 ~ a1。

（2）歌唱时吐字清楚，节奏正确，能跟伴奏独立唱准旋律。

（3）能等待和正确表现歌曲的前奏、间奏和尾奏。

（4）在有伴奏的情况下，能独立而完整地演唱，并初步学会接唱和对唱。

（5）能用不同的速度、力度和音色来表现歌曲的形象、内容和情感。

（6）能够为熟悉、短小、工整而多重复的简单歌曲增编新歌词，并能尝试独立地将新歌词填入曲调中。

（7）喜欢自己歌唱，也喜欢在集体中歌唱，并能大胆地、独立地表演。

(8)集体歌唱时能注意控制自己的声音与集体声音相协调。

(9)知道不能在剧烈运动后歌唱。

3. 大班

(1)能用正确的姿势、自然美好的声音歌唱,音域为 c1 ~ c2。

(2)基本能无伴奏独立歌唱,熟悉的歌曲能唱准节奏、旋律和歌词。

(3)能正确表现歌曲的乐句起止,首句重音、词意重音和陈词。

(4)初步学会领唱、齐唱、轮唱和简单的两声部合唱,产生初步集体歌唱的协调配合能力。

(5)能唱出二拍子和三拍子的节拍感,初步学习使用连贯、停顿、跳跃的演唱方法表现歌曲。

(6)能基本独立地即兴创编歌词,并用新词歌唱。

(7)喜欢独立或用各种合作形式表演歌唱。

(8)学习积累了一定数量的歌曲。

(9)知道不能在空气污浊天气恶劣的时候歌唱。

(三)歌唱活动单元目标

歌唱活动的单元目标通常由幼儿园或任课教师根据幼儿实际能力与单元教育主题制订。在幼儿园音乐活动单元目标下,就是制订游戏化集体歌唱活动的目标。

二、制订游戏化集体歌唱活动的目标

根据"新型游戏化集体音乐活动目标制订"的学习,我们知道集体音乐活动目标的制订要遵循以下标准:

基于幼儿能力分析,有效促进幼儿发展。

准确把握音乐特点,合理定位目标难度。

承接上级三层目标,三维目标横向互联。

主体一致表述准确,指导活动可评可测。

按照标准,我们来分析一下课例中的活动目标——

课例分享

课例一:大班歌唱活动"懒惰虫"

1. 认知目标:理解在方形轨道上开小火车的视觉提示,掌握并唱准歌曲弱起的节奏特点。

评析:这一条目标的主语是幼儿,目标提出儿歌学习的难点是弱起的节奏,教师设计了在方形轨道上开小火车的游戏式学习,借助小火车有规律的途经虚线的视觉提示,帮助幼儿多感官感知弱起的乐句并预判弱起节奏的出现,从而掌握弱起这一歌唱难点。

2. 操作技能目标:能用自然美好的声音演唱歌曲,能集体创编第二段"不做懒惰虫"的动作表演。

评析:这条目标提出了幼儿应自然放松地歌唱;同时,集体合作进行创编,用动作表演辅助理解第二段歌词内容,歌唱与动作表演增加幼儿活动乐趣,把"不做懒惰虫"的思想教育自然融入活动过程,体现了操作技能目标与情感态度目标的横向联系。

3. 情感态度目标:在教师的示范启发下,通过声音、动作和表情表现不做懒惰虫,认识勤劳的美和懒惰的丑。

评析:这一条目标主要期望在教师的引导下,帮助幼儿在获得更丰富的声音、动作、表情等表现力的同时,增强对勤劳和懒惰的认识,树立积极向上的生活态度。

分析与总结:课例的三条目标清楚地表明了幼儿在什么前提下,做什么?做到何种程度?教师在活动中怎样支持、引导幼儿学习?目标中的行为主体统一为幼儿,体现了幼儿的主体性,目标内容十分具体、可评可测,对活动有具体的指导意义。

课例二:大班歌唱活动“懒惰虫”

1. 认知目标:

让幼儿复习并巩固固定节奏。

评析:这条目标的主语为教师,“让幼儿”这种表述方式对幼儿显得不够尊重。同时,没有表述清楚《懒惰虫》这首儿歌作品的音乐特征是什么,幼儿复习的内容与巩固的固定节奏是什么?

2. 操作技能目标:

以律动、身体节奏等方式带入歌曲。

评析:这条目标更像是活动过程的表述,即通过什么样的方式导入儿歌,而不是通过什么样的操作,预期什么样的学习效果。

3. 情感态度目标:

感受旋律的气氛以及同伴一起参加集体音乐活动的乐趣。

评析:这条目标的主语是幼儿,但《懒惰虫》这首儿歌蕴含的更多的是做人做事的道理,“旋律的气氛”是什么?似乎作品本身并不鲜明。因此,是对作品本身的认识出了偏差,所以导致目标制订得不够贴切。

另外,活动设计组织得当,幼儿自然会体会到歌唱活动带来的乐趣,每一次集体音乐活动都应该为幼儿带来愉快的体验,而不是仅仅这次。所以,在具体活动的目标中说“乐趣”,没有太大价值。

梳理与总结:课例二是网上传播量较大的一个幼儿园教案。由此可见,网络上的参考资料也并非都有价值。同学们一定要明确活动目标制订的标准,提高甄别能力,向优秀教案学习,对劣质参考资料要具有鉴别和反思能力。

思考练习

一、判断正误

根据以下信息,判断正误。

任务材料:大班歌唱活动“爸爸做个圆圈圈”。

认知目标:借助歌唱图谱,使幼儿记住爸爸、妈妈和宝宝的三段歌词。

操作技能目标:配合儿歌做动作,用身体动作灵活、协调地表现歌曲的内容。

情感态度目标:用歌声和体态表现温暖的太阳、转动的车轮、甜甜的饼干、摇晃的小船,感受家人给予的爱和幸福。

1. 三条目标的主语不统一,第三条目标的主语是幼儿。　　(　　)

2. “使…记住”的说法过于生硬,把幼儿完全置于被动记忆的地位。　　(　　)

3. “灵活”“协调”的描述可评可测,表现了动作要求的程度。 (   )

4. 第三条目标的表述具体,突出了幼儿情感体验的具体内容,不需修改。 (   )

5. 三条目标都没有体现歌唱游戏的趣味性和幼儿的自主性。 (   )

二、小组讨论/线上讨论

曼曼歌唱活动目标的问题:

问题:____

____

修改:____

____

赛证考点

1. 对应幼儿教师资格考试“教育活动的组织与实施”中:

- 主题活动方案中核心要素的设计。

考题形式:笔试。

2. 对应幼儿教师资格考试“幼儿园教育活动的设计”中:

- 幼儿园歌唱活动目标的设计。

考题形式:笔试、面试。

任务布置

学习完本任务后,请完成以下任务:

任务名称	歌唱活动目标的制订
任务说明	制订幼儿歌唱活动的目标是歌唱活动设计的第一步,对活动开展有着重要的“指南针”作用。幼儿教师通过制订目标,基本规划了活动中以谁为主体,通过怎样做来实现什么样的活动设想与预期。有了清晰的目标,才可能有科学的设计和指导。 因此,本课的任务是为前一任务中设定的歌唱活动制订活动目标。预设的年龄班、综合主题,选择的儿歌作品尽量与前一任务保持一致
任务要求	1. 小组集体认真学习幼儿歌唱活动的各级目标与目标表述。 2. 小组成员广泛查阅资料补充欠缺的知识,构建新的认知体系。 3. 为前一任务中设定的歌唱活动制订目标。 4. 对制订的目标进行必要的解释说明。 5. 目标完成后上传云平台,各小组交流互评

任务实施

实施步骤1:组建团队

学生4~6人结成学习小组,按照项目间轮换、项目内固定的原则,同一个项目内小组成员固定,小组长轮换,不同项目间成员轮换,让学生学会组织与协作。将成员姓名和分工填入表3-3-1。

表 3-3-1　小组任务分工与角色扮演

姓名	承担角色	工作任务	
		平行任务	角色人物(分层任务)
	小组组长		
	小组副组长		
	小组成员		

实施步骤 2:丰富认识

广泛查阅资料,在表 3-3-2 中补充欠缺的知识,完善学习者自身认知体系。

表 3-3-2　补充知识记录单

歌唱目标制订	补充知识	补充成员

实施步骤 3:制订目标

基于前任务确定的活动制订活动目标,填入表 3-3-3。完成后上传云平台,各小组交流互评。

表 3-3-3　任务汇报单

年龄班	A. 小班　B. 中班　C. 大班　D. 其他________
综合主题名称	
儿歌名称	
歌唱游戏目标	认知目标: 操作技能目标: 情感态度目标:
解释说明:如怎样迈向向幼儿最近发展区;儿歌作品中蕴含的哪些知识点和技能点;怎样支持综合主题活动等	

实施步骤 4:反思提升

学生展示小组成果,师生通过讨论、评价等方式给出意见和建议,填入表 3-3-4,促进自我反思提升。

表 3-3-4　反思与修改

修改内容	修改原因

任务评价

教师组织学生互评、双师评价，将评价结果填入表 3-3-5 ~ 表 3-3-6。

表 3-3-5　学生互评表

评分组别	目标合理(4.0 分)	撰写规范(4.0 分)	说明清晰(2.0 分)	总分
一组给分				
二组给分				
三组给分				
四组给分				
评语与建议	评价小组：			

表 3-3-6　双师评价表

评分组别	校内指导教师	幼儿园指导教师
评分等级	★★★★★	★★★★★
评语与建议	指导教师：	指导教师：

任务四　歌唱活动流程的设计

任务情景

在新歌学习时，为了让幼儿得到足够的输入次数，曼曼范唱了五次，其间幼儿边拍手边倾听。当曼曼认为幼儿应该听会了，准备进入跟唱环节时才发现，孩子们一个个蔫蔫的，后面的游戏始终没有调动起幼儿的情绪。

快帮曼曼想一想："哪里出了问题呢？"

知识储备

一、歌唱活动的总体流程

歌唱活动的总体流程设计要在新型游戏化集体音乐活动流程的基础上，遵循韵律活动开展的规律，融入歌唱活动的特有要求，其总体流程包括“故事—倾听—歌唱—挑战”共四个部分。

（一）导入部分——故事

“故事”作为歌唱活动的导入部分，要发挥创设游戏化情境、激发幼儿好奇心，集中幼儿注意力的作用。歌唱活动“故事”的编选要与儿歌内容高度契合，故事情节要从儿歌的歌词内容、音乐结构、情绪风格转化而来，并贯穿游戏化歌唱活动的始终。

故事篇幅不要太长，够用即可。讲故事时，教师在不分散幼儿注意力的前提下，可以同步播放儿歌作为背景，也可以结合画面投影或实物道具辅助幼儿理解故事内容。

结合新型游戏化集体音乐活动的设计思路，随着故事情境的创设，活动中最初的音乐元素出现，这一元素可以用与歌词内容与节奏一致的动作表现，也可以用与歌词节奏一致的语言表现（动作/节奏）；这一元素可以由教师提出，也可以由幼儿发现。幼儿边听儿歌或故事，边有节奏地进行动作/节奏模仿。

导入阶段幼儿教师通常不呈现完整的故事，而是对幼儿听过的故事进行简单回顾；也可以只讲故事的开头，之后随故事情节的发展推进游戏进展，不断以新的情节为活动创造“惊喜”，把故事在活动过程中讲完。

梳理与总结：导入部分可以概括为“故事情景＋动作/节奏”。

★故事可以由教师直接讲述，如：中班歌唱活动“小红帽”，教师的导入是这样的：

小红帽

小朋友们，今天老师给你们带来了一位新朋友，她住在茂密的大森林里，是个漂亮可爱的小姑娘。她总爱戴一顶红色的帽子，所以大家都叫她小红帽。

今天小红帽一个人在森林里走着，想不想知道她要去干什么，又会遇到什么人呢？

（评析：这个导入就借助了经典故事，但并不把故事讲完，讲述时可以播放歌曲《小红帽》为背景音乐，音乐元素自然的融入活动，利用无意注意帮助幼儿熟悉儿歌的节奏与旋律，屏幕呈现出森林的画面。那么“小红帽要去干什么，会遇到谁？”的问题会唤起幼儿探究的兴趣，吸引幼儿的注意力。）

★故事也可以由师幼互动问答来呈现，如：大班歌唱活动《捏面人》①，老师的导入是这样的：

小朋友们知道这是谁吗？

（评析：唤起经验、引出捏面人老爷爷的角色）

捏面人的老爷爷本领大，捏出来的面人把眼看花。

（评析：呈现儿歌中的歌词，帮助幼儿感知歌词和节奏）

捏面人

老爷爷除了会捏面人还会捏什么？请你们看一看？

（评析：启发幼儿观察思考，轻松进行师幼互动，同时体现老爷爷捏面人手艺的精湛。）

---

①　陈静奋，周洁．学前儿童音乐教育活动设计与指导［M］．上海：上海交通大学出版社，2021．

老爷爷这一次捏了四个面人，请你们仔细听、认真看。

（评析：引起兴趣、吸引注意力、明确幼儿要听什么？看什么？）

《捏面人》这个歌唱活动的故事部分只有四句话，但这四句话将幼儿的经验、捏面人老爷爷的角色和歌词、节奏有机地融合到导入情境中。“这一次老爷爷捏了四个面人，都捏了谁呢？”一句很有效地把幼儿的注意力吸引到老师的范唱中，引导幼儿有目的地聆听。这段故事导入简短有效，成功地创设了歌唱活动的情境。

（二）基本部分1——倾听

歌唱学习的重要前提是倾听。实证研究表明，一般难度的新歌，幼儿至少需要倾听五遍才能初步形成稳定的听觉表象，稍难的歌曲则需要倾听更多遍。因此，进行新歌教学时，教师须不断提出新问题或变化新形式，吸引幼儿多次倾听教师的范唱，保障幼儿获得足够的输入次数，充分感知歌曲的内容、歌词；感知歌曲的旋律、节奏；感知歌曲的情绪情感。

结合新型游戏化集体音乐活动的设计思路，伴随故事情境的发展，幼儿表现儿歌的动作/语言逐渐丰富，同时累加新的艺术形式（如随乐绘画、随乐游戏等）。新的艺术形式是儿歌内容与音乐结构的新诠释，也是幼儿感知儿歌的新途径。幼儿通过探索掌握这些新元素，理解新元素与儿歌的关系，表现歌曲。

梳理与总结：基本部分1可以概括为“动/语渐进＋艺术形式”。

1. 倾听中范唱的方法

（1）新歌的范唱应尽量清唱，只用琴给出前奏即可，以便于幼儿听清歌词和旋律。

（2）清唱2～3遍后可以轻声加入右手单旋律伴奏。

（3）范唱速度可适当放慢，咬字吐字要清晰。

（4）范唱的音量以幼儿能听清为宜，避免幼儿模仿时大声喊唱。

（5）教师范唱可以伴随与歌词相适应的动作，用动作支持幼儿理解以及歌词，3遍后鼓励幼儿跟唱。

2. 倾听中的提问

小小蛋儿把门开

倾听时，教师须不断提出新问题或变化新形式，吸引幼儿有目的的倾听，充分感知儿歌的内容、歌词、旋律、节奏和情绪情感。问题要针对儿歌学习的重难点提出，目的明确地帮助幼儿理解和记忆儿歌。

比如：中班歌唱游戏“小小蛋儿把门开”。

小小蛋儿把门开

儿童歌曲

教师在范唱过程中提出以下问题：

小小的蛋儿怎么样？

（教师边问，边做开门的动作帮助幼儿回忆歌词“小小蛋儿把门开”）走出了谁呢？

（呈现儿歌中的主要角色“一只小鸡”，用动画帮助幼儿理解小鸡是从蛋里孵出来的科学常识，理解歌词）

小鸡是什么样子的？

（帮助幼儿记忆歌词，学会毛茸茸、胖乎乎两个形容词）

小鸡是怎么叫的？

（帮助幼儿模仿第四句的节奏，诵读歌词“叽叽叽叽，叽叽叽叽，唱起来”）

3. 倾听中的歌唱形式

范唱过程中，教师还可以选用丰富的活动形式，融入多元艺术元素，帮助幼儿多感官理解儿歌。比如：

（1）随歌绘画。在歌唱中融入绘画：我们可以把形象鲜明的儿歌，可以设计成绘画，边画边唱，实现音乐与美术领域融合。比如儿歌《踏雪寻梅》，我们就可以根据曲式结构和歌曲内容画出美丽的图画。

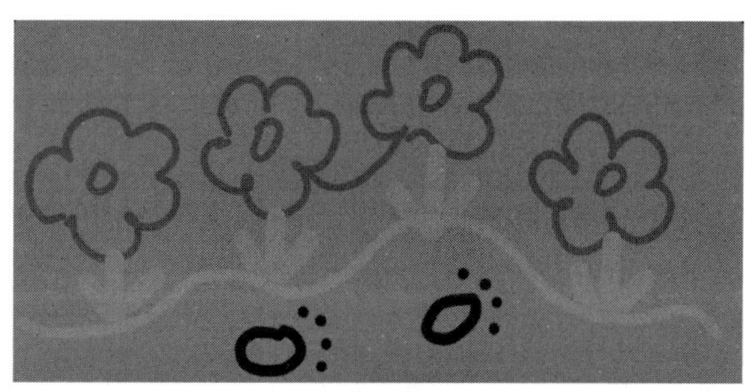

《踏雪寻梅》随乐绘画

踏雪寻梅

（2）动作表演。在歌唱中融入动作，比如《头发肩膀膝盖脚》这首歌，教师就可以边做动作边示范，幼儿跟着老师做动作，自己发现动作规律，熟悉歌词。

头发肩膀膝盖脚

（3）随乐游戏。在歌唱中融入游戏：比如《套圈》这首歌，幼儿就可以坐在椅子上，边玩套圈的游戏，边听教师范唱。在玩的过程中不知不觉理解记忆歌词，熟悉儿歌。

（4）角色扮演。在歌唱中融入角色，比如《小老鼠上灯台》这首歌，教师就可以和幼儿分饰小老鼠和猫，之后再互换角色，边表演边熟悉两种角色的歌词内容。

（5）图谱拼贴。在歌唱中融入图谱，播放《小云朵》这首歌，教师就可以请幼儿根据记忆整理拼贴“白云、蓝天、帆船、问号、鱼、虾、雨点、花园”的图片，教师边点图范唱，支持幼儿记忆较为复杂的歌词。

套圈

小老鼠上灯台

小云朵

（三）基本部分 2——歌唱

有了充分的“倾听”做基础，“歌唱”就没有那么难了。幼儿开始跟唱时，建议控制歌曲的速度，保证幼儿有提取记忆的时间，避免紧张焦虑和挫败感；控制歌唱的音量，中等偏轻的音量容易保持幼儿适度的警惕，避免因过于兴奋而走音；适度的练习之后即可安排反思环节，帮助幼儿思考"我们哪一句唱得有问题？"或"比较老师哪一次唱的是正确的，是什么？"等。支持幼儿养成自我监控学习效果的习惯。

这一环节的设计要点是，要运用丰富的歌唱形式，避免让幼儿机械重复地唱！比如：

（1）整体教唱：幼儿从头到尾跟唱歌曲，中间不间断，以获得完整的艺术体验。

（2）分句教唱：把重点、难点或问题乐句专门提出来，示范练习。

（3）副歌引唱：在二段体儿歌中，先与幼儿学唱副歌部分，掌握歌曲的主体风格，在副歌的情绪下带入主歌部分。

同时，"倾听"时引入的绘画、动作、游戏、角色、图谱等艺术形式在"歌唱"时也可以运用，形成新的歌唱形式：

（1）角色填唱：当儿歌中有多个角色，每一角色的歌词结构较一致时，也可以使用角色填唱。如 *Old Macdonald Had a Farm* 这首英文儿歌，当唱到各种动物以及它们的叫声时，就可以让幼儿用接唱的方式扮演不同的角色演唱。

（2）动作带唱：对于歌曲旋律的连、断、起、伏，可以选择手势动作带动和提示，从而解决歌唱难点。

（3）游戏玩唱：操作性较强的儿歌可以边玩边唱，在游戏中重复学习，运用无意注意自然的学会歌曲，给幼儿以轻松愉快的歌唱体验。

比如：中班歌唱活动"王老先生"，在聆听时，我们引入了马、牛、羊等动物角色。歌唱时，幼儿就可以分组扮演不同的动物角色，边唱边表演并模仿动物的叫声。

结合新型游戏化集体音乐活动的设计思路，此时伴随故事情境的变化，幼儿歌唱逐渐熟练，与"艺术形式"共同形成"创造模型"。幼儿在熟悉儿歌的过程中反复感知、内化这一模型。

梳理与总结：基本部分 2 可以概括为"儿歌熟唱＋模型内化"。

（四）创新部分——挑战

歌唱活动的挑战部分即创造性歌唱教学。在这一部分，教师可以与幼儿创编新歌词，给歌唱带来新意；变换歌唱形式，选择和运用独唱、齐唱、接唱、对唱、表演唱等形式丰富的演唱效果，年龄段稍大一点的幼儿还可以尝试二声部的轮唱和简单的二声部合唱；创编动作，与幼儿边歌边舞享受音乐表现的过程；创设新的游戏玩法或规则，体现歌唱在游戏中的功能，突出游戏对旋律、节奏学习的促进作用，获得愉快的活动体验；融入打击演奏，丰富歌唱的节奏和色彩；融入戏剧，用歌唱和歌曲的旋律表现故事情节等。

结合新型游戏化集体音乐活动的设计思路，伴随故事情境的结尾，幼儿已经掌握了儿歌的要素，具备了歌唱表现能力，可以根据"创造模型"转换音乐表现媒介，多种艺术形式立体式组合的音乐表现形式形成，可以开始即兴"玩"音乐，在合作展示中享受歌唱活动成果。

梳理与总结：创新部分可以概括为"媒介转换＋快乐展示"。

这样我们就有了适合游戏化集体歌唱活动的总体流程，如图 3-4-1 所示。

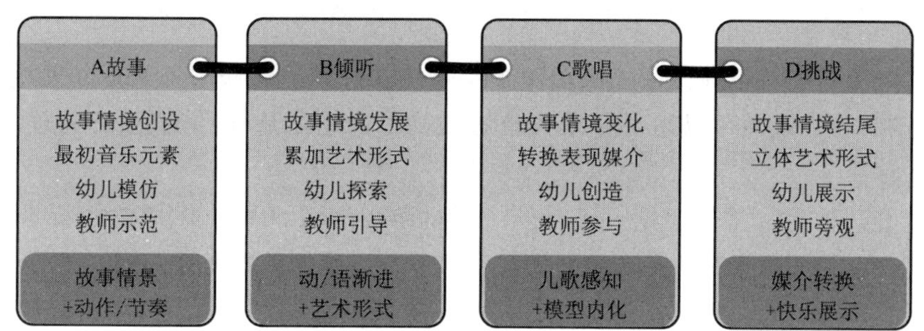

图 3-4-1　游戏化集体歌唱活动的总体流程图

二、歌唱活动的设计建议

(一)小班歌唱活动建议

1. 选材

歌词长度尽量在 4 句左右,歌词内容能被幼儿理解,歌词结构和内容不断重复,便于幼儿理解和记忆。

2. 故事

创设活动情境,尽量使用歌词中的语言,便于幼儿有效学习歌词。

3. 倾听

(1)使用图谱引发幼儿有意注意,支持幼儿倾听歌词内容和顺序。如:教师按顺序出图,幼儿验证是否正确或幼儿出图,填充重点句词。

(2)匹配简单的、小幅度的上肢动作,引发幼儿有意注意,支持幼儿在安静的动作中倾听儿歌。

(3)融入坐姿可以实现的简单的游戏,引发幼儿无意注意,增加倾听的乐趣。

(4)倾听环节如果出现歌词反馈不正确的情况,需要及时再次倾听,澄清歌词,帮助幼儿形成正确的记忆表象。

4. 歌唱

(1)理解小班幼儿轻微走音是生理性的,不可避免,但须注意引导幼儿唱出正确的旋律线。

(2)鼓励幼儿自信地唱出自己的声音,但不要大喊大叫。

(3)有效运用游戏练声法,在歌唱中融入声音练习。

(4)引导幼儿进行反思时,问题应尽量具体,便于幼儿发现问题,发展反思能力。

5. 挑战

小班歌唱活动设计一项挑战内容即可,难度需以能激发幼儿创造精神,但又比较容易获得成就感为宜。

(二)中班歌唱活动建议

1. 选材

歌词可以为 6 句左右,歌词结构有重复,可以有所变化。

2. 故事

创设活动情境,可适当选用歌词中的语言,建立情境和儿歌的联系。

3. 倾听

(1)借助方格图表式的歌唱图谱,帮助幼儿认知乐句结构,幼儿集体匹配与每句歌词匹配的多幅小图。

(2)引导幼儿自己为歌曲匹配上肢动作,在不发散的情况下,采用一两个幼儿的意见,实现动作对倾听的支持。教师可以用手臂动作位置的高低来暗示旋律的变化,支持幼儿掌握跳进旋律。

(3)融入复杂程度、兴奋程度适宜,且幼儿熟悉的游戏,运用无意注意,多次倾听儿歌。

(4)尽量按照歌词顺序设计提问,便于幼儿快速建立准确的歌词表象。

4. 歌唱

(1)通过单旋律伴奏和教师领唱帮助大多数幼儿基本唱准旋律,可以双手伴奏给出儿歌的前奏、间奏和尾奏。

(2)鼓励幼儿按乐句换气,用自然优美的声音表现歌曲。

(3)继续运用游戏练声法,在歌唱中融入声音练习,发展幼儿的歌唱能力。

(4)引导幼儿进行反思和说出自己不会的是哪一句,可以借助图谱、动作和问题句的前一句来提示幼儿,与幼儿一起总结"怎样表达哪一句不会"以及集体学习"应该是怎样的",发展反思能力。

5. 挑战

中班歌唱活动可以设计两到三项挑战,每项的难度稍加一点点,在幼儿可以达到的前提下,共同创造活动的新鲜感,享受创新的过程,培养创新精神。

(三)大班歌唱活动建议

1. 选材

(1)以学唱为目的的歌曲,篇幅可以 8 ~ 10 句,歌词结构有重复,有变化。

(2)以创编为目的的歌曲,替换部分篇幅 4 句左右,歌词结构清晰、重复性强,内容贴近幼儿生活经验。

2. 故事

创设活动情境,集中幼儿注意力,充分调动幼儿之间协作学习的积极性。

3. 倾听

(1)可以鼓励幼儿为方格图表式的歌唱图谱正确匹配小图,并看图表述歌曲有几段,某段有几句,辨认歌词结构。

(2)在不发散的情况下,师幼可以共同为歌曲匹配上肢动作,用手臂动作的高低、幅度来暗示旋律的起伏和力度,也可以用动作带动速度的变化。

(3)可以融入复杂程度、兴奋程度适宜,且幼儿熟悉的游戏,运用无意注意,多次倾听儿歌。

(4)按照歌词顺序设计提问,便于幼儿按正确顺序梳理歌词。

(5)对于有理解难度的歌词,可以先引导幼儿思考并说出自己的理解,幼儿共享知识经验。

4. 歌唱

(1)用动作、表情提示辅助幼儿唱准旋律和儿歌的前奏、间奏和尾奏。

(2)用动作、表情提示幼儿按乐句自然换气,唱出自然优美的声音,表现歌曲情绪。

(3)继续运用游戏练声法,在歌唱中融入声音练习,发展幼儿的歌唱能力。

(4)引导幼儿进行反思和清晰地表达"自己不会的是哪一句""有问题的是哪一句",发展反思能力。

(5)第一课时学会歌曲,第二课时可以进行二声部合唱的尝试,先无歌词唱简单的二声部,熟悉旋律后再加入歌词。

(6)教师要安排自己声音的适时退出,退出前先帮助幼儿反思学习情况,之后要给幼儿独立歌唱的空间。

5. 挑战

大班歌唱活动可以设计两到五项挑战,创造性的活动在情境中层层累加,让幼儿感受合作、表达和创新的快乐,培育创新精神。

运用以上知识经验,我们就可以尝试设计歌唱活动了。

三、设计游戏化集体歌唱活动的流程

下面,我们通过课例来进行游戏化集体歌唱活动流程的设计。

课例分享

大班歌唱活动"小云朵"①

案例流程设计如下:

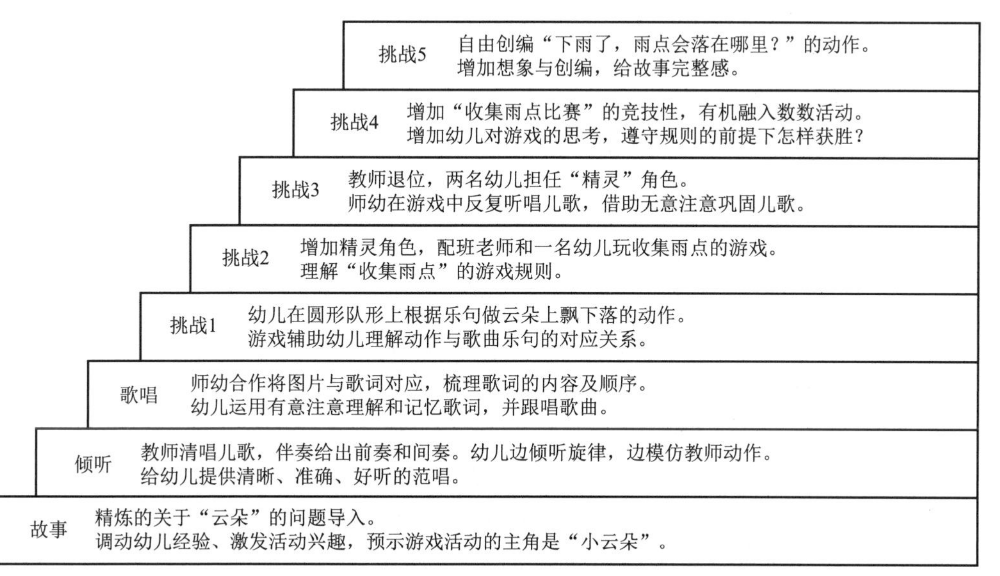

① 陈静奋,周洁.学前儿童音乐教育游戏设计与指导[M].上海:上海交通大学出版社,2021.

梳理与总结：这是一个典型的融入游戏的歌唱活动。课例中，教师按照“故事—倾听—歌唱—挑战”的总体流程设计活动，并通过游戏充分利用了幼儿的无意注意，使幼儿在不知不觉中学会了三拍子的歌曲《小云朵》，并对乐句有了感性认识。在游戏活动中很自然地融入了数数和比大小的知识，体现了幼儿教育多学科融合的特点。

思考练习

一、判断正误

1. 歌唱活动中故事、倾听、歌唱各环节需创设不同的情境。 (　　)
2. 小班幼儿受年龄限制不适宜开展自我评价与反思。 (　　)
3. 游戏化集体歌唱活动的总体流程是故事—倾听—歌唱—挑战。 (　　)
4. 中班歌唱活动中可以同时设计创编歌词、动作和奏乐的挑战。 (　　)
5. 倾听阶段的活动往往坐在椅子上进行，以利于幼儿倾听音乐。 (　　)

二、小组讨论/线上讨论

关于曼曼歌唱活动中的教学障碍：

原因：____

____

解决：____

____

赛证考点

1. 对应幼儿教师资格考试“教育活动的组织与实施”中：

- 幼儿园歌唱活动的设计。

考题形式：笔试、面试。

2. 对应学前教育专业技能大赛“幼儿园教育活动设计”中：

- 教案/说课技能。

3. 奥尔夫音乐指导师考点——课堂流程设计技巧。

任务布置

学习完本任务后，请完成以下任务：

任务名称	歌唱活动流程的设计
任务说明	歌唱活动流程设计是活动目标指导下，幼儿教师和幼儿互动游戏的具体方案。合理的流程设计使活动目标落到实处，活动指导有据可循。 因此，本课的任务是在前面任务的基础上，设计幼儿歌唱活动的流程
任务要求	1. 小组集体认真学习幼儿歌唱活动的总体流程和设计原则。 2. 小组成员广泛查阅资料补充欠缺的知识，构建新的认知体系。 3. 在前面任务的基础上，设计幼儿歌唱活动的流程。 4. 对设计的流程进行必要的解释说明。 5. 完成后上传云平台，各小组交流互评

任务实施

实施步骤1:组建团队

学生4~6人结成学习小组,按照项目间轮换、项目内固定的原则,同一个项目内小组成员固定,小组长轮换,不同项目间成员轮换,让学生学会组织与协作。将成员姓名和分工填入表3-4-1。

表3-4-1　小组任务分工与角色扮演

姓名	承担角色	工作任务	
		平行任务	角色人物(分层任务)
	小组组长		
	小组副组长		
	小组成员		

实施步骤2:丰富认识

广泛查阅资料,在表3-4-2中补充欠缺的知识,完善学习者自身认知体系。

表3-4-2　补充知识记录单

游戏流程设计	补充知识	补充成员

实施步骤3:设计流程

根据前任务确定的活动和目标设计活动流程,填入表3-4-3,完成后上传云平台,各小组交流互评。

表3-4-3　任务汇报单

年龄班	A. 小班　B. 中班　C. 大班　D. 其他________
综合主题名称	
儿歌作品	
歌唱活动目标	认知目标: 操作技能目标: 情感态度目标:

续上表

歌唱活动流程	
思路说明	

实施步骤 4:反思提升

学生展示小组成果,师生通过讨论、评价等方式给出意见和建议,填入表 3-4-4,促进自我反思提升。

表 3-4-4　反思与修改

修改内容	修改原因

任务评价

教师组织学生互评、双师评价,将评价结果填入表 3-4-5 ~ 表 3-4-6。

表 3-4-5　学生互评表

评分组别	目标落实(4.0 分)	流程科学(4.0 分)	说明清晰(2.0 分)	总分
一组给分				
二组给分				
三组给分				
四组给分				
评语与建议	评价小组:			

表 3-4-6　双师评价表

评分组别	校内指导教师	幼儿园指导教师
评分等级	★★★★★	★★★★★
评语与建议	指导教师：	指导教师：

任务五　奥尔夫嗓音造型运用

任务情景

曼曼准备在小班歌唱活动的挑战阶段融入多声部游戏，她选择了四声部儿歌《数蛤蟆》。你认为曼曼的教学设计能实现吗，为什么？你认为，曼曼应该采用哪种形式，怎样做才能完成多声部的歌唱教学？

知识储备

一、奥尔夫嗓音造型材料的分类

嗓音造型指的是运用嗓音创造富于节奏的、立体的、艺术的声音，以获得听觉上的美感。嗓音造型材料就是人的嗓子，是每个人与生俱来的天然乐器。嗓音的音色变化丰富、灵活，情感表达直接，具有很强的艺术表现力。奥尔夫嗓音造型材料分为语言、歌唱、无意义嗓音三大类。

（一）语言

语言是嗓音最直接的造型材料。奥尔夫认为，原本的音乐是动作、舞蹈、语言的结合。所以，语言是嗓音最直接的造型材料。在奥尔夫的《学校音乐教材》里有许多以语言为素材的有节奏朗诵的例子。我国汉语普通话和方言中的语调、语气、语音、语调、语流与音乐要素中的高低、强弱、长短、快慢等许多元素都是相通的。因此，才会有我国古代的诗词吟诵和乐府民歌。

语言是幼儿最熟悉的生活元素，语言可以成为幼儿学习音乐的起点，字词节奏、短句节奏、童谣诗歌节奏都可以成为嗓音造型的直接素材。从最熟悉、最简单的语言开始（如“爸爸、妈妈”这样的两个八分音符组合），就可以激发幼儿内心的乐感，引导幼儿轻松走进音乐世界。

（二）歌唱

歌唱是语言发展的高级形式，是幼儿情绪表达、思想表达和音乐表达的本能表现，是嗓音表现的重要素材。关于歌唱的教学，奥尔夫从柯达伊教学法中吸取了很多经验，比如读谱系列，柯尔文手势，从 sol、mi 音程开始到 sol、mi、la、do、re 的五声歌曲教唱顺序。奥尔夫的歌唱教学从语言和自然界汲取经验，与幼儿的生活经验密切相接。如“sol、mi”的小三度音程，是“妈妈”的语调，也是大自然中杜鹃的叫声。

（三）无意义嗓音

无意义嗓音不是语言，也不是歌唱，而是一种对人类嗓音开发探索后得到的新奇声音。这样的声音没有明确的意思，但是却能表现出一定的情感，经过排列、组合或多声部累加，可以创设出多层次的噪音效果。

二、运用奥尔夫噪音造型的形式

（一）语言噪音造型

1. 字词节奏诵读

字词是语言最基本的单位，是幼儿掌握音乐要素的起点。幼儿熟悉的字词包括人名、地名、水果、动物等名词。

如：刘老 师、李 平、欧阳 娜娜；

潜水 艇、火 车、航空 母舰；

猕猴 桃、苹 果、大王 椰子等。

2. 短句节奏诵读

把字词连接起来就是短句。生活中的语言、谚语都可以为幼儿创造熟悉的语言环境，放松地进行节奏游戏。

如：你的 名字 叫什 么？

我的 名字 叫小 林。

小 狗，小 狗，怎样 叫？怎样 叫？

小 狗，小 狗，汪汪 汪。汪汪 汪。

3. 童谣和诗歌节奏诵读

童谣和诗歌本身就有很强的节奏感和音乐性。从童谣和故事开始节奏诵读，对幼儿来说也是最为熟悉和容易的切入点。

如：（1）× — | × — | × × | × 0 ||

空— 山— 新 雨 后，

天— 气— 晚 来 秋。

明— 月— 松 间 照，

清— 泉— 石 上 流。

（2）× × × × | × — ||

空山 新雨 后，

天气 晚来 秋。

×． × | × × × ||

明 月 松间 照，

× × × × | × — ||

清泉 石上 流。

（二）歌唱噪音造型

1. 学唱新儿歌

奥尔夫歌唱教学从听觉记忆开始，教师在幼儿游戏过程中反复演唱，让幼儿在不知不觉中听熟，自然而然地跟唱，轻轻松松地会唱。比如我们熟悉的歌唱活动“丢手绢”。

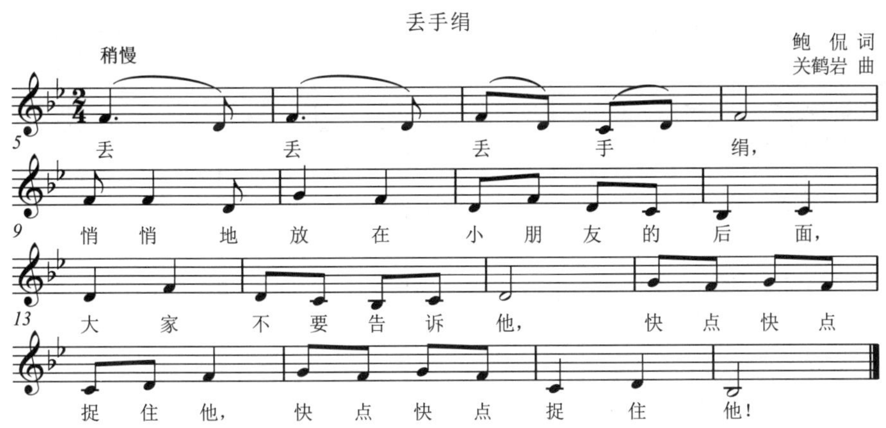

丢手绢

运用步骤：

（1）教师示范游戏玩法，范唱儿歌。

（2）教师通过提问“唱到哪一句时把手绢放到小朋友身后呢？”“放好之后你要做什么？”帮助幼儿回忆和分解游戏玩法，帮助幼儿对应游戏与音乐的关系。

（3）师幼一起游戏，其间先教师范唱，幼儿逐渐跟唱，然后师幼一起唱，最后幼儿独立“玩”唱。

（4）幼儿基本掌握儿歌后可以采用角色分唱的方式（前三句丢手绢的幼儿唱，最后一句全体幼儿唱），也可以采用器乐玩唱的方式（在最后一句全体幼儿边唱歌边敲敲打打，创造热烈追逐的气氛）。

2. 即兴编儿歌

奥尔夫音乐教学鼓励幼儿在会唱的基础上，积累音乐经验，创编属于自己的歌。即兴创编不是等到具备高级水平再开始，而是开始接触歌唱学习时就可以进行简单的创编了。

其中，创编歌词的形式最为常见也很受幼儿喜爱。如果儿歌篇幅短小、结构工整、歌词规律性强，就可以根据幼儿年龄特点，在挑战阶段设计替换歌词、仿编歌词、创编歌词等即兴创编形式。

（1）替换歌词。适合小班幼儿，是把原歌词中的个别词替换成同类词语。如：《小动物叫》中把“小猫”替换成“小狗”，把“喵喵”替换成“汪汪”。

（2）仿编歌词。适合中班幼儿，是对原歌词中的句子进行模仿创编。如：《小鸡》中把“小鸡”仿编成“小鸭”，把“小鸡小鸡尖尖嘴，唱起歌来叽叽叽。”仿编为“小鸭小鸭扁嘴巴，唱起歌来嘎嘎嘎。”

（3）创编歌词。适合大班幼儿，是幼儿根据旋律和节奏对歌词的自由创编。如：《拍拍手》中，把“拍手，拍拍手，小朋友来拍拍手。”改编为“小鱼，游啊游，摇摇尾巴点点头。”

3. 多声部唱儿歌

多声部的嗓音造型可以让幼儿体会音乐纵向的听觉效果，建立立体化声音概念，还可以一脑多用，锻炼控制能力、听辨能力和合作能力。多声部练习的形式有：

（1）卡农式多声部。即两个同样声部的模仿。根据两个声部间隔的时间，常用一小节卡农和两小节卡农。卡农可以同时结束也可以依次结束。如：

两只老虎

（2）持续音多声部。即一个长音铺垫在和声低音声部。如：

多声部练习

（3）填空式多声部。即一个声部的长音或休止时另外一个声部作填充。如：

（4）固定音型多声部。即根据和声关系给旋律声部一个固定音型来伴奏。如：

春晓

（5）声响式多声部。即运用与歌曲内容相关的声音作为节奏型来伴奏。如：

（6）和声式多声部。即两个及其以上的多声部旋律按照和声的编配组合在一起，构成独立的横向旋律与纵向和声音响的组合。如：

（三）嗓音打击乐

嗓音打击乐当下十分流行，B-Box 就是嗓音打击乐发展的主要形式。这种嗓音造型形式建立在对人嗓音的大胆探索上，打击乐的声音是 B-Box 模仿的来源。嗓音打击乐的形式让幼儿对音乐的理解不拘于现有形式，而是以探索的精神和开放的思维来学习。

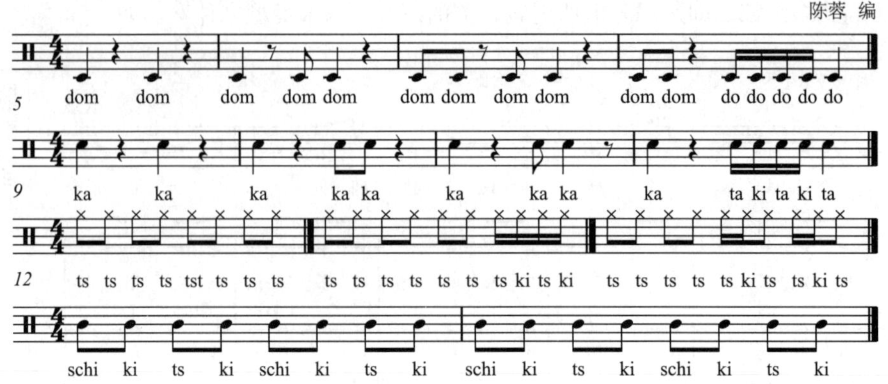

梳理与总结：嗓音在幼儿园教学中已经开发出许多有趣、高效的教学方法。如用嗓音表现情境、模仿大自然或机器的声音，配合嗓音色彩的开发，还可以表现绘本故事、漫画内容，甚至加入表演拓展成小型的音乐剧。

思考练习

一、判断正误

1. 无意义嗓音是对嗓音开发探索后得到的新奇声音。 （　　）
2. 嗓音造型材料包括语言、歌唱、无意义嗓音。 （　　）
3. 奥尔夫歌唱教学从识谱开始。 （　　）
4. 替换歌词适合小班幼儿，是个别字词的替换。 （　　）
5. 多声部唱儿歌的形式不适合大班以前的幼儿。 （　　）

二、小组讨论/线上讨论

关于曼曼歌唱活动中多声部教学的问题：

分析：______________________________

____

解决：______________________________

____

赛证考点

1. 对应幼儿教师资格考试“教育活动的组织与实施”中：

- 幼儿园歌唱活动的设计。

考题形式：笔试、面试。

2. 奥尔夫音乐指导师考点——语言歌唱教学。

任务布置

学习完本任务后，请完成以下任务：

任务名称	奥尔夫嗓音造型运用
任务说明	奥尔夫嗓音造型材料和形式是设计歌唱活动的重要素材。熟练掌握这些嗓音造型材料和形式，才能根据幼儿年龄与经验，创设形式丰富的游戏化集体歌唱活动。 因此，本课的任务是在前面任务的基础上，运用奥尔夫嗓音造型形式丰富活动设计

续上表

任务名称	奥尔夫嗓音造型运用
任务要求	1. 小组集体认真学习奥尔夫嗓音造型材料的分类和形式。 2. 小组成员广泛查阅资料补充欠缺的知识,构建新的认知体系。 3. 在前面任务的基础上,运用奥尔夫嗓音造型形式丰富活动设计。 4. 对形式的运用进行必要的设计说明。 5. 完成后上传云平台,各小组交流互评

三、任务实施

实施步骤1:组建团队

学生4~6人结成学习小组,按照项目间轮换、项目内固定的原则,同一个项目内小组成员固定,小组长轮换,不同项目间成员轮换,让学生学会组织与协作。将成员姓名和分工填入表3-5-1。

表3-5-1　小组任务分工与角色扮演

姓名	承担角色	工作任务	
		平行任务	角色人物(分层任务)
	小组组长		
	小组副组长		
	小组成员		

实施步骤2:丰富认识

广泛查阅资料,在表3-5-2中补充欠缺的知识,完善学习者自身认知体系。

表3-5-2　补充知识记录单

嗓音造型运用	补充知识	补充成员

实施步骤3:运用造型

根据前任务对活动进行嗓音造型设计,并对设计进行说明,填入表3-5-3。完成后上传云平台,各小组交流互评。

表 3-5-3　奥尔夫嗓音造型运用任务汇报单

年龄班	A. 小班　　B. 中班　　C. 大班　　D. 其他
活动流程	
嗓音造型材料与形式选择	
设计说明	

实施步骤 4:反思提升

学生展示小组成果,师生通过讨论、评价等方式给出意见和建议,填入表 3-5-4,促进自我反思与提升。

表 3-5-4　反思与修改

修改内容	修改原因

三、任务评价

教师组织学生互评、双师评价,将评价结果填入表 3-5-5 ~ 表 3-5-6。

表 3-5-5　学生互评表

评分组别	流程丰富(4.0 分)	形式合理(4.0 分)	说明清晰(2.0 分)	总分
一组给分				
二组给分				
三组给分				
四组给分				
评语与建议	评价小组:			

表 3-5-6　双师评价表

评分组别	校内指导教师	幼儿园指导教师
评分等级	★★★★★	★★★★★
评语与建议	指导教师:	指导教师:

任务六　歌唱活动伴奏的编配

任务情景

曼曼发挥钢琴演奏的优势,为儿歌设计了很炫的歌曲伴奏。幼儿很兴奋,很喜欢老师的弹奏。但曼曼发现,幼儿学习儿歌的效果却不好,很多旋律和歌词都唱错。是范唱出了问题吗?自己明明唱得很清楚呀!

快帮曼曼找找原因吧!

知识储备

歌唱活动中,伴奏是幼儿歌唱审美的重要组成。优美的伴奏在支持幼儿歌唱学习的同时,也为音乐活动平添了或优雅、或抒情、或轻盈、或活泼的艺术的魅力。

那我们应该怎样为幼儿歌唱活动伴奏呢?

一、儿歌学唱的伴奏方法

第一步:初听儿歌时,幼儿容易因为听不清而唱错。

这时可以采用前奏+教师清唱的伴奏方式:教师清唱范唱一到三遍,支持幼儿听清旋律与歌词;弹出儿歌的前奏,有效预示儿歌的情绪、音准、节奏、速度,支持幼儿获得完整的艺术体验;前奏长度适宜,清唱与前奏准确衔接。

第二步,初学跟唱阶段,幼儿容易大声喊唱而走音,容易因速度快而产生焦虑情绪。

这时可以采用右手单音旋律跟奏的方式:控制音量,伴奏音量要稍轻,保持幼儿注意力,防止幼儿过度兴奋造成走音;控制速度,让幼儿有思考时间,避免唱错及焦虑。

第三步,熟悉儿歌阶段,幼儿会唱歌曲,但和伴奏的互动感不强。

这时可以采用加入左手伴奏主动互动的方式:突出儿歌的节拍,增强幼儿节奏感;前奏和间奏要弹出“预备—”的感觉,让幼儿与伴奏有良好的互动感,歌声与琴声更和谐。

第四步,能熟练演唱时,幼儿容易因为缺少艺术经验,而表现力不足。

这是可以采用丰富伴奏效果的方式:丰富和弦及伴奏音型,使伴奏略显优美和华丽;借助多媒体或其他乐器伴奏,为幼儿创设更浓郁的艺术氛围,开阔幼儿音乐视野。

二、儿歌伴奏的编配方法

第一步:标记指法

给儿歌配伴奏之前,我们要根据儿歌的乐句,标出科学的旋律指法,把右手旋律练熟。有了右手熟练的指法，双手配合弹奏的难题就迎刃而解了。

第二步：确定伴奏的节奏音型

幼儿园歌唱活动中常见的儿歌体裁包括摇篮曲、数数歌、问答歌、游戏歌、表演歌、谜语歌、童谣歌等。不同的题材内容表现出歌曲不同的情绪，是欢快的还是抒情的，是活泼的还是安静的，是游戏的还是表演的，等等。

了解了歌曲的体裁和内容，我们才能选择与儿歌内容和情绪相吻合的伴奏音型，常用的伴奏音型包括全分解型、半分解型、和弦音型。

第三步：安排儿歌伴奏的和弦

在和弦安排上，首先要明确调式与曲式，确定主和弦，找出终止与半终止。再找出和弦外音，确定和声进行，标记和弦。

另外，不同的儿歌有着不同的调性特点、地域特点、民族特点以及自身的性格特点，带有不同时期、不同国家、不同文化孕育出的独特风格。把握儿歌的风格特点才能选择适合儿歌的和弦。

如：儿歌《拨浪鼓》就带有中国传统五声调式的音乐特点，具有中国民俗的画面感和浓浓的传统曲艺的韵味。因此，在伴奏时应以五声为基础，编配和弦。

第四步：设计儿歌伴奏的前奏、间奏、尾声

(1)前奏

儿歌伴奏（前奏）

前奏是幼儿歌曲主题前的预备部分，具有引出歌曲主体，明确调式、调性、速度、力度以及情绪内容的作用，前奏又称“引子”。

①歌唱活动中的前奏可以用歌曲的伴奏音型来弹奏，这是一种极为简单快捷的方法，如：

儿童歌曲

以上伴奏音型是全分解型，我们还可以用半分解型：

儿童歌曲

也可以使用和弦式的伴奏音型：

儿童歌曲

②用歌曲的开始句作为前奏，如：

③用歌曲的结束句作为前奏，如：

（2）间奏

间奏是在歌唱中句与句之间、段与段之间由乐器演奏的旋律，它起着情绪转换、音乐连接的作用。

儿歌伴奏（间奏）

间奏在幼儿歌曲中的使用率不是很高，尤其在篇幅短小的歌曲中。另外，间奏的旋律一般都会写在曲谱上，作为伴奏只需要按谱子编配和声和织体就可以了。如：

这是幼儿歌曲《等我们长大了》中的两个间奏。第一个是变化重复形式的间奏，第二个是完全重复形式的间奏。

（3）尾声

尾声是在歌曲结束时由乐器演奏的部分。其作用是加强终止或补充终止。使终止更完善、更圆满。尾声与前奏一样几乎涉及每首儿歌的伴奏，常用的尾声有以下几种：

儿歌伴奏（尾声）

①同步尾声，即钢琴伴奏与歌曲同时结束，如：

②重复主音（主和弦）的尾声，即歌曲主音结束后在伴奏声部重复主音以加强终止感，如：

③主和弦分解的尾声，即歌曲主音结束后在伴奏声部用主和弦分解进行补充，加强终止感，如：

④重复尾音音调的尾声，即歌曲主音结束后通过重复结尾部分的音调而构成的尾声。这样加强了终止感，也给人以回味，如：

课例分享

小雨沙沙

大班歌唱活动“小雨沙沙”

1. 儿歌作品

2. 伴奏编配

(1)儿歌调式分析:大调式儿歌,音域适合小班和中班幼儿。

(2)旋律指法:

(3)确定伴奏音型:半分解型。

(4)标记主和弦、终止;确定和声进行,标记和弦。

(5)设计前奏、尾声,确定是否需要间奏。

①前奏:选用歌曲的最后一句作为前奏。

②无需间奏。

③采用重复主音(主和弦)的尾声。

儿童歌曲

哎 呀 呀 我 要 发 芽。
哎 呀 呀 我 要 长 大。
I V I

思考练习

一、判断正误

1. 轻盈欢快的幼儿歌曲适合用和弦音型进行伴奏。 （ ）

2. 尾声的作用是加强终止或补充终止，使终止更圆满。 （ ）

3. 歌唱活动中的前奏可以用歌曲的伴奏音型来弹奏。 （ ）

4. 在和弦安排上，要先确定主和弦，再明确调式与曲式。 （ ）

5. 儿歌《学做解放军》适合用全分解的伴奏音型。 （ ）

二、小组讨论/线上讨论

关于曼曼歌唱活动中伴奏与范唱的教学障碍：

原因：____

____

解决：____

____

赛证考点

1. 对应幼儿教师资格考试“艺术领域（弹唱）专项技能”中：

- 弹唱技能的指导——伴奏编配

考题形式：面试。

2. 对应学前教育专业技能大赛“幼儿歌曲弹唱与歌表演”中：

- 弹唱技能

任务布置

学习完本任务后，请完成以下任务：

任务名称	歌唱活动伴奏的编配
任务说明	歌唱活动中的伴奏是带给幼儿对一首新儿歌的最初印象，辅助幼儿教师做好歌唱示范，支持幼儿的节奏和音准，丰富幼儿演唱时的艺术效果，是儿歌学唱重要的支持手段，凸显着歌唱活动的音乐性和艺术性，提升了幼儿对音乐美的感受。 因此，本课的任务是在前面任务的基础上，编配儿歌作品的伴奏
任务要求	1. 小组集体认真学习幼儿歌唱活动伴奏的应用。 2. 小组成员广泛查阅资料补充欠缺的知识，构建新的认知体系。 3. 在前面任务的基础上，编配歌唱活动儿歌的伴奏。 4. 用编配的伴奏进行模拟教学，录制视频每两组结对互评。 5. 完成后上传云平台，各小组交流学习

任务实施

实施步骤1:组建团队

学生4~6人结成学习小组,按照项目间轮换、项目内固定的原则,同一个项目内小组成员固定,小组长轮换,不同项目间成员轮换,让学生学会组织与协作。将成员姓名和分工填入表3-6-1。

表3-6-1　小组任务分工与角色扮演

姓名	承担角色	工作任务	
		平行任务	角色人物(分层任务)
	主班老师		
	配班老师		
	幼儿		

实施步骤2:丰富认识

广泛查阅资料,在表3-6-2中补充欠缺的知识,完善学习者自身认知体系。

表3-6-2　补充知识记录单

歌唱活动伴奏	补充知识	补充成员

实施步骤3:绘制图表

基于前任务对活动的伴奏进行统配,用编配的伴奏进行模拟教学,并录制视频,记录到表3-6-3中。完成后上传云平台,各小组交流互评。

表3-6-3　任务汇报表

儿歌名称	
调性调式	
标出科学的旋律指法(右手)	
根据儿歌题材内容确定伴奏音型	
标记主和弦、终止;确定和声进行,标记和弦	
设计前奏、尾声,确定是否需要间奏	
附曲谱(加伴奏创编标记)	
小组模拟幼儿歌唱游戏,用编配好的伴奏练习伴奏方法。(视频二维码)	
小组互评评语	

实施步骤4:反思提升

学生展示小组成果,师生通过讨论、评价等方式给出意见和建议,填入表3-6-4,促进自我反思与提升。

表3-6-4　反思与修改

修改内容	修改原因

任务评价

教师组织学生互评、双师评价,将评价结果填入表3-6-5至表3-6-6。

表3-6-5　学生互评表

评分组别	伴奏编配(4.0分)	模拟伴奏(4.0分)	组间互评(2.0分)	总分
一组给分				
二组给分				
三组给分				
四组给分				
评语与建议	评价小组:			

表3-6-6　双师评价表

评分组别	校内指导教师	幼儿园指导教师
评分等级	★★★★★	★★★★★
评语与建议	指导教师:	指导教师:

任务七　歌唱活动练声的指导

任务情景

幼儿园期间需要培养幼儿良好的歌唱习惯和一定的歌唱能力,包括歌唱的姿势、呼吸、发声等。可这些,曼曼是在声乐课上通过发声练习学习的。幼儿歌唱能力应该怎样获得呢?

我们来和曼曼一起想想办法!

知识储备

一、歌唱能力培养的内容

(1)正确的歌唱姿势。幼儿歌唱时应保持身体和头部正直、放松,肩、颈部自然、放松;坐在凳子的前1/2处,不扒不靠,眼睛平视,双臂自然下垂或放在腿上,不背在背后。

(2)正确的呼吸换气。幼儿歌唱时应自然均匀地呼吸,呼吸时不抬头、不怂肩,不发出吸气的声音,在歌词句、逗处换气,不拆开词来换气。

(3)正确的发声方法。幼儿歌唱时下颌、舌头应自然放松,口型自然,既不刻意压低音量,也不大喊大叫,能体会歌唱的良好音色。

(4)正确的咬字吐字。要用接近说话时自然的咬字,不刻意做口型,适当纠正生活中不准的字音。

(5)正确的情感表达。要自然恰当地运用声音表情和面部表情以及身体动作有理解、有感情地歌唱。

(6)合理的嗓音保护。幼儿的喉腔较窄,声带短小,音色清脆明亮,但声带容易疲劳,长时间发音或方法不正确,会使幼儿声带受到伤害,变厚,声音变得沙哑。

梳理与总结:幼儿园歌唱活动必须要本着劳逸结合的原则,歌唱与相关活动穿插开展,不能一味地唱。歌唱的时间、音量要控制得当,不在剧烈运动时歌唱,不在空气污浊的环境中歌唱,不迎着风歌唱,不在感冒、咽喉发炎的时候歌唱,注意让幼儿在身心愉快的状态下歌唱。

二、创编发声练习小游戏

受到理解能力和歌唱经验的限制,幼儿歌唱能力的培养需要用幼儿能够理解的语言和喜爱的形式来实现。“发声小游戏”就是发展幼儿歌唱能力的好形式。游戏设计要与歌唱活动的情境融为一体,练习内容要与演唱的儿歌融为一体。

(一)练习正确的姿势

师幼可以玩“我是小司机”的游戏引导幼儿坐在小椅子上,不扒不倚,小脚放平,目光炯炯地看着前面,兴奋地做开车的动作,从而放松肩颈。

我是小司机

(二)练习正确的呼吸

师幼可以玩“举重”游戏。师幼可以采用平躺姿势,把稍厚一点的书摆在肚脐的部位,通过吸气把书举起来,幼儿和老师比赛,看谁举重的时间长、次数多。老师偶尔可以输给幼儿,调动幼儿练习的积极性,增强幼儿的自信心。

师幼可以玩“吹气球”游戏。教师把自己的身体当作气球,先将手放在腰腹部示范如何让气球变大,再调动幼儿一起吹,题问幼儿“这是什么颜色的气球?(指幼儿衣服的颜色)”,幼儿在保持“气球”不瘪回去的情况下,说出气球的颜色,在轻松愉快的气氛中帮助幼儿掌握正确的吸气和保持气息的方法。

师幼可以玩“小汽车”游戏。借助歌词练习呼吸,如:我们一起来开车,嘟嘟、嘟嘟嘟、嘟嘟、嘟嘟嘟……帮助幼儿有节奏地均匀地呼气。

（三）练习正确的发声

教师可以与幼儿边伸展双臂边打哈欠，发出“啊”的音，练习声带的自然闭合以及声音与气息的配合。

（四）练习正确的共鸣

教师可以借助部分字音指导幼儿练习声音的位置与共鸣，比如：

小嘴唱歌“啦啦啦”，用手指在小嘴周围绕圈，练习口腔共鸣；

轮船开动“呜呜呜”，用手指在头上绕圈，练习头腔共鸣等。

（五）练习正确的咬字

教师可以带着幼儿朗诵歌词、读绕口令，要求幼儿有感情地朗读，把每个字咬得很清楚，在歌唱时就会把感情和语气加进去，支持歌曲情感的表达。

（六）练习情感的表达

教师可以与幼儿玩“小猫洗脸”的游戏。教师扮演魔术师，让幼儿把“猫爪”伸出来，先搓搓热，然后开始“洗脸”，直到把小猫的脸洗出笑容。这时幼儿笑肌高抬，软腭因兴奋而上抬。

教师要有敏锐的观察能力，要及时发现幼儿的优点，表扬鼓励幼儿，让幼儿在愉悦的氛围中歌唱，始终面带微笑、保持最佳的歌唱状态。

幼儿歌唱时，眼神容易飘，忽高忽低不集中。老师可以与幼儿想象着眉心有一只小蜜蜂向前飞去，眼睛看着蜜蜂飞的方向，看得越远越好，来练习眼神。

（七）保护嗓音的游戏

如果感到幼儿声带已经疲劳，可以用以下游戏进行缓解：

（1）愤怒的小鸟，边用手轻揉颈部喉咙的位置，边发出气泡音。

（2）快乐的小猪，吹唇练习，也就是我们俗称的“打嘟噜”。

梳理与总结：

教师用语要形象化，帮助幼儿掌握科学的歌唱方法。同时，很多歌唱的要求需要教师直观地示范表现出来，因此教师的教唱一定要有趣、准确。

运用小游戏培养幼儿歌唱能力就是把发声方法融入歌曲和游戏中，让幼儿在“玩”中不知不觉掌握正确的发声方法。小游戏很有趣，但是不是有效要在教学中试一试。

思考练习

一、判断正误

1. 游戏“吹气球”可以帮助幼儿掌握正确的呼气方法。（　　）
2. 教师的歌唱示范，可以帮助幼儿理解歌唱的要求。（　　）
3. 幼儿音域较窄，声带不容易疲劳。（　　）
4. 幼儿发声应尽量亲切自然，避免喊唱和大喊大叫。（　　）
5. 幼儿教师应引导幼儿在身心愉快的状态下歌唱。（　　）

二、小组讨论/线上讨论

关于曼曼设计发声小游戏的问题：

游戏：____

____

原理：____

____

赛证考点

1. 对应幼儿教师资格考试“艺术领域（弹唱）专项技能”中：

- 弹唱技能的指导——声乐演唱。

考题形式：面试。

2. 对应学前教育专业技能大赛“幼儿园教育活动设计”中：

- 教案/说课技能。

任务布置

学习完本任务后，请完成以下任务：

任务名称	歌唱活动练声的指导
任务说明	幼儿歌唱能力培养不是专业歌唱能力的培养，因此更注重良好歌唱习惯的养成。习惯养成过程中，受理解能力和歌唱经验、身体发育的限制。幼儿歌唱能力的培养主要依靠幼儿教师良好的歌唱示范和生动形象的语言引导。 因此，本课的任务是在前面任务的基础上，指导幼儿游戏练声
任务要求	1. 小组集体认真学习幼儿歌唱能力培养的内容和方法。 2. 小组成员广泛查阅资料补充欠缺的知识，构建新的认知体系。 3. 在前面任务的基础上，指导幼儿游戏练声。 4. 对练声游戏的设计和运用进行必要的解释说明。 5. 完成后上传云平台，各小组交流互评

任务实施

实施步骤1：组建团队

学生4~6人结成学习小组，按照项目间轮换、项目内固定的原则，同一个项目内小组成员固定，小组长轮换，不同项目间成员轮换，让学生学会组织与协作。将成员姓名和分工填入表3-7-1。

表3-7-1　小组任务分工与角色扮演

姓名	承担角色	工作任务	
		平行任务	角色人物（分层任务）
	小组组长		
	小组副组长		
	小组成员		

实施步骤 2：丰富认识

广泛查阅资料，在表 3-7-2 中补充欠缺的知识，完善学习者自身认知体系。

表 3-7-2　补充知识记录单

游戏练声指导	补充知识	补充成员

实施步骤 3：练声指导

基于前任务进行游戏练声指导，对指导策略进行解释说明，填入表 3-7-3。完成后上传云平台，各小组交流互评。

表 3-7-3　任务汇报单

年龄班	A. 小班　　B. 中班　　C. 大班　　D. 其他________
儿歌作品	
培养哪方面的歌唱能力？	
发声小游戏具体做法	
模拟效果	

实施步骤 4：反思提升

学生展示小组成果，师生通过讨论、评价等方式给出意见和建议，填入表 3-7-4，促进自我反思与提升。

表 3-7-4　反思与修改

修改内容	修改原因

任务评价

教师组织学生互评、双师评价，将评价结果填入表 3-7-5 ~ 表 3-7-6。

表 3-7-5　学生互评表

评分组别	设计生动(4.0 分)	操作便捷(4.0 分)	说明清晰(2.0 分)	总分
一组给分				
二组给分				
三组给分				
四组给分				
评语与建议	评价小组：			

表 3-7-6　双师评价表

评分组别	校内指导教师	幼儿园指导教师
评分等级	★★★★★	★★★★★
评语与建议	指导教师：	指导教师：

任务八　歌唱活动图谱的运用

任务情景

曼曼为幼儿设计的歌唱图谱形象可爱、色彩鲜艳，连曼曼自己看了都特别喜欢。于是，歌唱活动一开始曼曼就给幼儿介绍了图谱上的内容，直到游戏结束曼曼才把漂亮的图谱收起来。可是，为什么这么好的图谱竟然没能帮助幼儿记住歌词？

曼曼感到很挫败，这是为什么呢？

知识储备

歌唱图谱是根据歌曲的内容，运用符号、图画、线条等元素，绘制成的能够为幼儿认知、能够支持幼儿歌唱学习的图。

歌唱图谱用可视化的图把抽象的音乐形象化；支持幼儿记忆歌词、感受旋律走向、节奏与曲式结构；强化幼儿的艺术审美感受；提高幼儿歌唱学习的效果。

那么，歌唱图谱的制作要注意哪些问题呢？

一、歌唱活动图谱的制作

(1)紧扣活动目标设计图谱。图谱的制作须能支持活动目标的实现，比如歌词的内容、顺序等。

(2)根据歌曲教学的重难点设计图谱。比如相似歌词的区分,某一处情感的表达等。

(3)根据幼儿的理解能力设计图谱。比如选择幼儿喜欢的形象,使用鲜艳的颜色等。

(4)图谱的视觉符号体系要与歌曲的音乐符号体系相匹配,比如力度大时用大图,力度小时用小图等;图谱的呈现方式应适合于歌曲表达的音乐形象及情绪情感,比如欢乐的歌曲就应选择色彩亮丽的图片等。

课例分享

大班歌唱活动"小云朵"

1. 活动目标

(1)学唱三拍子歌曲《小云朵》,感受歌曲优美、舒缓的情绪。

(2)在图片的帮助下理解、记忆歌词,边歌唱边玩"收集小雨滴"的游戏。

(3)体验和同伴合作收集雨滴的快乐。

2. 乐谱

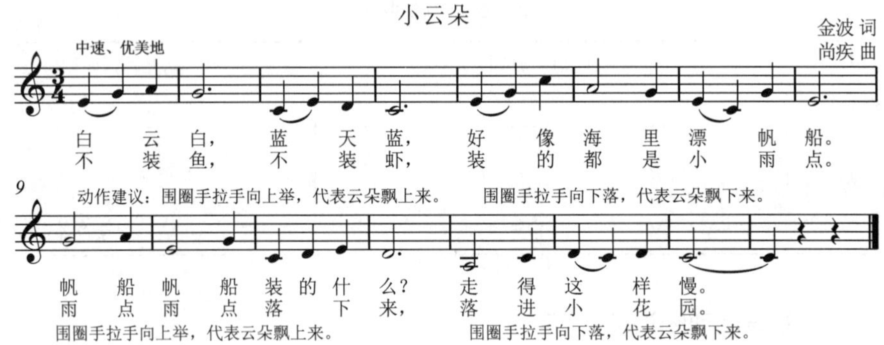

3. 图谱

儿歌的歌词是:白云白,蓝天蓝,好像海里漂帆船……

从图谱上看,每张图片都与一个乐句的歌词对应,图谱颜色鲜艳、图案与形象可爱,符合幼儿审美习惯,也体现了歌曲优美舒缓的特点。图谱中凸显了云中的小雨点在云中、落下、落进花园里的形象,为幼儿进一步开展收集雨滴的游戏做了铺垫。

二、运用歌唱活动的图谱

(一)出示图谱

歌唱图谱是从歌唱活动开始就呈现在幼儿面前吗,是要用到歌唱活动结束吗?当然不是。

(1)图谱要在幼儿对歌曲获得首次完整感知之后出示,不要在活动一开始出示。

(2)幼儿对歌曲有初步印象后,要借助幼儿得回忆出示图谱,梳理儿歌。

(3)图谱的出示要有针对性地解决歌词、旋律、节奏、力度、情感等方面得重难点。

(二)点图教唱

(1)教师要站在或坐在图谱一侧,避免身体遮挡。

(2)点图手势要干净利落,指到图的下方避免遮挡图片。

(3)点图手势要有拍点,要引导幼儿对旋律线和节拍的感受。

(4)教师要边点图边与幼儿进行表情、眼神的交流。

(5)要把不需要出示的图片用布遮盖起来。

(6)在创编歌词的环节,要及时更换图片。

(三)撤出图谱

(1)幼儿基本会唱儿歌之后,教师就可以逐幅撤图,这样才能鼓励幼儿独立记忆歌词和儿歌的旋律,防止幼儿对图谱过度依赖。

(2)撤图的方法和速度需要预设,也要随机,要根据幼儿学唱新歌得规律和活动中幼儿对儿歌的掌握情况而定。

梳理与总结:图谱要在幼儿需要的时候出示,不需要时及时撤出!这样才能支持幼儿记忆歌词、感受旋律、节奏与曲式结构,提高幼儿歌唱学习的效率!

思考练习

一、判断正误

1. 歌唱图谱应按乐句对应歌词内容。　(　　)

2. 歌唱图谱应颜色暗淡、图案与形象可爱,符合幼儿审美习惯。　(　　)

3. 歌唱图谱是从歌唱活动开始就呈现在幼儿面前。　(　　)

4. 教师逐幅撤图是为了鼓励幼儿独立记忆和歌唱。　(　　)

5. 指图时,教师应避免身体遮挡图谱,指图手势要干净利落、有拍点。　(　　)

二、小组讨论/线上讨论

关于曼曼歌唱游戏中图谱运用的教学障碍:

问题:____

____

解决:____

____

赛证考点

对应幼儿教师资格考试“教育活动的组织与实施”中:

● 幼儿园歌唱活动的设计。

考题形式:笔试、面试。

任务布置

学习完本任务后,请完成以下任务:

任务名称	歌唱活动图谱的运用
任务说明	歌唱图谱是根据歌曲的结构，运用符号、图画、线条等元素，绘制成的能够为幼儿认知，能够支持幼儿歌唱学习的图，是幼儿园歌唱活动经常用到教具。所以，幼儿教师必须熟练掌握图谱的制作与使用。 因此，本课的任务是在前面任务的基础上，制作使用歌唱活动图谱
任务要求	1. 小组集体认真学习歌唱活动图谱的制作与使用方法。 2. 小组成员广泛查阅资料补充欠缺的知识，构建新的认知体系。 3. 在前面任务基础上制作图谱，模拟练习图谱的出示、撤出和点图教唱。 4. 每两组自由结对，观摩反思，给出教学策略指导意见。 5. 录制模拟教学视频和互评意见，完成后上传云平台，各小组交流学习

任务实施

实施步骤1：组建团队

学生4~6人结成学习小组，按照项目间轮换、项目内固定的原则，同一个项目内小组成员固定，小组长轮换，不同项目间成员轮换，让学生学会组织与协作。将成员姓名和分工填入表3-8-1。

表3-8-1　小组任务分工与角色扮演

姓名	承担角色	工作任务	
		平行任务	角色人物（分层任务）
	主班老师		
	配班老师		
	幼儿		

实施步骤2：丰富认识

广泛查阅资料，在表3-8-2中补充欠缺的知识，完善学习者自身认知体系。

表3-8-2　补充知识记录单

图谱制作使用	补充知识	补充成员

实施步骤3：图谱运用

在前面任务基础上制作图谱，模拟练习图谱的出示、撤出和点图教唱。给出教学策略指导意见，填入表3-8-3。完成后上传云平台，各小组交流互评。

表 3-8-3　任务汇报单

年龄班	A. 小班　　B. 中班　　C. 大班　　D. 其他________
儿歌作品	
图谱设计(二维码)	
模拟教学视频(二维码)	
图谱运用指导意见	互评小组

实施步骤4:反思提升

学生展示小组成果,师生通过讨论、评价等方式给出意见和建议,填入表3-8-4,促进自我反思提升。

表 3-8-4　反思与修改

修改内容	修改原因

任务评价

教师组织学生互评、双师评价,将评价结果填入表3-8-5～表3-8-6。

表 3-8-5　学生互评表

评分组别	匹配儿歌(4.0分)	进退得当(4.0分)	互评精准(2.0分)	总分
一组给分				
二组给分				
三组给分				
四组给分				
评语与建议	评价小组:			

表 3-8-6 双师评价表

评分组别	校内指导教师	幼儿园指导教师
评分等级	★★★★★	★★★★★
评语与建议	指导教师:	指导教师:

任务九 歌唱活动过程的实施

任务情景

曼曼在小班歌唱活动中先后运用了整体教唱、角色填唱、边表演边歌唱的歌唱方式,不仅很好地实现了歌唱活动目标,幼儿全程都很投入,情绪也很饱满。曼曼第一次感到了成功教学带来的喜悦。可是,当天下午曼曼就发现有近一半幼儿的嗓子都哑了,这可怎么办呢?

又是哪里出问题了呢?

知识储备

一、歌唱活动的实施策略

幼儿园游戏化集体歌唱活动的教育效果与教师教学策略水平有直接关系,常用的实施策略包括设计策略、组织策略、演示策略和支持策略。

(一)设计策略

(1)选择幼儿喜欢的、能理解的、便于表现的儿歌,要求音域适当、节奏简单、速度适中、旋律平稳、结构工整。

(2)根据幼儿歌唱能力发展特点,制订有效促进幼儿认知、操作能力和情感态度发展的活动目标。

(3)师幼提前储备经验,分析、唱熟儿歌,根据活动需要准备图谱、道具。

梳理与总结:设计策略的运用主要在活动前,但在活动实施中如果发现前期设计与教学实际不符时,就要对前期设计及时调整。比如:对原儿歌的旋律或歌词做简化处理;根据幼儿接受能力调整活动目标;临时用简短的语言补充幼儿的知识经验,调整歌唱图谱,等等。

(二)组织策略

(1)支持综合教育主题,促进活动目标达成。

(2)按照"故事—倾听—歌唱—挑战"的流程,依据儿歌内容创设故事情境,巧妙设计发声游戏,合理控制音量和初唱速度,科学选择教唱方法,帮助幼儿唱出好听的歌声。

(3)发挥图谱对歌唱教学的支撑作用,合理安排图谱的进退。

(4)设计好伴奏中的前奏、间奏、尾奏,初学时多用单旋律伴奏,逐步加入左手和弦伴奏,歌唱表现阶段可用稍华丽的伴奏。

(5)通过游戏、表演唱、戏剧等形式创造挑战,使活动层层累加、更加丰富,但不宜过多扩展。

(6)尽量把重难点安排在活动前3/5的时间段,歌唱与其他活动穿插进行,避免幼儿声带疲劳。

梳理与总结:组织策略上首先体现在活动流程设计是否科学,同时体现了活动实施过程中教师落实活动方案的能力。

（三）演示策略

（1）教师的提示语言和歌唱示范能准确契合儿歌的旋律、节拍、速度、力度、结构和情绪。

（2）教师能用声音、体态和表情充满童趣地范唱。

（3）教师范唱与指图、动作有机结合，提示幼儿歌唱。

（4）教师在范唱时充分关注幼儿，用眼神和表情与幼儿交流，范唱的位置须让全体幼儿轻松看到，用歌声感染每一位幼儿。

梳理与总结：演示策略主要运用在教学示范与师幼互动中，体现了幼儿教师的音乐素养、教学基本功和与幼儿的沟通对话能力。

（四）支持策略

（1）教师通过故事创设活动情境，活动开始时激发幼儿兴趣，活动过程中不断激起幼儿兴趣，在挑战阶段提升幼儿兴趣。

（2）教师通过语言、动作、眼神、微笑，认可和回应幼儿的努力与专注。

（3）教师通过提供前期经验、引导观察、鼓励表达、启发创造为幼儿搭建学习的阶梯。

（4）教师全程精炼讲解不啰嗦，分散讲解配示范，语气抑扬有重点，避免讲述繁复无法被幼儿理解。

（5）教师全程营造轻松氛围，精心安排互动，设计有效提问，鼓励幼儿大胆地用语言和律动表达观点、抒发情感。

梳理与总结：支持策略的运用体现的是幼儿教师深层的教学能力和教学经验，适用于所有幼儿园音乐活动的实施。

二、歌唱活动的实施案例

下面，我们通过课例来学习游戏化集体歌唱活动的实施过程。

顽皮的小杜鹃

课例分享

大班歌唱活动“顽皮的小杜鹃”

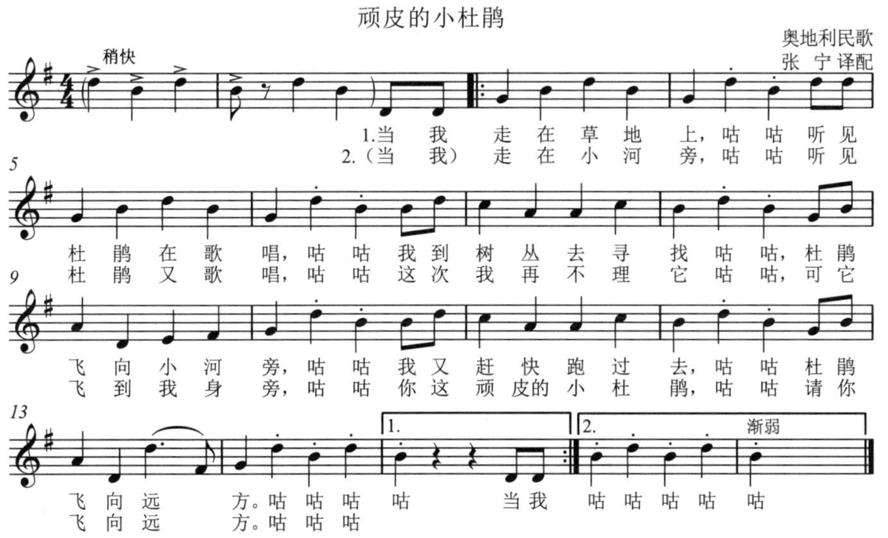

1. 两位教师的教学策略

1)教师甲

在教学过程中,先呈现杜鹃的图片,说明杜鹃的叫声,组织幼儿模仿;随后便带领幼儿听儿歌玩接唱游戏:开始,教师唱多数歌词,幼儿在每一乐句杜鹃的叫声处接唱“咕咕”;几遍之后,把幼儿分两组,其中一组唱多数歌词,另一组接唱“咕咕”,之后两组互换。每到弱起乐句前,老师都用很响的拍手声提醒幼儿“听到拍手就开始唱!”结果,孩子们神情紧张、起唱一直不齐,接唱的衔接也不顺畅,最后老师只得草草收场,教学效果不理想。

2)教师乙

第一步:创设活动情境,说明小杜鹃正和我们捉迷藏呢! 听着叫声来找找她吧。

评析:创设与小杜鹃捉迷藏的活动情境吸引幼儿。

第二步:播放“5 3”的旋律,教师做“u”的口型示范“咕咕”的叫声,帮助幼儿练习口腔和头腔共鸣,打开声音。

评析:在情境中,借助儿歌原有的旋律和字音设计发声练习,打开声音的同时为接唱做好准备。

第三步:用六张顺序与歌词一致的卡片(卡片顺序为“1 草地、2 杜鹃、3 树丛、4 杜鹃、5 奔跑、6 飞远”)遮住脸和幼儿玩捉迷藏的游戏。

操作方法:钢琴慢速、单音跟奏,教师放慢整首歌曲的速度进行范唱,先用“草地”的卡片遮住自己的脸唱“当我走在草地”,到“上”时提前一拍露出脸来,做短暂的停顿并用表情与幼儿交流,提示幼儿唱“咕咕”,之后逐句更换杜鹃的图片、树丛的图片……但都要提前一拍露出脸来,做短暂的停顿提示幼儿接唱。放慢速度与短暂停顿给出幼儿初学儿歌所需的反应时间,帮助幼儿做到随乐接唱,避免幼儿焦虑。

评析:放慢速度与短暂停顿给出幼儿初学儿歌所需的反应时间,帮助幼儿做到随乐接唱,避免幼儿焦虑。

第四步:三遍之后,教师邀请幼儿与杜鹃捉迷藏,把六张卡片依次发给六名小朋友,六名小朋友面向坐着的小朋友站立,根据歌词依次露出脸来,和唱“咕咕”的“小杜鹃”打招呼。教师用手势辅助幼儿把握节奏,幼儿按照节奏和音高整齐地唱。

评析。教师通过发展故事情境,为幼儿创造更多参与机会,支持幼儿进一步巩固节奏。

第五步:两遍之后,请幼儿把图片按顺序贴在绒板上,在教师的带领下轻声跟唱,集体检验图片的顺序是否正确,如果不正确需鼓励幼儿调整好。

评析:借助图谱进一步梳理歌词,引导幼儿反思自评。

第六步:原速伴奏,教师带领幼儿和小杜鹃捉迷藏,边唱儿歌边用双手来遮住自己的脸,只在唱“咕咕”时露出来。

评析:降低幼儿对图谱的依赖。

第七步:每遍唱完之后都和幼儿查看小椅子后面,看看小杜鹃飞到了谁那里。得到小杜鹃的幼儿可以决定下一次全体的小脸从哪里(上下左右等)露出来,游戏进行两到三次。

评析:再次引入游戏环节,发展活动情节。结合大班幼儿对方位的认知设置挑战。

第八步:活动结尾说明小杜鹃要去捉虫子吃,我们下次再和小杜鹃玩,放慢速度用哼鸣哼唱旋律与小杜鹃再见!

评析:赋予歌唱活动圆满的结束感,用哼鸣放松声带。

2.两位教师的策略对比

1)教师甲

(1)单纯组织幼儿模仿杜鹃的叫声,缺少了与原儿歌的联系,不利于幼儿高效学唱儿歌。

(2)缺少整体示范,直接进行接唱,幼儿不容易把握音准以及前后音乐的衔接。

(3)由于缺少必要的支持,幼儿唱多数歌词时,其实还没记住歌词。

(4)教师用"很响的拍手声"指示幼儿唱弱起节奏时,幼儿处于被动状态,不利于实现音乐和节奏的内化。

(5)更重要的是,活动整体设计缺少有趣的情境,幼儿一直在做枯燥的练习,声带容易疲劳。

2)教师乙

(1)用"捉迷藏"创设游戏化的歌唱活动情境。

(2)借助儿歌原有的旋律和字音设计发声练习,打开声音的同时为接唱做好准备。

(3)教师用图片遮住脸和幼儿玩捉迷藏的游戏,多次、有意识地用放慢速度和"露脸的节奏"暗示幼儿节奏,给幼儿充分的内化时间。

(4)用六张图片的顺序摆放再次帮助幼儿记忆歌词;用跟唱并检验图片的顺序,实现幼儿认知上的自我监控。

(5)设计儿歌用双手遮住脸,只在唱"咕咕"时露出来,进一步帮助幼儿内化节奏,降低幼儿对图谱的依赖。

(6)采用先慢速清唱,再原速跟伴奏的做法,减少了幼儿的初学焦虑,同时对歌唱提出新的要求。

(7)用"小杜鹃飞到谁那里的?"游戏情节创设挑战,鼓励幼儿创新"小脸从哪里露出来?"设计挑战,与大班对方位的学习联系起来,体现学科综合。

(8)活动设计劳逸结合,不容易造成声带疲劳和声音嘶哑。

(9)歌唱活动在故事中结束,哼鸣练习有利于幼儿保护声带、身心放松。

梳理与总结:从这个课例可以看出,歌唱活动实施策略的应用水平主要体现在活动实施细节的准确把握和巧妙安排上。细节处理得高明往往能起到事半功倍的教学效果。请同学们多积累、多反思,从别人的课例和自己的实践教学中不断积累经验,提升策略运用能力。

思考练习

一、判断正误

1. 运用歌唱图谱须合理安排图谱的进退。　　(　　)

2. 设计策略主要运用在活动前,在实际教学中不可以调整。　　(　　)

3. 借助儿歌设计发声练习,可以把学歌和练声结合起来,提高学习效率。　　(　　)

4. 教师最好用清唱的形式范唱,声音、体态和表情要充满童趣。　　(　　)

5. 创造歌唱活动的挑战,不可以结合其他学科的内容。　　(　　)

二、小组讨论/线上讨论

关于曼曼歌唱活动中幼儿嗓子沙哑的问题：

原因：____

____

解决：____

____

赛证考点

（1）对应幼儿教师资格考试“游戏活动的指导”中：

- 尊重幼儿游戏的自主性。
- 按幼儿游戏规律指导游戏。
- 满足幼儿充分游戏的心理需求。
- 关心幼儿的游戏意愿。

考题形式：笔试、面试。

（2）对应学前教育专业技能大赛“幼儿歌曲弹唱与歌表演”中：

- 歌表演技能。

（3）奥尔夫音乐指导师考点——现场课堂实践操作。

任务布置

学习完本任务后，请完成以下任务：

任务名称	歌唱活动过程的指导
任务说明	歌唱活动的设计工作完成后，决定活动效果的关键就是活动过程的指导。在指导过程中，教师的过程组织、教学示范、启发引导对活动能否按预期目标完成，幼儿能否“玩”有所获，起重要作用。活动过程中也会发现前期设计的不足，需要教师运用教学经验灵活处理，把影响降到最低。 因此，本课的任务是在前面任务的基础上，运用策略指导活动过程
任务要求	1. 小组集体认真学习游戏化集体歌唱活动指导策略。 2. 小组成员广泛查阅资料补充欠缺的知识，构建新的认知体系。 3. 在前面任务的基础上，模拟教学，运用策略指导活动过程。 4. 每两组自由结对，观摩反思，给出教学策略指导意见。 5. 录制模拟教学视频和互评意见，完成后上传云平台，各小组交流学习

任务实施

实施步骤1：组建团队

学生4～6人结成学习小组，按照项目间轮换、项目内固定的原则，同一个项目内小组成员固定，小组长轮换，不同项目间成员轮换，让学生学会组织与协作。将成员姓名和分工填入表3-9-1。

表 3-9-1　小组任务分工与角色扮演

<table>
<tr><th rowspan="2">姓名</th><th rowspan="2">承担角色</th><th colspan="2">工作任务</th></tr>
<tr><th>平行任务</th><th>角色人物(分层任务)</th></tr>
<tr><td></td><td>主班老师</td><td></td><td></td></tr>
<tr><td></td><td>配班老师</td><td></td><td></td></tr>
<tr><td></td><td rowspan="4">幼儿</td><td></td><td></td></tr>
<tr><td></td><td></td><td></td></tr>
<tr><td></td><td></td><td></td></tr>
<tr><td></td><td></td><td></td></tr>
</table>

实施步骤 2:丰富认识

广泛查阅资料,在表 3-9-2 中补充欠缺的知识,完善学习者自身认知体系。

表 3-9-2　补充知识记录单

游戏过程指导	补充知识	补充成员

实施步骤 3:过程指导

基于前任务进行模拟教学,给出指导策略,填入表 3-9-3。完成后上传云平台,各小组交流互评。

表 3-9-3　任务汇报单

年龄班	A. 小班　B. 中班　C. 大班　D. 其他________
歌唱活动名称	
模拟教学视频(二维码)	
教学策略指导意见	设计策略运用情况: 组织策略运用情况: 演示策略运用情况: 支持策略运用情况: 互评小组:

实施步骤 4:反思提升

学生展示小组成果,师生通过讨论、评价等方式给出意见和建议,填入表 3-9-4,促进自我反思与提升。

表 3-9-4　反思与修改

修改内容	修改原因

任务评价

教师组织学生互评、双师评价，将评价结果填入表 3-9-5 ~ 表 3-9-6。

表 3-9-5　学生互评表

评分组别	策略得当(4.0 分)	模拟逼真(4.0 分)	互评精准(2.0 分)	总分
一组给分				
二组给分				
三组给分				
四组给分				
评语与建议	评价小组：			

表 3-9-6　双师评价表

评分组别	校内指导教师	幼儿园指导教师
评分等级	★★★★★	★★★★★
评语与建议	指导教师：	指导教师：

任务十　歌唱活动效果的评价

任务情景

今天，曼曼在小班开展歌唱活动“走路”，对幼儿发展的观察评价点是：

(1)能模仿并唱出短小的歌曲。

(2)能伴随节奏感鲜明的儿歌做动作。

(3)能运用声音、动作表现生活情景。

根据观察评价需要，曼曼应该选用什么样的评价工具呢？

知识储备

游戏化集体歌唱活动的最后一个环节是活动评价。评价，既是这一次活动的总结和反思，又是带着新经验进行教学的开始。所以，善于从课例研究中汲取经验的幼儿教师才会成长得更快。

下面，我们就结合歌唱活动的特点自主设计评价工具。

一、歌唱活动评价小徽章设计

自主查阅《3—6 岁儿童发展行为观察指引》为标准，结合歌唱活动特点，系统设计幼儿自评小徽章和教师奖励小徽章。

注意：

(1)把握歌唱活动评价要点，文字简洁明了。

(2)徽章内容设计好后制作到 App 中(可以修改、调整、补充和重复利用)。

(3)幼儿自评小徽章可以根据实际需要分类，如：正面徽章(喜欢用歌唱表达快乐心情)、负面徽章(嗓子不舒服了)。帮助教师了解幼儿活动体验，发现活动组织成功的点和需要改进的点，以调整活动设计与实施能力。

(4)小徽章要多采用正面激励，从幼儿音乐能力、学习能力和情感社会性等维度设计，鼓励幼儿个性化音乐才能的发展。

二、歌唱活动观察评价表设计

歌唱活动观察评价表的评价内容可以是活动本身，也可以是幼儿发展。实施观察前，须根据观察目的提前明确观察方向，列出观察评价点。以幼儿发展评价为例：

(一)幼儿歌唱活动中音乐能力观察点

1. 歌唱声音

声音：咬字自然清晰，能用自然的声音歌唱。

表情：歌唱姿势正确，有自然、愉快的面部表情。

2. 音乐特征

表现力：有强弱、快慢、连断的表现力。

句子：能按乐句呼吸，有意识地表现句子的起落。

节奏：有节拍感；能解决弱起等节奏难点。

旋律：旋律轮廓清晰；具有调性。

(二)幼儿学习能力发展观察点

幼儿学习能力发展观察点可以是幼儿的专注、观察、记忆、模仿、探究、创造能力发展水平和学习兴趣等。

(三)幼儿情感社会性发展观察点

幼儿情感社会性发展观察点可以是幼儿正确的自我意识和同伴关系等。

观察评价表的设计可以是以上一个方面，也可以是多个方面。观察点可以更加细化、更加具体，要与幼儿当前的发展目标和要解决的问题密切联系。

三、设计歌唱活动评价等级量表

歌唱活动评价等级量表的评价内容可以是歌唱活动本身,也可以评价幼儿发展。对活动本身的评价主要从活动目标、活动内容、活动方法、活动过程、活动环境等几个维度进行。根据活动实际开展情况也可以拓展其他维度或侧重于某个维度。我们也可以对应前面所学习的韵律活动实施策略设计等级量表。

根据自己的评价思路,试着把表格补充完整,表格项目可以调整。

歌唱活动评价等级量表

评价项目	评 价 标 准	目标达成度			
		A	B	C	小计
活动目标					
活动内容					
活动效果	1. 幼儿在活动中情绪愉快,态度积极,参与意识强,有自主表达的愿望和机会				
	2. 幼儿歌唱能力和其他目标能力有所提高,活动目标得以落实				
	3. 幼儿有效运用已有经验,生成新的经验				
教师素质					
活动环境					
综合评价		评价等级			

思考练习

小组讨论/线上讨论

关于曼曼歌唱活动评价工具的设计:

设计:____

____

应用:____

____

赛证考点

1. 对应幼儿教师资格考试“教育评价”中:

- 幼儿园教育评价的基本方法。

2. 对应幼儿教师资格考试“游戏活动的指导”中:

- 正面评价幼儿游戏

考题形式:笔试。

任务布置

学习完本任务后,请完成以下任务:

任务名称	歌唱活动效果的评价
任务说明	歌唱活动评价是本次活动的终点，却是教师审视活动效果，反思指导策略的重要一步，是幼儿教师积累教学经验，实现自我成长的起点。幼儿教师要养成良好的职业习惯，在不断的评价反思中提升教学能力。 因此，本课的任务是根据项目一的理论知识，结合歌唱活动特点，自选一款评价工具进行设计
任务要求	1. 小组集体认真学习幼儿歌唱活动常用的三种评价工具。 2. 小组成员广泛查阅资料补充欠缺的知识，构建新的认知体系。 3. 结合歌唱活动特点，自选一款评价工具进行设计。 4. 每两组自由结对，充分交流并试用对方评价工具，给出修改建议。 5. 评价工具和互评意见完成后上传云平台，各小组交流学习

任务实施

实施步骤1：组建团队

学生4～6人结成学习小组，按照项目间轮换、项目内固定的原则，同一个项目内小组成员固定，小组长轮换，不同项目间成员轮换，让学生学会组织与协作。将成员姓名和分工填入表3-10-1。

表3-10-1　小组任务分工与角色扮演

姓名	承担角色	工作任务	
		平行任务	角色人物（分层任务）
	小组组长		
	小组副组长		
	小组成员		

实施步骤2：丰富认识

广泛查阅资料，在表3-10-2中补充欠缺的知识，完善学习者自身认知体系。

表3-10-2　补充知识记录单

评价工具设计	补充知识	补充成员

实施步骤3：评价设计

基于小组活动特点选择适宜的评价工具，互相试用评价工具并提出改进建议，填入表3-10-3。完成后上传云平台，各小组交流互评。

表 3-10-3　任务汇报单

评价工具类型	A. App 评价小徽章　　B. 观察评价表　　C. 评价等级量表
评价工具展示与说明	(1)展示： (2)说明：
组间试用情况与修改建议	(1)试用情况： (2)修改建议： 评价小组：

实施步骤 4:反思提升

学生展示小组成果,师生通过讨论、评价等方式给出意见和建议,填入表 3-10-4,促进自我反思与提升。

表 3-10-4　反思与修改

修改内容	修改原因

任务评价

教师组织学生互评、双师评价,将评价结果填入表 3-10-5 ~ 表 3-10-6。

表 3-10-5　歌唱活动效果评价表

评分组别	工具科学(4.0 分)	建议有理(4.0 分)	说明清晰(2.0 分)	总分
一组给分				
二组给分				
三组给分				
四组给分				
评语与建议	评价小组：			

表 3-10-6　双师评价表

评分组别	校内指导教师	幼儿园指导教师
评分等级	★★★★★	★★★★★
评语与建议	指导教师：	指导教师：

项目四 设计实施游戏化集体奏乐活动

问题导入

器乐演奏能有序发展幼儿臂、腕、指等肌肉群的运动能力，开发幼儿节奏能力，提升音乐表现能力，培养创造意识、合作意识和交流能力。幼儿园游戏化集体奏乐活动是教师组织指导下，幼儿用打击乐器的不同音色塑造音乐形象、表现音乐的情绪和风格特点的音乐活动，是幼儿非常喜欢的音乐实践形式。

请大家思考：不同年龄段的幼儿适合怎样的奏乐活动？幼儿教师组织奏乐活动的工作流程以及操作要点是怎样的？应该怎样为活动选择合适的素材，制订合理的目标，设计科学的流程，提供专业的指导？

学习目标

知识目标：

1. 理解并能阐述幼儿奏乐能力发展特点。
2. 理解并能阐述幼儿奏乐素材选择标准。
3. 理解并能阐述奥尔夫乐器造型材料分类。

能力目标：

1. 能协作为游戏化集体奏乐活动选素材、定目标、设流程、编配器、评教学。
2. 能选择运用奥尔夫乐器造型的形式。
3. 能协作组织指导游戏化集体奏乐活动的过程。

素质目标：

1. 具有钻研幼儿园游戏化集体奏乐活动的学习热情。
2. 乐于学习、思考乐器造型游戏化活动的形式与方法。
3. 善于将奥尔夫乐器造型方法本土化，创新奏乐活动。

学习内容

经过对项目流程关键环节以及各环节知识点、技能点的分析提炼，本项目共提炼出八个岗位任务。建议学习形式及课时分配如下：

项目	知识点/技能点	学习形式	课时分配	
			理论	实践
设计实施游戏化集体奏乐活动	任务一　幼儿奏乐能力的分析 ♫各阶段幼儿乐器操作能力发展特点 ♫各阶段幼儿随乐能力发展特点 ♫各阶段幼儿合作能力发展特点 ♫各阶段幼儿创造能力发展特点	线上	0	0
	任务二　奏乐活动素材的选择 ♫奏乐素材选择的标准 ♫选择游戏化集体奏乐活动的素材	混合	0.5	0.5
	任务三　奏乐活动目标的制订 ♫奏乐活动的各级教育目标 ♫制订游戏化集体奏乐活动的目标	混合	0.5	0.5
	任务四　奏乐活动流程的设计 ♫奏乐活动的总体流程 ♫奏乐活动的设计建议 ♫设计游戏化集体奏乐活动的流程	混合	1	1
	任务五　奥尔夫乐器造型运用 ♫奥尔夫乐器造型材料的分类 ♫奥尔夫乐器造型材料的运用	混合	0.5	0.5
	任务六　奏乐活动配器的预设 ♫奏乐活动配器的原则 ♫奏乐活动配器的步骤 ♫变通总谱的设计使用	混合	0.5	0.5
	任务七　奏乐活动过程的实施 ♫韵律活动的实施策略 ♫奏乐活动的实施案例	混合	1	1
	任务八　奏乐活动效果的评价 ♫奏乐活动评价小徽章设计 ♫奏乐活动观察评价表设计	线上	0	0

课前测试

课前预习并完成以下测验题(不定项选择题):

1. 关于歌唱游戏儿歌选择表述正确的是(　　　)。

　A. 符合幼儿音域　　　　B. 歌词贴近生活

　C. 词曲关系单纯　　　　D. 节拍节奏复杂

2. 幼儿歌唱游戏伴奏的方法包括(　　　)。

　A. 不建议用多媒体播放伴奏　　　　B. 教师清唱时只弹前奏、间奏和尾声

　C. 幼儿跟唱阶段只右手单音给出旋律　　　　D. 弹出“预备——唱”的感觉

3. 奥尔夫嗓音造型材料包括(　　　)。

A. 语言嗓音造型　　B. 歌唱嗓音造型

C. 喊叫嗓音造型　　D. 嗓音打击乐

4. 幼儿奏乐能力发展表述正确的是(　　　)。

A. 从大肌肉到小肌肉　　B. 中班可以手眼协调

C. 小班可以配合演奏　　D. 中班可以节奏创设

5. 中班幼儿可以演奏的乐器包括(　　　)。

A. 响板(击奏)　　B. 沙锤　　C. 蛙鸣筒　　D. 双响筒

任务一　幼儿奏乐能力的分析

任务情景

本周,曼曼要在大班组织奏乐活动,奏乐素材为儿歌《踏雪寻梅》。其中,曼曼需要创设小毛驴走路的音色和节奏,为了降低对手眼协调要求的难度,曼曼选择用单响筒来表现。但幼儿园指导教师告诉曼曼,可以试一试双响筒的效果。

曼曼到底应该选择哪一种乐器呢?

知识储备

一、各阶段幼儿乐器操作能力发展特点

小班幼儿:大肌肉能力逐渐发展,可以学习演奏铃鼓、腕铃、串铃、沙球、圆弧板、有柄的碰铃、鼓等简单的打击乐器;演奏方法均为左手持器、右手拍击,能初步学习控制演奏力度和音色。

中班幼儿:演奏能力有了进一步提高,可以学习演奏木鱼、蛙鸣筒、小钹、小锣等打击乐器;开始探索乐器的多种演奏形式,如铃鼓的摇奏法,积累更多演奏方法、演奏音色、力度速度变化的经验。

大班幼儿:大肌肉能力得到很好发展,小肌肉能力进一步提高,可以演奏三角铁、双响筒等乐器。运用小肌肉或手眼协调地演奏,如圆弧板的捏奏法、沙球的震奏法、小钹的擦奏法等,能更为准确地控制演奏方法、演奏音色、力度速度变化。

梳理与总结:幼儿乐器操作能力发展特点决定了奏乐活动中乐器的选择和演奏方法的选择。我们要知道:幼儿乐器操作能力的发展规律是从大肌肉操作到小肌肉操作,再到手眼协调地操作。

二、各阶段幼儿随乐能力发展特点

小班幼儿:起初不能跟音乐合拍演奏,有时会忽略音乐自己玩乐器,3 岁后期可以配合简单的音乐进行打击乐演奏游戏。

中班幼儿:对二拍子、三拍子、四拍子的音乐能基本合乐演奏,懂得随音乐变化调整演奏方式。

大班幼儿:能很好地齐奏,能用更多节奏型合乐演奏,努力使演奏与音乐相一致。

梳理与总结:幼儿随乐能力发展可以用递进法记忆,从"能否集体齐奏"的角度看,小班时不能齐,中班时基本齐,大班时很整齐。

三、各阶段幼儿合作能力发展特点

小班幼儿:在单声部齐奏中,已经理解教师关于开始和结束的信号,但演奏起来后多为独自体验和自我陶醉。

中班幼儿:在齐奏、轮奏及简单的多声部演奏中,能自觉关注教师的指挥,同伴间也产生了相互学习和交流的行为,有了明显的合作意识。

大班幼儿:对于多声部的演奏,合作意识明显增强,享受同伴配合演奏的快乐,能有意识地追求音响和谐,能对指挥的要求做出快速反应。

梳理与总结:

小班理解信号,经常自我陶醉;

中班关注指挥,出现互动行为;

大班追求和谐,共享演奏快乐。

可见,幼儿的合作意识是从中班开始的。

四、各阶段幼儿创造能力发展特点

小班幼儿:能为形象鲜明的音乐选择简单的打击乐器。

中班幼儿:开始根据自己对音乐的理解尝试进行节奏创设,喜欢用新的演奏方式创造新音色。

大班幼儿:喜欢探索乐器的多种演奏形式,愿意尝试做指挥,喜欢讨论音乐的配器方案。

梳理与总结:小班时幼儿能选择简单乐器;中班时累加节奏创设和创新演奏方式的能力;大班时又累加了讨论配器和尝试指挥的能力。

思考练习

一、判断正误

1. 小班幼儿喜欢节奏创设,并具备相关的能力。　　(　　)
2. 小班幼儿演奏起来后,多为独自体验和自我陶醉。　　(　　)
3. 中班幼儿小肌肉能力提高,可以演奏三角铁等乐器。　　(　　)
4. 中班幼儿开始探索乐器的多种演奏形式,如摇奏铃鼓等。　　(　　)
5. 大班幼儿可以运用小肌肉,手眼协调地演奏。　　(　　)

二、小组讨论/线上讨论

关于曼曼奏乐活动中乐器选择的问题:

选择:____

____

说明:____

____

赛证考点

1. 对应幼儿教师资格考试“学前儿童发展”中：

- 幼儿身体发育的规律和特点。
- 幼儿动作发展的基础和规律。
- 幼儿认知能力和社会性发展。

考题形式:笔试、面试。

2. 奥尔夫音乐指导师考点——婴幼儿生理与心理特点。

任务布置

学习完本任务后,请完成以下任务:

任务名称	幼儿奏乐能力的分析
任务说明	了解幼儿奏乐能力的发展特点是开展幼儿园奏乐活动一切教育行为的重要前提,也是活动设计科学性、合理性的基本依据。在幼儿身心发展变化较快的幼儿园阶段,幼儿教师一定要对比掌握各年龄段幼儿乐器操作、随乐、合作、创造的能力特点,掌握本班幼儿的奏乐活动经验,在幼儿现有能力经验基础上指导幼儿能力发展。 因此,本课的任务是绘制图(表),从四个方面梳理各年龄段幼儿奏乐能力发展特点
任务要求	1. 小组集体认真学习幼儿奏乐能力发展特点。 2. 小组成员广泛查阅资料补充欠缺的知识,构建新的认知体系。 3. 对比分析幼儿奏乐能力发展特点,绘制奏乐能力的图(表)。 4. 图(表)须例举适合各年龄段的奏乐动作和活动形式。 5. 图(表)形式不限,完成后上传云平台,各小组交流互评

任务实施

实施步骤1:组建团队

学生4~6人结成学习小组,按照项目间轮换、项目内固定的原则,同一个项目内小组成员固定,小组长轮换,不同项目间成员轮换,让学生学会组织与协作。将成员姓名和分工填入表4-1-1。

表4-1-1　小组任务分工与角色扮演

姓名	承担角色	工作任务	
		平行任务	角色人物(分层任务)
	小组组长		
	小组副组长		
	小组成员		

实施步骤 2:丰富认识

广泛查阅资料,在表 4-1-2 中补充欠缺的知识,完善学习者自身认知体系。

表 4-1-2　补充知识记录单

幼儿奏乐能力	补充知识	补充成员
动作能力		
随乐能力		
合作能力		
创造能力		

实施步骤 3:绘制图表

对比分析幼儿奏乐能力发展特点,绘制奏乐能力的图(表)。图(表)须例举适合各年龄段的奏乐动作和活动形式,填入表 4-1-3。完成后上传云平台,各小组交流互评。

表 4-1-3　对比示意图(表)

任务名称		组别及成员	

实施步骤 4:反思提升

学生展示小组成果,师生通过讨论、评价等方式给出意见和建议,填入表 4-1-4,促进自我反思与提升。

表 4-1-4　反思与修改

修改内容	修改原因

任务评价

教师组织学生互评、双师评价,将评价结果填入表 4-1-5 ~ 表 4-1-6。

表 4-1-5　学生互评表

评分组别	知识准确(4.0分)	分类清晰(4.0分)	设计合理(2.0分)	总分
一组给分				
二组给分				
三组给分				
四组给分				
评语与建议	评价小组：			

表 4-1-6　双师评价表

评分组别	校内指导教师	幼儿园指导教师
评分等级	★★★★★	★★★★★
评语与建议	指导教师：	指导教师：

任务二　奏乐活动素材的选择

任务情景

大象和蚊子

在大班奏乐游戏中，曼曼准备用大鼓和手铃来讲述《大象和蚊子》的故事。选择同名音乐，用非洲鼓的高低音表现大象，用沙锤和手铃表现蚊子。小土豆听了曼曼的设计伸出拇指说“太棒了”！

小土豆为什么说曼曼的设计很棒呢！

知识储备

一、奏乐素材选择的标准

奏乐活动的素材可以是音乐，也可以是故事。小小的打击乐器既可以演奏音乐，还可以讲述故事。

（一）奏乐音乐选择的标准

1. 总体标准

（1）旋律优美，容易在脑海中形成旋律表象。我们可以选择具有鲜明民族特征、地域特征的中外音乐。根据幼儿实际能力对音乐进行节选。

（2）节奏鲜明，节奏与节奏型的难易程度与幼儿奏乐能力和经验相适应。

（3）结构工整，乐段/乐句便于幼儿理解感知。

（4）对比明显，乐曲各乐段特征鲜明，有明显的区分度，不易造成幼儿审美疲劳。

2. 幼儿各阶段音乐选用标准

结合幼儿各阶段奏乐能力的发展特点和幼儿园实践教学经验，我们认为：

1）适合小班的音乐

音乐类型：最好是幼儿较熟悉的歌曲或韵律游戏的音乐。

篇幅：（为）简单的一段体或结构清晰的两段体，曲式结构工整。

演奏速度：（为）中速。

节奏型：较简单，多按整拍或整小节演奏。

2）适合中班的音乐

音乐类型：除熟悉的歌曲、韵律外，还可以选择简单的器乐曲。

篇幅：（为）一段体或两段体，乐段间音乐形象对比鲜明。

演奏速度：以中速为主，可以比中速稍快或稍慢，乐段间可出现速度变化。

节奏型：除按整拍、整小节演奏以外，可以设计 1 ~ 2 种简单重复的节奏型合乐演奏。

3）适合大班的音乐

音乐类型：（可以是）熟悉的歌曲、韵律；旋律优美的器乐曲。

篇幅：（可以是）内容丰富的一段体，有故事、形象鲜明的两段体、三段体，甚至四段体。

演奏速度：以中速为主，可以比中速稍快或稍慢，乐段间可以有速度变化，也可以渐快或渐慢。

节奏型：可以按节奏节拍演奏，也可以安排 1 ~ 3 种简单重复的节奏型演奏。

（二）奏乐故事选择的标准

以故事为奏乐活动的素材时，要求故事情节能为幼儿喜爱，篇幅长度适宜，情景与角色易于用乐器音效表现，故事中角色形象鲜明易于幼儿以简化的戏剧形式表演。

故事性的奏乐活动更像是“故事 + 音效 + 戏剧”的结合体，幼儿的打击乐演奏是把故事讲生动的重要手段。故事选择的其他标准与选择音乐是一致的。

（三）符合综合教育主题

除了音乐选择的标准以外，奏乐活动音乐的题材还需符合当前综合教育主题，支持综合教育主题。

比如：在中班综合主题游戏“中国娃娃过佳节”中，中间的泡泡是“中国娃娃过佳节”；周围的泡泡是帮助幼儿认识传统节日和节日民俗的相关事物，如“春节”“端午节”“中秋节”“元宵节”“七夕节”等。

假设，奏乐游戏选择“中秋节”这一学习角度，幼儿教师就可以预选与中秋有关的音乐，帮助幼儿理解中秋丰收、团圆的文化内涵，选择《爷爷为我打月饼》《花好月圆》《春江花月夜》等音乐作为备选。

爷爷为我打月饼

花好月圆

春江花月夜

（四）把握好奏乐的学习难度

教师在选择奏乐音乐时还要考虑，奏乐学习难度应刚好支持幼儿迈向其最近发展区，提高幼儿奏乐水平与音乐能力。

二、选择游戏化集体奏乐活动的素材

下面，我们通过课例来学习游戏化集体奏乐活动音乐/故事的选择。

课例分享

1. 音乐选择案例

在"中国娃娃过佳节"教育主题下，我们预选择儿歌《花好月圆》作为奏乐作品，其特点是否适合中班奏乐活动呢？

梳理与总结：

《花好月圆》是一首江南丝竹式的传统民乐。乐曲浓郁的中国风恰好配合"中国娃娃过佳节"这一中国传统节日主题。虽然是器乐曲，但优美的旋律容易被中班幼儿接受和喜爱。音乐节奏鲜明，为四四拍，每四小节为一个乐段，结构工整。选取部分为两个乐段，A 乐段柔和、轻盈，由笛子的明亮音色呈示，然后转入高胡和二胡变化重复，描绘了一幅轻歌曼舞的画面；B 乐段主题在扬琴和秦琴上出现，轻快活泼；乐段间音乐形象、乐器音色对比鲜明，生动地表现了人们在月下花丛尽情欢舞的场面。可见，这首乐曲的音乐特征、题材内容以及篇幅长短都适合在发展中班幼儿奏乐能力时使用。

2. 故事选择案例

继续以《花好月圆》为例，乐曲抒情欢快的音乐形象本身就可以衍生出幼儿喜爱的童话故事，创造出音乐与童话相配合的效果。

童话故事可以有多种创编，如：月夜里，蟋蟀弟弟与青蛙哥哥团聚，举办了一场美妙的花园音乐会。音乐会上，星星闪烁（碰铃，两拍一下）、蟋蟀弹琴（串铃，摇奏四拍）、青蛙弹跳（圆弧板，击奏一拍一下）、青蛙唱歌（蛙鸣筒，刮奏两拍一下）。师幼用乐器角色推进故事发展，营造与故事相吻合的情绪，共同抒发月亮之下青蛙与蟋蟀兄弟团聚的欢欣。

"故事＋音效＋戏剧"的结合深化了中秋节亲人团聚、喜悦温暖的教育主题，乐器音效表现的童话故事情景给幼儿新鲜、有趣的奏乐体验。

思考练习

一、判断正误

1. 小班奏乐通常选择简单的一段体音乐。（　　）
2. 以故事为奏乐活动的素材时，不必考虑其教育主题。（　　）
3. 选择素材时，需考虑提高幼儿奏乐水平与音乐能力。（　　）
4. 小班可以选用比中速稍快的音乐，可以有速度变化。（　　）
5. 适合奏乐的音乐特征包括：旋律优美、节奏清晰、结构工整、对比明显。（　　）

二、小组讨论/线上讨论

关于曼曼奏乐音乐选择是否恰当：

意见：____

____

分析：____

____

赛证考点

对应幼儿教师资格考试“幼儿园教育活动的设计”中：

- 幼儿园打击乐演奏活动内容的选择。

考题形式：笔试、面试。

任务布置

学习完本任务后，请完成以下任务：

任务名称	奏乐活动素材的选择
任务说明	好听的音乐和动人的故事可以瞬间吸引幼儿，给幼儿美的享受，唤醒幼儿本能的敲敲打打的演奏欲望。奏乐音乐在音乐特征，如内容、旋律、节奏、曲式结构上适合幼儿表现，奏乐故事情节生动、角色鲜明就会让幼儿乐于探索音响，并进行表达，使幼儿演奏得更有激情。所以，幼儿教师要善于把握标准，为不同年龄段的幼儿选择合适的奏乐素材。 本课的任务是把握奏乐素材标准，为某年龄班、某综合主题活动的奏乐活动选择音乐/故事
任务要求	1. 小组集体认真学习幼儿奏乐活动素材选择标准。 2. 小组成员广泛查阅资料补充欠缺的知识，构建新的认知体系。 3. 自主设定年龄班和综合活动主题，根据标准选择适合的奏乐素材。 4. 分析说明音乐特点/故事特点与奏乐活动的适应性。 5. 完成后上传云平台，各小组交流互评

任务实施

实施步骤1：组建团队

学生4～6人结成学习小组，按照项目间轮换、项目内固定的原则，同一个项目内小组成员固定，小组长轮换，不同项目间成员轮换，让学生学会组织与协作。将成员姓名和分工填入表4-2-1。

表 4-2-1 小组任务分工与角色扮演

姓名	承担角色	工作任务	
		平行任务	角色人物(分层任务)
	小组组长		
	小组副组长		
	小组成员		

实施步骤 2:丰富认识

广泛查阅资料,在表 4-2-2 中补充欠缺的知识,完善学习者自身认知体系。

表 4-2-2 补充知识记录单

素材选择标准	补充知识	补充成员

实施步骤 3:选择素材

小组自主设定年龄班和综合活动主题,根据标准选择适合的奏乐素材。分析说明音乐特点/故事特点与奏乐活动的适应性,填入表 4-2-3。完成后上传云平台,各小组交流互评。

表 4-2-3 任务汇报单

年龄班	A. 小班 B. 中班 C. 大班 D. 其他________
综合主题名称	
音乐/故事名称	
乐谱或二维码/故事梗概	
该音乐作品适合奏乐活动的特征分析	A. 旋律: B. 节奏: C. 结构: D. 对比:
	A. 情节: B. 篇幅: C. 情景: D. 角色: E. 戏剧:

实施步骤4:反思提升

学生展示小组成果,师生通过讨论、评价等方式给出意见和建议,填入表4-2-4,促进自我反思与提升。

表4-2-4　反思与修改

修改内容	修改原因

任务评价

教师组织学生互评、双师评价,将评价结果填入表4-2-5～表4-2-6。

表4-2-5　学生互评表

评分组别	适合幼儿(4.0分)	符合标准(4.0分)	分析准确(2.0分)	总分
一组给分				
二组给分				
三组给分				
四组给分				
评语与建议	评价小组:			

表4-2-6　双师评价表

评分组别	校内指导教师	幼儿园指导教师
评分等级	★★★★★	★★★★★
评语与建议	指导教师:	指导教师:

任务三　奏乐活动目标的制订

任务情景

合拢张开

曼曼在大班奏乐活动“合拢张开”中,制订的三维目标是:

(1)认知目标:愿意和老师、同伴一起奏乐,初步学会看指挥演奏。

(2)操作技能目标:能随乐律动,表现× × ×的节奏型;运用碰铃随乐敲打× × ×的节奏型。

(3)情感态度目标:体会打击乐活动的快乐。

学习本节课的内容,看看曼曼的目标制订得是否合理吧!

知识储备

一、奏乐活动的各级教育目标

(一)奏乐活动总目标

1. 认知目标

知道演奏曲目名称;能正确把握演奏作品主要的音乐特征;正确感知和理解演奏音乐的内容及情感;知道常见打击乐器的名称及其音色;掌握简单的节奏型;知道集体奏乐活动中指挥手势的含义及与指挥者配合的要求。

2. 操作技能目标

掌握基本的打击乐器演奏方法,能主动探索乐器演奏方法和音色变化的关系;能运用乐器基本正确地表现音乐特征以及音乐的内容与情感;能根据指挥手势,运用适度、美好的音色和已掌握的节奏型再现或创造性地表现音乐。

3. 情感态度目标

喜欢演奏;积极体验参与奏乐游戏和用乐器创造音乐、表达情感的快乐;能够体验并努力追求集体奏乐游戏中与他人井然有序地演奏与默契配合的快乐。

(二)各年龄段奏乐活动目标

1. 小班

(1)认识串铃、铃鼓、碰铃(有硬柄的)鼓等用大肌肉演奏的乐器,初步学习辨别其音色。

(2)学习以上乐器的基本演奏法,学会用合适的力量演奏,探索创新演奏方法的乐趣。

(3)能独立随熟悉的音乐有节奏地演奏,能集体合拍齐奏。

(4)初步学会看指挥开始与结束演奏。

(5)能理解和运用简单的演奏方案,能创新部分演奏方案。

(6)喜欢玩打击乐器,喜欢参加集体奏乐活动。

(7)了解打击乐演奏活动常规,包括:取放乐器、爱护乐器,非演奏时不发出声响。

2. 中班

(1)认识小钹、圆弧响板、吊钹、沙球等乐器,会辨别其音色。

(2)学习以上乐器的基本演奏法,学习探索熟悉乐器的不同奏法,学会追求适中的音量和美好的音色。

(3)能独立用固定节奏型随熟悉的音乐演奏,能集体保持节奏型和演奏速度。

(4)初步养成集中注意看指挥并较准确地开始、结束和变化演奏的习惯。

(5)在教师指导下初步尝试集体设计演奏方案。

(6)喜欢随音乐演奏打击乐器,喜欢集体讨论演奏方案。

(7)能自觉遵守打击乐演奏活动常规,熟练地按规则收发乐器和给乐器分类,养成爱护乐器的习惯。

3. 大班

(1)认识木鱼、双响筒、三角铁等需要腕、指等小肌肉动作演奏的乐器,会辨别其音色。

(2)学习以上乐器的基本演奏法,学习探索同一种乐器的不同奏法,学会追求音色和音量的表现力。

(3)能独立用一种以上固定节奏型随熟悉的音乐演奏,在集体演奏中保持自己的声部,在音色、音量和情绪上与集体协调一致。

(4)能按指挥手势比较迅速、正确地作出反应。

(5)理解音色、音量和节奏型在演奏中的配置规律,尝试独立设计演奏方案。

(6)喜欢随音乐演奏打击乐器,喜欢参与展示自己设计的演奏方案。

(7)初步形成维护演奏秩序的意识,初步养成对集体演奏和乐器负责的积极情感。

(8)在教师指导下学习制作简单的打击乐器。

(三)奏乐活动单元目标

奏乐游戏的单元目标通常由幼儿园或任课教师根据幼儿实际能力与单元教育主题制订。

二、制订游戏化集体奏乐活动的目标

根据"新型游戏化集体音乐活动目标制订"的学习,我们知道集体音乐活动目标的制订要遵循以下标准:

基于幼儿能力分析,有效促进幼儿发展。

准确把握音乐特点,合理定位目标难度。

承接上级三层目标,三维目标横向互联。

主体一致表述准确,指导活动可评可测。

按照标准,我们来分析一下课例中的活动目标。

大雨小雨

课例分享

课例一:小班奏乐活动"大雨小雨"

(1)认知目标:在教师动作提示下,分辨"大雨"时音乐的强和"小雨"时音乐的弱,初步感知音乐力度。

评析:目标主语为幼儿,前提条件是"教师动作提示",学习内容是音乐力度的强弱,目标达到的程度是"初步感知"。目标内容清晰具体,与音乐作品的音乐审美特点吻合度较高。

(2)操作技能目标:能配合歌词用铃鼓和碰铃的基本演奏方法学习演奏二分音符和四分音符,控制演奏的强弱,表现大雨和小雨。

评析:目标主语为幼儿,前提条件是"配合歌词",初阶目标是适合小班幼儿的两种常用乐器的基本演奏法,高阶目标是对演奏的力度进行控制并表现"雨"的形象。

目标不仅对操作技能有清晰的要求,同时对音乐力度的表现与认知目标中"对力度的认知"、情感态度目标中"变化演奏力度表现雨声"的要求高度一致,体现了目标的横向关联。

(3)情感态度目标:探索身边的材料表现雨声,大胆创新,体验奏乐活动的快乐。

评析:目标主体为幼儿,目标实现的途径为探索新的发声材料表现富于变化的雨声;目标实现的程度是"逐渐形成";目标内容是"大胆进行艺术表现并体验快乐"。

梳理与总结:课例的三条目标清楚地表明了幼儿在什么前提下,做什么?做到何种程度?教师在活动中怎样支持引导幼儿学习?目标中的行为主体统一为幼儿,体现了幼儿的主体性,目标内容十分具体、可评可测,对活动有具体的指导意义。

课例二:大班奏乐活动"巴拉巴拉小魔仙"

1. 认知目标

在歌词与动作的辅助下,体会第一段连贯的和第二段跳跃的音乐形象,体会第二乐段四个乐句的逐渐下行。

匈牙利舞曲

评析:目标预期在活动中加入故事性的歌词和体现音乐特征的动作,辅助幼儿在歌唱和身体动作中把握两个乐段的音乐形象。对比认知连与跳的音乐形象,以及形象地感知四个乐句的逐渐下行。学习内容具体,具有可操作性。

2. 操作技能目标

能跟随指挥及时变化演奏速度、力度,有意识地表现歌词故事情节和音乐情绪。

评析:目标要求大班幼儿在正确演奏的基础上,能对指挥的提示及时反映,对演奏进行较精细地控制;指出演奏的最终目标是表现故事情节和抒发内心感情,把操作技能的培养提升为对幼儿艺术表现力的培养。目标制订既具体,又立足幼儿的艺术修养与全面发展。

3. 情感态度目标

主动使自己的表演与故事情节同步,使自己演奏的声音与集体声音协调一致,有良好的集体意识。

评析:这条目标期望幼儿获得集体音乐表演中自觉与集体保持一致的集体观念与技能。

思考练习

一、根据乐谱为小班幼儿制订奏乐活动目标

邮递员叔叔好

1. 认知目标:

2. 操作技能目标:

3. 情感态度目标:

二、小组讨论/线上讨论

曼曼奏乐活动目标的问题:

问题：____

____

修改：____

____

赛证考点

1. 对应幼儿教师资格考试“教育活动的组织与实施”中：

• 主题活动方案中核心要素的设计。

考题形式：笔试。

2. 对应幼儿教师资格考试“幼儿园教育活动的设计”中：

• 幼儿园打击乐演奏活动目标的设计。

考题形式：笔试、面试。

任务布置

学习完本任务后，请完成以下任务：

任务名称	奏乐活动目标的制订
任务说明	目标制订是在深入分析幼儿奏乐能力、奏乐音乐的基础上进行的。目标制订时，幼儿教师已经大致设计了在活动中幼儿做什么、怎么做、达到何种程度，教师怎样支持幼儿等问题。目标对奏乐活动的开展有着重要的指导意义。 因此，本课的任务是为前一任务中设定的奏乐活动制订活动目标。预设的年龄班、综合主题，选择的奏乐素材尽量与前一任务保持一致
任务要求	1. 小组集体认真学习幼儿奏乐活动的各级目标与目标表述。 2. 小组成员广泛查阅资料补充欠缺的知识，构建新的认知体系。 3. 为前一任务中设定的奏乐活动制订目标。 4. 对制订的目标进行必要的解释说明。 5. 目标完成后上传云平台，各小组交流互评

任务实施

实施步骤1：组建团队

学生4～6人结成学习小组，按照项目间轮换、项目内固定的原则，同一个项目内小组成员固定，小组长轮换，不同项目间成员轮换，让学生学会组织与协作。将成员姓名和分工填入表4-3-1。

表4-3-1　小组任务分工与角色扮演

姓名	承担角色	工作任务	
		平行任务	角色人物(分层任务)
	小组组长		
	小组副组长		
	小组成员		

实施步骤2:丰富认识

广泛查阅资料,在表4-3-2中补充欠缺的知识,完善学习者自身认知体系。

表4-3-2 补充知识记录单

奏乐目标制订	补充知识	补充成员

实施步骤3:制订目标

为前一任务中设定的奏乐活动制订目标,并进行必要的解释说明,填入表4-3-3。完成后上传云平台,各小组交流互评。

表4-3-3 任务汇报单

<table>
<tr><td>年龄班</td><td>A. 小班　　B. 中班　　C. 大班　　D. 其他____________</td></tr>
<tr><td>综合主题名称</td><td></td></tr>
<tr><td>音乐/故事名称</td><td></td></tr>
<tr><td>奏乐活动目标</td><td>认知目标:
操作技能目标:
情感态度目标:</td></tr>
<tr><td colspan="2">解释说明:如怎样迈向幼儿最近发展区;选择奏乐音乐中蕴含的哪些知识点和技能点;怎样支持综合主题活动等。</td></tr>
</table>

实施步骤4:反思提升

学生展示小组成果,师生通过讨论、评价等方式给出意见和建议,填入表4-3-4,促进自我反思与提升。

表4-3-4 反思与修改

修改内容	修改原因

任务评价

教师组织学生自评、互评、双师评价,将评价结果填入表4-3-5～表4-3-6。

表 4-3-5　学生互评表

评分组别	目标合理(4.0 分)	撰写规范(4.0 分)	说明清晰(2.0 分)	总分
一组给分				
二组给分				
三组给分				
四组给分				
评语与建议	评价小组：			

表 4-3-6　双师评价表

评分组别	校内指导教师	幼儿园指导教师
评分等级	★★★★★	★★★★★
评语与建议	指导教师：	指导教师：

任务四　奏乐活动流程的设计

任务情景

曼曼在奏乐活动中精心设计了一套“随乐动作”，帮助幼儿感知音乐的节奏、旋律和结构。幼儿动作掌握得非常好，谁知到了奏乐部分，幼儿却手忙脚乱，奏得很不和谐。明明活动前半部分很顺利，为什么到奏乐阶段就出问题了呢？

我们从本课的学习内容中找找答案吧！

知识储备

一、奏乐活动的总体流程

韵律活动的流程设计要在新型游戏化集体音乐活动流程的基础上，遵循韵律活动开展的规律，融入韵律活动的特有要求，其总体流程包括“故事—动作—奏乐—挑战”。

（一）导入部分——故事

奏乐活动故事部分的特点仍然是短小精炼，起集中幼儿注意力、激发幼儿活动兴趣和创设活动情境的作用。与其他活动不同的是，奏乐活动的故事部分可以借助打击乐器的音色来模拟故事中的角色或营造故事的氛围。从而增加活动的艺术性，辅助幼儿理解故事，唤起幼儿好奇心，突出集体奏乐活动的特点。“声”情并茂地在幼儿感兴趣的故事情节中开展打击乐演奏活动。

结合新型游戏化集体音乐活动的设计思路，随着故事情境的成功创设，活动中最初的音乐元素（动作/节奏）出现，这一元素可以由教师预先准备好，也可以由幼儿提出。幼儿边听音乐或故事边进行动作/节奏模仿。

国王与王后

梳理与总结:导入部分可以概括为“故事情景 + 动作/节奏”。奏乐活动导入的特殊之处是可以根据故事和音乐演奏需要,先导性地呈现打击乐器来扮演角色或营造氛围。

(1)“故事”作为演奏素材时(故事配乐),比如:大班奏乐活动“国王与王后”:①

小朋友们,老师的乐器会讲故事,你们信不信?现在就讲给你们听——

从前,有个国王,他很胖很胖,胖得一走路地都会震颤。(老师用大鼓模仿走路的节奏,缓慢敲击)

他有个心爱的王后,却很瘦很瘦,走起路来好像一阵清风。(老师用碰铃快速灵巧地演奏,表现清风)

一天,国王和王后正在跳着圆圈舞(大鼓和碰铃组合演奏三拍子圆舞曲的节奏型——大鼓 + 碰铃 + 碰铃),可忽然来了一阵狂风(木琴刮奏四遍)把王后吹走了。国王好伤心(大鼓缓慢地敲击长音)他决定一定要找回王后。

小朋友们,王后哪里去了呢?我们要不要帮助国王找回王后呢?

(评析:在导入阶段教师借助不同乐器的音色塑造了“国王”和“王后”的角色,并给出了活动的主要节奏型——三拍子圆舞曲的节奏型。故事讲到这里恰好吸引幼儿探究后面的故事情节,很好地唤起了幼儿的好奇心和活动热情。)

(2)“音乐”作为演奏素材时(音乐演奏),比如:中班奏乐活动“花好月圆”:②

花好月圆(故事)

小朋友们听,夏日的夜晚池塘边的小动物们正在开音乐会呢!

月光照在水面上发出点点银光。(钢片琴演奏 1235 四个音四遍)

小青蛙跳上荷叶,率先打破宁静唱起歌来。(蛙鸣筒刮奏两次)

萤火虫打着小灯笼赶来伴舞。(碰铃演奏两下)

音乐会开始了——(播放花好月圆的音乐)

(评析:导入阶段教师用优美的语言和灵动的音色描绘了由池塘、月色、青蛙和萤火虫组成的音乐会场景,给了幼儿的审美体验一个良好的开端。其中,蛙鸣筒和碰铃的节奏型对幼儿后续集体创编配器方案有一定的启发作用。“音乐会开始了”一句在情境中把活动自然引向欣赏环节,吸引幼儿注意倾听。)

(二)基本部分 1——动作

“动作”是奏乐活动中,幼儿感知音乐的过程。幼儿通过由音乐/故事翻译而来的动作,理解音乐/故事的内容、结构,掌握演奏的节奏、速度、情绪。在动作练习中配合多感官(倾听、歌唱、游戏等)欣赏音乐、表现故事,为后面的打击乐演奏做准备。

结合新型游戏化集体音乐活动的设计思路,伴随故事情境的发展,幼儿的动作逐渐丰富,同时累加新的艺术形式(如有节奏的语言、歌唱等)。新的艺术形式要充分尊重幼儿意愿进行设计和选

---

① 阎妍. 学前儿童音乐教育[M]. 北京:清华大学出版社,2016.

② 谈亦文. 幼儿园音乐教育[M]. 北京:人民教育出版社,2013.

择，幼儿通过探索掌握这些新元素，理解新元素与音乐的关系，从而表现音乐。

梳理与总结：基本部分 1 可以概括为“随乐动作 + 艺术形式”。

为什么还是率先用动作感知音乐，而不是乐器呢？

因为幼儿对音乐的认知具有“动作思维”的特点，所以，动作是支持幼儿感知音乐最有效的手段。同时，教师可以用“随乐动作 + 语音提示”的方式带幼儿在安静的环境下进行“无声”练习，避免过早持乐器演奏混乱的音响影响幼儿学习。为打击乐演奏的徒手练习打下基础。

（三）基本部分 2——奏乐

奏乐阶段，教师首先要支持幼儿认知打击乐器，与幼儿讨论、确定配器方案，完善变通总谱；之后，要按照最新的配器方案进行徒手合乐练习，解决演奏的重、难点。最后，才是拿出乐器，集体演奏。

值得注意的是，动作过程中的“随乐动作”和奏乐过程中的“徒手练习”“器乐演奏”的动作须尽量一致。这样，前面的“随乐动作”和“徒手练习”就可以直接支持幼儿持乐器演奏。真实演奏时，幼儿只需要探索乐器的演奏方法，以及适应乐器的过程。

结合新型游戏化集体音乐活动的设计思路，此时伴随故事情境的变化，活动中之前的“动作元素”与“艺术形式”共同形成“创造模型”。幼儿在奏乐练习的过程中反复感知、内化这一模型。

梳理与总结：基本部分 2 可以概括为“乐器演奏 + 模型内化”。

在演奏阶段，我们还可以采用以下教学方式边玩边练：

1. 分声部练习

这种练习方式适合声部前后交错、音响结构较单纯的作品。

具体做法是：幼儿在演奏前基本掌握变通总谱（配器整体布局）和节奏型。根据乐器分类，幼儿分组围坐成类“马蹄形”，在教师的指挥下各声部依次演奏。先徒手熟悉动作、速度、节奏与各声部的衔接，再持乐器，相互倾听，相互配合，在心中逐步建立整体音响效果。

如：中班奏乐活动“花好月圆”（A 段）中，碰铃一拍 + 碰铃一拍 + 铃鼓摇奏两拍的演奏，恰好组合出断连配合、轻盈抒情的四拍子的音响效果。在教师清晰明确的指挥下，幼儿可以随乐正确演奏自己的声部。

花好月圆（乐器）

2. 累加式练习

这种练习方式适合多声部同步立体、音响结构较复杂的作品。

具体做法是：师幼先共同创设一个能体现作品横向结构的独唱性声部。在幼儿充分掌握独唱性声部的基础上，逐渐把具有伴奏性质的声部逐一累加上去，形成多声部的演奏。

如：大班奏乐活动“瑶族舞曲”（A 段）中，教师可以先教幼儿学习随乐跳摇铃舞。大多数幼儿基本掌握铃鼓的奏法后，教师逐渐引导幼儿加入打鼓、碰铃和圆弧板为铃鼓舞伴奏。

瑶族舞曲

（四）创新部分——挑战

幼儿能够基本合乐演奏后，就可以进行更高级的挑战，挑战分两种类型。

一种是奏乐能力的挑战，包括：师幼集体讨论、创新配器方案的个别部分，并聆听新的音响；幼儿积极探索创新个别乐器的演奏方法，并用新方法演奏；请个别幼儿当指挥，指挥集体演奏；幼儿交换乐器，尝试用其他组的乐器完成演奏；加入个别新乐器，为演奏增加新音色。

另一种是综合能力的挑战，包括：在演奏中融入游戏或提升游戏难度；在演奏中创设空间移动和队形变化；在演奏中融入有节奏的语言或歌唱；在演奏中融入戏剧表现故事情节等。每一种挑战都需要师幼共同倾听、比较声音的变化，享受创新表演、创新游戏的快乐。

结合新型游戏化集体音乐活动的设计思路，伴随故事情境的结尾，幼儿已经掌握了音乐的要素，具备了演奏能力，可以根据“创造模型”转换音乐表现媒介，开始即兴“玩”音乐。活动中多种艺术形式立体式组合的音乐表现形式形成，师幼合作快乐地展示韵律活动成果。

梳理与总结：创新部分可以概括为“媒介转换＋快乐展示”。

这样我们就有了适合游戏化集体奏乐活动的总体流程，如图 4-4-1 所示。

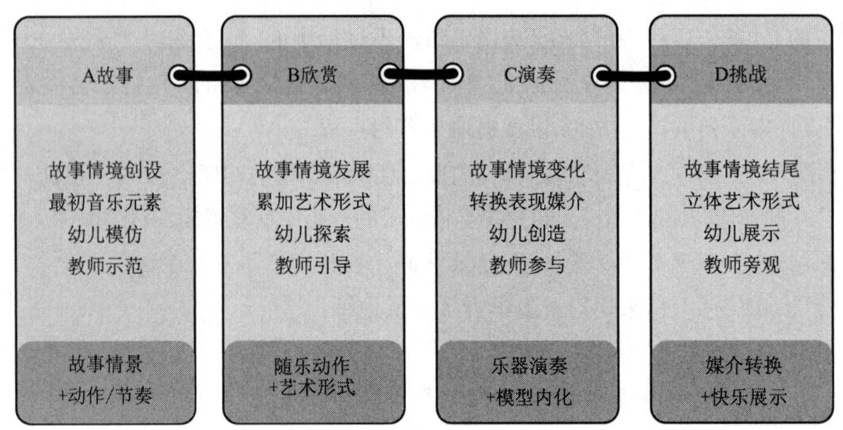

图 4-4-1　游戏化集体奏乐活动的总体流程图

二、奏乐活动的设计建议

（一）空间运用

为了支持幼儿集中注意力演奏，奏乐活动的前面三个阶段，一般都坐在座位上，进行随乐动作、徒手练习和乐器演奏，不设计幼儿的空间移动。

由于幼儿演奏时座位的空间安排直接影响学习效果和演奏音效。因此，教师应格外注意：

（1）保证每位幼儿能轻松看见指挥。

（2）乐器合理分类，演奏同种乐器或同音色乐器的幼儿作为一组，集中坐在一起。

（3）个别乐器不能分类的，视其演奏的内容而定：演奏支持某一声部时，可以安排在这一声部的旁边；演奏较为独立不支持其他声部时，需安排在较为独立的位置。

（4）常用的演奏队形有“大圆弧型”“单马蹄形”“双马蹄形”“品字形”“满天星形”等，如图 4-4-2 所示。

演奏阶段，教师开始根据教学需要做适当的空间移动。在着重指挥某个声部时“进”，在指挥全体时“退”；特殊关注，给予帮助时“进”，培养信心，放手表现时“退”。教师的空间移动对幼儿的奏乐学习起到关键的“提示”作用，是指挥的一部分。

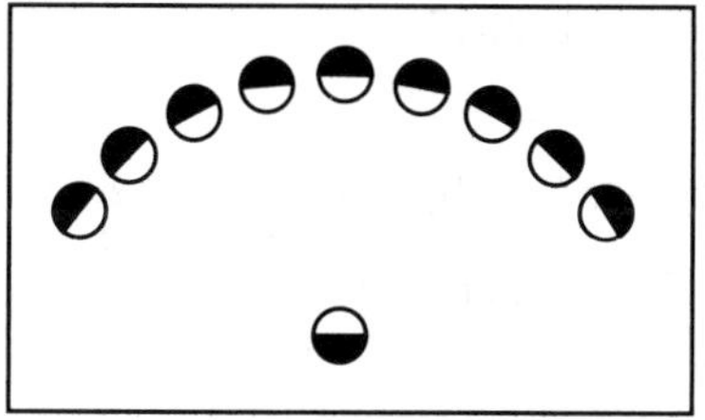
大圆弧型演奏队形

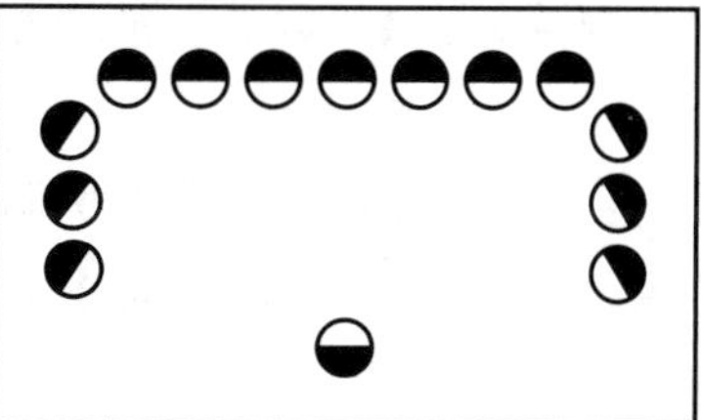
单马蹄型演奏队形

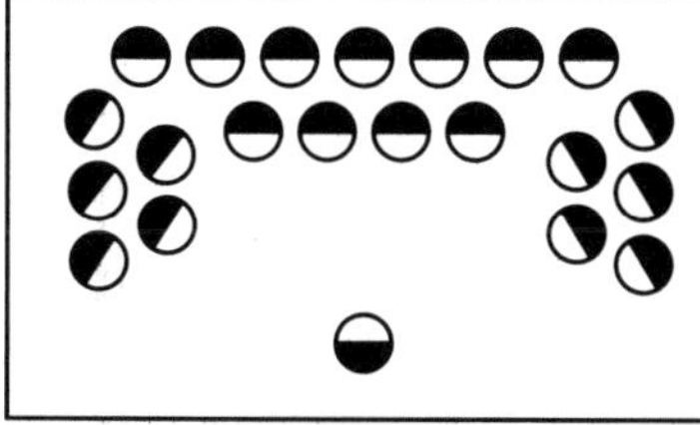
双马蹄型演奏队形

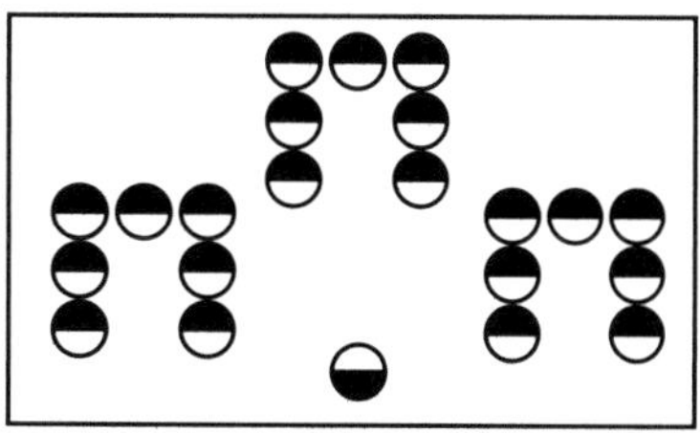
品字型演奏队形

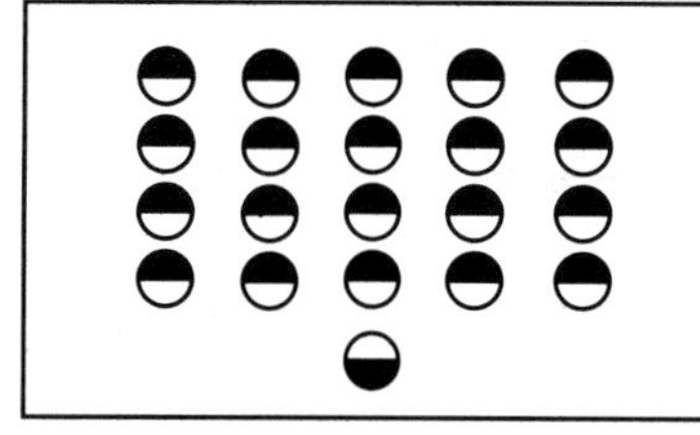
满天星型演奏队形

图 4-4-2 演奏队形

挑战阶段,幼儿基本达到熟练演奏的程度时,教师可以设计变化表演队形、游戏队形,也可能是幼儿在移动的队形中演奏。

(二)时间控制

幼儿学习心理学表明,活动时间的前 1/5,幼儿处于待唤醒状态,教师需要通过有效的故事和动作进行活动导入,帮助幼儿振奋精神。

在第二个和第三个 1/5,幼儿注意力集中程度达到高峰,教师需要抓住这一关键时段,解决活动的重难点问题。

第五个 1/5,幼儿注意力集中程度逐渐下降,师幼可以进入享受和放松环节,充分在音乐中表现和创造,以保证幼儿在轻松愉快的氛围下结束活动。

以上时间控制的原理是用于幼儿园各种集体音乐活动的设计。

(三)总体控制

1. 指挥

合奏练习中,“指挥”和“看指挥”的学习对幼儿尤为重要。教师指挥时需用好“语音总谱”“动作总谱”“图形总谱”等变通总谱,清晰明确地提示出“准备”“开始”“结束”“各声部进入”,以及预示各声部的节奏型和演奏动作。指挥时身体倾向于演奏的幼儿,眼神注意交流,指挥始终与音乐协调一致。而幼儿则需要学会时刻看指挥，并根据指挥进行演奏。

2. 演奏

对于年龄小、奏乐经验少的幼儿，模仿教师演奏是比较常用的学习方法。年龄稍大、具备一定经验的幼儿可以通过教师的语音、动作、指图等指挥提示进行练习。但机械的重复练习会使幼儿失去兴趣，教师要把目前演奏的问题在哪里？应该怎样做？变成情境化的教学语言，引导幼儿每一遍练习都富有成效。比如：在中班奏乐活动“虫儿飞”中，当幼儿演奏拖沓时，教师就可以这样提示幼儿：“萤火虫是不是困了呀？抖抖翅膀，打起精神，和老师这样飞……（作碰铃示范）一起飞起来……（带领幼儿做动作，适当加快速度）

虫儿飞

3. 创造

创造里的培养从小班奏乐活动开始就可以融入，随着幼儿年龄段的发展，创造的难度有所不同。如：纸杯的演奏。在小班可以引导幼儿探索敲击杯子哪里发出的声音最响？在中班可以引导幼儿探索怎样演奏可以表现老虎磨牙的声音？在大班可以引导幼儿探索用什么节奏敲击杯子表现“快乐的派对”，怎样把杯子传给旁边的小朋友等。

三、设计游戏化集体奏乐活动的流程

下面，我们通过课例来学习游戏化集体奏乐活动流程的设计。

课例分享

愉快的下午茶
（剪切版）

大班奏乐活动“愉快的下午茶”①

1. 奏乐音乐

① 陈静奋，周洁. 学前儿童音乐教育活动设计与指导［M］. 上海：上海交通大学出版社，2022.

2. 案例流程设计

环节	内容
挑战4	增加“给果汁加配料”的游戏情节。 尝试不同材料摇奏产生的音效，提升演奏体验。
挑战3	起立进行散点游戏。 尝试空间位移，反思解决位移中的困难。
挑战2	增加“找朋友”的情境。 幼儿观察、反馈空间移动规则，及相同颜色水杯的结对原则。
挑战1	完整地合乐演奏。 进一步巩固从身体动作到乐器动作的演奏模型。
演奏	探索水杯的不同演奏方法。 通过身体动作的正迁移，尝试演奏并创造新的音色。
欣赏	在座位上做两遍上肢动作。 语音和动作总谱同步提示幼儿，熟悉动作模型。
欣赏	故事融于语音总谱，引导幼儿体验“喝茶”的音效。 理解故事，进行动作表征匹配。
故事	精练的故事导入。 营造“今天心情好，喝杯果汁”的愉快氛围。

锻炼观察、创编和快速反应能力

梳理与总结：从课例中，我们看到游戏化集体奏乐活动流程设计的细节有：简洁的导入创设了轻松惬意的“下午茶”情境，音乐和动作在幼儿注意力集中的时间段及时出现。动作设计具有情景化的特点，既是用动作讲故事，又在用动作演音乐，随乐动作、徒手练习和演奏乐器的动作高度匹配，教师的语言提示有力地支持幼儿做动作。

奏乐过程中设计了探索杯子多种演奏方法和“给果汁加点料”倾听多种音色的环节，创造性地融入了“匹配相同颜色的水杯进行结对”的空间移动环节，把探索性活动、创造性活动和多学科认知（对颜色的认知、不同物体放入杯子的声音）、合作能力培养，有机地融入了《愉快的下午茶》这一游戏化的奏乐活动中，不断推出新情节推动活动层层累加、不断深入，愉快美好的情绪贯穿始终。用“把果汁分享给其他小朋友”作为结束，培养幼儿的分享意识。

思考练习

一、判断正误

1. 奏乐活动通常从幼儿自由探索乐器的演奏方法开始。（　　）
2. 小班奏乐中经常设计变换队形演奏。（　　）
3. 奏乐活动通常省略徒手练习，让幼儿直接持乐器演奏。（　　）
4. 欣赏环节，教师设计了与乐器演奏完全不同的动作。（　　）
5. 幼儿演奏不熟练时无法看指挥，熟练后要求看指挥演奏。（　　）

二、小组讨论/线上讨论

关于曼曼奏乐活动中的教学障碍：

原因：____

____

解决：____

____

赛证考点

1. 对应幼儿教师资格考试“教育活动的组织与实施”中:

- 幼儿园奏乐活动的设计。

考题形式:笔试、面试。

2. 对应学前教育专业技能大赛“幼儿园教育活动设计”中:

- 教案/说课技能

3. 奥尔夫音乐指导师考点——课堂流程设计技巧。

任务布置

学习完本任务后,请完成以下任务:

任务名称	奏乐活动流程的设计
任务说明	奏乐活动流程设计是活动目标指导下,幼儿教师和幼儿互动游戏的具体方案。合理的流程设计使活动目标落到实处,活动指导有据可循。 因此,本课的任务是在前面任务的基础上,设计幼儿奏乐活动的流程
任务要求	1. 小组集体认真学习奏乐活动总体流程和设计原则。 2. 小组成员广泛查阅资料补充欠缺的知识,构建新的认知体系。 3. 在前面任务的基础上,设计游戏化集体奏乐活动流程。 4. 对设计的流程进行必要的解释说明。 5. 完成后上传云平台,各小组交流互评

任务实施

实施步骤 1:组建团队

学生 4 ~6 人结成学习小组,按照项目间轮换、项目内固定的原则,同一个项目内小组成员固定,小组长轮换,不同项目间成员轮换,让学生学会组织与协作。将成员姓名和分工填入表 4-4-1。

表 4-4-1　小组任务分工与角色扮演

姓名	承担角色	工作任务	
		平行任务	角色人物(分层任务)
	小组组长		
	小组副组长		
	小组成员		

实施步骤 2:丰富认识

广泛查阅资料,在表 4-4-2 中补充欠缺的知识,完善学习者自身认知体系。

表 4-4-2　补充知识记录单

活动流程设计	补充知识	补充成员

实施步骤 3：设计流程

在前面任务的基础上设计奏乐活动流程，并对设计的流程进行必要解释，填入表 4-4-3。完成后上传云平台，各小组交流互评。

表 4-4-3　任务汇报单

年龄班	A. 小班　B. 中班　C. 大班　D. 其他________
综合主题名称	
音乐名称	
奏乐活动目标	认知目标： 操作技能目标： 情感态度目标：
奏乐活动流程	
思路说明	

实施步骤 4：反思提升

学生展示小组成果，师生通过讨论、评价等方式给出意见和建议，填入表 4-4-4，促进自我反思提升。

表 4-4-4　反思与修改

修改内容	修改原因

任务评价

教师组织学生互评、双师评价，将评价结果填入表 4-4-5 ~ 表 4-4-6。

表 4-4-5　学生互评表

评分组别	目标落实(4.0 分)	流程科学(4.0 分)	说明清晰(2.0 分)	总分
一组给分				
二组给分				
三组给分				
四组给分				
评语与建议	评价小组：			

表 4-4-6　双师评价表

评分组别	校内指导教师	幼儿园指导教师
评分等级	★★★★★	★★★★★
评语与建议	指导教师：	指导教师：

任务五　奥尔夫乐器造型运用

任务情景

曼曼在奏乐活动中准备带幼儿探索生活中的声音。于是，曼曼请幼儿从家带些能发出声音的物品。有的幼儿拿了小铁盆；有的拿了矿泉水瓶；有的拿了玻璃杯；有的拿了塑料小桶，可以想象，“乐器”种类很多。只是，怎么把这些不一样的材料组织起来演奏呢？

这一类探索式的活动应该怎样开展呢？收集课例帮曼曼解决难题吧！

知识储备

一、奥尔夫乐器造型材料的分类

任何一种能够跳过机械枯燥的技巧练习，而进行快乐的演奏的乐器都可以成为奥尔夫乐器。奥尔夫乐器家族较最初已经庞大了许多。它不断吸纳世界各国的能够体现奥尔夫音乐教育的原本性、综合性和创造性的本土乐器和创新乐器、自制乐器。

奥尔夫乐器造型材料就是我们常说的奥尔夫乐器，包括以下几种：

（一）有固定音高的音条乐器

音条乐器是有固定音高的。敲击音条的中间部分就会发出悠扬的乐音。音条乐器根据材质的不同可以分为木琴（木制合成材料）、钢片琴（金属钢片合成材料）和钟琴（金属铝板合成材料）。每一种音条乐器都由音条、木制腔体和琴锤组成。其中木琴和钢片琴有完备的高音、中音、低音乐器，钟琴只有高音和中音，没有低音乐器。所以，一套完整的音条乐器由八种琴组成。

1. 音条乐器的特点

(1)可拆卸。音条乐器的每一个音条都可以自由拆卸和安装,拆除多余音条,只留下演奏用的音条,就可以大大降低幼儿演奏的难度。

(2)可移调。每种音条琴除了13个基本音级外,还包括三个变化音级,因此音条乐器可以移调演奏C大调、a小调、F大调、d小调、G大调、e小调。

(3)音色美。由于材质特点,木琴音色清脆明亮;钢片琴音色空灵、绵延回响;钟琴音域很高,辨识度强,在合奏中特点突出,适合演奏旋律或加花添彩的部分。三种乐器的重低音适合演奏伴奏音型,高音多用于演奏旋律。

(4)易上手。音条乐器的演奏本身就是敲敲打打,只要敲打音条中部,就会发出悦耳的音响,这对幼儿来说是极大的鼓舞,即便没有音乐基础,幼儿也能快速加入合奏。

2. 音条乐器的伴奏方法

(1)波尔动。波尔动是音条乐器常用的伴奏音型,一般由一个低音和它的五度音或八度音同时发声,固定不变;有时为固定的两个五度音或八度音交替发声,有钟摆似的韵律感。

波尔动与固定音型

(2)固定音型。固定音型即简短重复的音型,在音条琴的演奏中常常配合最简单的和弦演奏。

(二)无固定音高的打击乐器

(1)木制类。单响筒、双响筒、三响筒、多音响筒、木鱼、响板、方木等,声音特点是清脆、颗粒性强。

(2)皮革类。手鼓、康佳鼓、小军鼓、大鼓、邦戈鼓、金杯鼓等,声音特点是低沉、厚重,常用作低音来稳定节拍。

(3)金属类。碰钟、锣、小镲、三角铁等,声音特点是清脆明亮、音量较大、有余音。

(4)散响类。沙锤、沙蛋、棒铃、腕铃、铃鼓等,声音特点是细碎、发散,适合表现长音。

奥尔夫乐器(木制类)

奥尔夫乐器(皮革类)

奥尔夫乐器(金属类)

奥尔夫乐器(散响类)

(三)自制乐器

奥尔夫音乐教学中,常常启发幼儿自制乐器和发现身边的乐器。如用空矿泉水瓶揉捏发出特有的音色,装上豆或沙砾模仿散响乐器;敲打易拉罐,发出近似于踩镲的声音;敲打桌椅模拟木制乐器;敲打不锈钢的锅、盆作为金属乐器;在碗里放不同量的水,敲出不同音高;用一张纸的撕、揉、弹发出不同声音,等等。自制乐器和探索身边物体的声音拉近了音乐和生活的距离,使幼儿随时随处都能“玩”音乐、创造音乐。

(四)其他乐器

奥尔夫音乐教学经常以开放、包容的态度吸纳世界各地的乐器。如常见的笛类乐器(竖笛、陶笛等)、弦乐乐器(尤克里里、吉他、小提琴、大提琴等)。这些乐器的引入遵循便于携带、易于深入幼儿活动的原则,由教师操作,为幼儿创设更为丰富的音响世界。

二、奥尔夫乐器造型材料的运用

（一）打击乐器探索

王老先生有块地

打击乐器探索是幼儿认识乐器、掌握和创新乐器演奏方法的重要形式，师幼可以运用摸、看、听、奏的方式了解乐器的材质、结构、形状、音色，可以观察教师和其他幼儿的演奏方法，也可以自己创造性地演奏，探索与众不同的演奏。幼儿探索乐器的过程是自由发现的、是交流互动的、是创新表达的。如：

中班奏乐活动"王老先生"

运用思路：

我们先从旋律中提取 ×× × ×× ×|×× ×× ×× ××|的节奏型，表现农场小动物的叫声。

之后，请幼儿探索三角铁、单响筒、蛙鸣筒三种乐器中，哪一种乐器的声音适合表现小鸡，哪一种适合表现小鸭、小狗。探索过程中，乐器要一个一个地呈现，同时鼓励幼儿摸、看、听、奏，并说一说乐器的材质、形状，可以怎样演奏，更像哪一种小动物。三种乐器全部呈现之后，师幼用小动物叫的节奏型，以角色填充的方式进行演奏。

（二）节奏朗诵伴奏

我们的语言充满了节奏和韵律，把这些节奏和韵律加以提炼，就可以得到节奏型和固定音型。用奥尔夫乐器表现语言的节拍，演奏适当的节奏型和固定音型就可以为儿歌、民谣、诗歌伴奏，增加节奏朗诵的乐趣。我们还可以根据幼儿的接受能力融入新的乐器和节奏型，为幼儿制造听觉上的新鲜感及创造多声部的音乐。比如：

鱼咬尾

小班奏乐活动“鱼咬尾”

小铜 板，没有 眼，外婆 造的 小蛋 卷。
小蛋 卷，真是 香，外公 造的 机关 枪。
机关 枪，打得 远，妈妈 造的 千里 眼。
千里 眼，真是 圆，爸爸 造的 大龙 船。
划　呀，划　呀，
快把 我家宝　宝，带　回　家！

运用思路：

（1）儿歌前四句为 A 段，用四分音符组成的简单节奏 × × | × × |，帮助幼儿建立稳定的节拍感。

（2）可以为幼儿预选声音清脆、利落的木制乐器，如节奏棒、单响桶、响木等，但最终的选择权在幼儿。

（3）儿歌后两句为 B 段，用散响类乐器演奏全音符 ×— — — |配合幼儿自创动作表现用力划船，乐器最终的选择权交给幼儿。

（4）最后三个字一字一音，可以与幼儿尝试乐器齐奏。

（三）用乐器讲故事

用奥尔夫乐器的音响来塑造故事中的角色、表现故事情境、模拟故事中的音效，是幼儿非常喜欢玩的演奏形式。熟悉喜爱的故事、生动有趣的音效，很自然地唤起幼儿的游戏兴趣，使幼儿投入其中，开始即兴的音乐创作和故事表演。比如：

寻找食物的大老虎

中班奏乐活动“寻找食物的大老虎”

夜里，一只大老虎从洞里跑出来找吃的。	大鼓沉重、缓慢地敲
窸窸窣窣，窸窸窣窣，树丛里有团黑影。	沙锤没有规律地摇晃
大老虎很高兴，大吼一声：“我要吃了你！”	齿木模拟老虎磨牙
“你吃吧，大老虎！”那黑影发出声音。	沙锤再次摇奏
大老虎扑过去，“啊呜”一大口。	大锣敲响
“哎哟，哎哟！”大老虎痛得叫起来。	铃鼓摇奏
“哈，谁让你嘴馋，我是刺猬。”	沙锤击奏
“哎哟，哎哟，我找错人了。”大老虎歪着嘴走了。	铃鼓摇奏
窸窸窣窣，窸窸窣窣，树丛里有团黑影。	沙锤没有规律地摇晃
大老虎怀疑地问：“你不是刺猬吧？”	齿木模拟老虎磨牙
“我不是，大老虎！”那黑影发出声音。	沙锤再次摇奏
大老虎扑过去，“啊呜”一大口。	大锣敲响
“哎哟，哎哟！”大老虎痛得叫起来。	铃鼓摇奏
“哈，谁让你嘴馋，我是针鼹。”	沙锤击奏
“哎哟，哎哟，我找错人了。”大老虎歪着嘴走了。	铃鼓摇奏
窸窸窣窣，窸窸窣窣，树丛里有团黑影。	沙锤没有规律地摇晃

续上表

大老虎怀疑地问:“你不是刺猬或针鼹吧?”	齿木模拟老虎磨牙
“我不是,大老虎!”那黑影发出声音。	沙锤再次摇奏
大老虎扑过去,“啊呜”一大口。	大锣敲响
“哎哟,哎哟!”大老虎痛得叫起来。	铃鼓摇奏
“哈,谁让你嘴馋,我是豪猪。”	沙锤击奏
“哎哟,哎哟,我找错人了。”大老虎歪着嘴回家了。	铃鼓摇奏

运用思路:

教师应先讲故事,帮助幼儿建立对故事的整体印象。之后要与幼儿在充分讨论的基础上,根据故事情境和角色特征选择乐器并设计演奏的节奏型。用乐器“讲故事”时,教师应用动作和眼神对下一组的演奏有所预示,让幼儿在有准备的情况下从容、大胆地玩耍。

(四)编创乐器合奏

乐器合奏也是幼儿奏乐活动中乐器造型的常见形式,可以是即兴合奏,也可以是依据变通总谱进行的合奏。

即兴合奏可以先从模仿开始,用乐器做问答式的练习。

乐器合奏可以用语音总谱,也可以用动作总谱。为了降低难度,幼儿教师通常会以故事性的语音总谱配合动作总谱支持幼儿演奏。比如:

小班奏乐活动“小青蛙找妈妈”①

小青蛙找妈妈（动作）

小青蛙找妈妈（奏乐）

音乐为ABA三个乐段。故事情景是:池塘里,一只小青蛙发现妈妈不见了,于是开始跳来跳去找妈妈。

---

① 周骏,朱欲晓.奥尔夫音乐教育[M].南京:南京大学出版社,2020.

A 段,教师与幼儿双手伸展做青蛙状,按照节拍上下左右各四下,反复两遍。

B 段,教师与幼儿按照节拍,用双手落在自己的腿上做青蛙跳跃的动作。

C 段,双手放在自己的眼前,按照节拍做青蛙眨眼睛的动作。

根据乐器的不同,划分出沙锤组、铃鼓组和响板组:

A 段,幼儿在动作基础上正迁移沙锤。

B 段,幼儿在动作基础上正迁移铃鼓。

C 段,幼儿在动作基础上正迁移响板。

幼儿顺利合奏后,将 B 段双手在腿上的跳跃 ,变成真实跳跃,根据节拍跳到前面小朋友的位置,拿起放在面前的新乐器,交换乐器进行演奏。

故事结尾:今天我们和小青蛙玩得高不高兴呀?他要把我们的乐器朋友介绍给他的妈妈呢,你来帮助小青蛙介绍吧。

思考练习

一、判断正误

1. 奥尔夫乐器指的是无音高的小打击乐器。　(　　)

2. 木琴和钟琴有完备的高音、中音、低音乐器。　(　　)

3. 幼儿自制乐器和身边的乐器体现了奥尔夫音乐的原本性。　(　　)

4. 从旋律中提取的节奏型,不可以做简化处理。　(　　)

5. 用乐器“讲故事”前,幼儿应已有对故事的整体印象。　(　　)

二、小组讨论/线上讨论

关于曼曼乐器组合配器的教学问题:

分组________________________________

____

配器:________________________________

____

赛证考点

1. 对应幼儿教师资格考试“教育活动的组织与实施”中:

• 幼儿园奏乐活动的设计。

考题形式:笔试、面试。

2. 对应幼儿教师资格考试“幼儿园教育活动的设计”中:

• 幼儿园打击乐演奏活动内容的选择。

考题形式:笔试、面试。

3. 奥尔夫音乐指导师考点——打击乐器教学。

任务布置

学习完本任务后,请完成以下任务:

任务名称	奥尔夫乐器造型运用
任务说明	奥尔夫乐器造型材料和形式是设计奏乐活动的重要素材。掌握了这些素材,才能为幼儿设计出丰富多彩的奏乐活动。 因此,本课的任务是在前面任务的基础上,运用奥尔夫乐器造型形式丰富活动设计
任务要求	1. 小组集体认真学习奥尔夫乐器造型材料的分类和形式。 2. 小组成员广泛查阅资料补充欠缺的知识,构建新的认知体系。 3. 在前面任务的基础上,运用奥尔夫乐器造型形式丰富活动设计。 4. 对形式的运用进行必要的设计说明。 5. 完成后上传云平台,各小组交流互评

任务实施

实施步骤 1:组建团队

学生 4 ~ 6 人结成学习小组,按照项目间轮换、项目内固定的原则,同一个项目内小组成员固定,小组长轮换,不同项目间成员轮换,让学生学会组织与协作。将成员姓名和分工填入表 4-5-1。

表 4-5-1　小组任务分工与角色扮演

姓名	承担角色	工作任务	
		平行任务	角色人物(分层任务)
	小组组长		
	小组副组长		
	小组成员		

实施步骤 2:丰富认识

广泛查阅资料,在表 4-5-2 中补充欠缺的知识,完善学习者自身认知体系。

表 4-5-2　补充知识记录单

乐器造型运用	补充知识	补充成员

实施步骤 3:运用造型

在前面任务的基础上,运用奥乐夫乐器造型形式丰富设计,并对运用的形式进行说明,填入表 4-5-3。完成后上传云平台,各小组交流互评。

表 4-5-3　任务汇报单

年龄班	A. 小班　B. 中班　C. 大班　D. 其他________
活动流程	
乐器造型材料与形式选择	
设计说明	

实施步骤 4：反思提升

学生展示小组成果，师生通过讨论、评价等方式给出意见和建议，填入表 4-5-4，促进自我反思提升。

表 4-5-4　反思与修改

修改内容	修改原因

任务评价

教师组织学生互评、双师评价，将评价结果填入表 4-5-5 ~ 表 4-5-6。

表 4-5-5　学生互评表

评分组别	流程丰富(4.0 分)	形式合理(4.0 分)	说明清晰(2.0 分)	总分
一组给分				
二组给分				
三组给分				
四组给分				
评语与建议	评价小组：			

表 4-5-6　双师评价表

评分组别	校内指导教师	幼儿园指导教师
评分等级	★★★★★	★★★★★
评语与建议	指导教师：	指导教师：

任务六　奏乐活动配器的预设

任务情景

曼曼为大班幼儿预设的配器方案中四种乐器分别演奏四个节奏型，节奏型有一定难度。结果幼儿没能理解各声部间立体的配合关系，演奏声音杂乱，没有美感。

曼曼的配器方案有哪些不足，应该怎样解决呢？

知识储备

在幼儿园奏乐活动中，编配打击乐演奏方案有两种形式：一是课前教师根据幼儿奏乐能力发展特点、奏乐经验和音乐特征进行的预编配；二是在活动中由师幼通过集体讨论，选择合适的乐器和节奏型为音乐或故事设计演奏方案。年龄段低、奏乐经验少的幼儿在编配方案时自主创编的成分略少，依靠教师预编配的成分略多；随着年龄增长、奏乐经验的丰富，幼儿在编配方案时自主创编的成分逐渐增多，教师预编配的成分则仅作为基本支持，辅助幼儿自主编配。

一、奏乐活动配器的原则

(一)适合幼儿乐器操作的能力

在配器方案中选用的乐器种类和演奏方法要与该年龄段幼儿的奏乐能力相适应。幼儿年龄从小到大，应从选择以大肌肉动作为主、手眼协调要求较低的乐器和演奏方法，逐渐过渡到部分使用腕和指的动作、手眼协调要求较高的乐器和演奏方法。

(二)适合幼儿对变化做出反应的能力

小班幼儿一般在乐段间变化音色，一拍一次或两拍一次均匀演奏；中班幼儿可以在乐句间变化音色，可以演奏不同长度的音符组成的节奏型，在乐曲最后一个音上可以合奏，以增加音乐的结束感；大班幼儿基本可以在乐段间、乐句间以及乐句内变化音色和节奏，但依然要考虑配器的复杂程度是否与本班幼儿的演奏能力相适应，避免挫伤幼儿积极性。

(三)适应音乐或故事的艺术特征

配器产生的音响效果应该与音乐或故事原来的结构、情绪、风格相一致，能够表现出统一的艺术风格并有一定的独创性和趣味性，能让幼儿感受到打击乐音乐语言特有的审美特征和艺术感。

二、奏乐活动配器的步骤

(一)熟悉音乐。活动前教师要对音乐进行反复哼唱、弹奏、倾听熟悉音乐；活动中师幼应共同欣赏熟悉音乐。

(二)分析音乐。在熟悉的基础上把握音乐的主要特点，对非主要的细节做省略处理或模糊处理。分析音乐的节奏特点，结构特点和各乐段的关系以及重复变化。

(三)提炼节奏。在不同的乐段(乐句)提炼幼儿能够掌握且符合音乐特征的节奏型。年龄小的幼儿演奏节奏的疏密安排一般与音乐节拍一致，年龄大的幼儿演奏节奏的疏密安排可以与音乐节奏的疏密一致，也可以做相反的设计，从而追求特殊的艺术效果。

（四）音色布局。在不同的乐段（乐句）预设适当的乐器和奏法，用特定的音色进行艺术表现。

（五）试奏调整。通过试奏，师幼共同发现配器方案中存在的问题，采用集体讨论的方式，完善配器方案，提升打击乐器演奏经验和对配器的理解。

三、变通总谱的设计使用

“变通总谱”是奏乐活动中用于呈现音乐作品配器的、直观的、便于幼儿理解的乐谱体系。“变通总谱”区别于传统的五线谱与简谱，包括动作总谱、图形总谱和语音总谱三种形式。

（一）动作总谱

大家一起来（动作总谱）

动作总谱用身体动作表现配器方案，是师幼运用肢体语言（基本动作、声势、模仿动作等）情景化地表现演奏的动作、节奏型、奏法，音乐的强弱、快慢，提示演奏的一整套动作。因其具有指挥和部分徒手练习的功能，可以帮助幼儿快速掌握奏乐的整体流程，为协调一致的演奏打好基础，所以运用非常普遍。比如：

小班奏乐活动“大家一起来”动作总谱

注：

1.“拍手”表示碰铃演奏一拍。

2.“拍腿”表示圆弧响板拍击演奏一拍。

3.“摇腕”表示铃鼓摇奏两拍。

4.“握拳”表示碰铃和圆弧响板同时演奏一拍。

（二）图形总谱

图形总谱用不同形状、颜色的图形或简化的形象作为符号，表现配器方案。重点用于表现乐段和乐句的结构，演奏的乐器、节奏型，音乐的强弱等，是一套与演奏完全匹配的图谱。符号形象需美观鲜艳，符合幼儿的审美特点。符号不宜太复杂、太精细，要便于师幼快速辨识。比如：

（三）语音总谱

大家一起来
（语音总谱）

语音总谱用嗓音表现配器方案。如运用有意义的字、词、句子、象声词、音乐中的歌词等，表现音乐的结构和变化，语言与活动的故事情境有机结合，同时与动作总谱一样具有指挥的功能。比如：

小班奏乐活动“大家一起来”语音总谱

注：

1. A 段歌词中两个字一组，对应碰铃和圆弧响板，两拍交替一次。
2. B 段“啦啦啦”表示铃鼓摇奏两拍。
3. B 段“哈哈”表示碰铃和圆弧响板同时演奏一拍。

梳理与总结：为了更好地支持幼儿演奏，变通总谱往往需要交替、穿插或综合运用。边做动作边辅之语音，边指图边辅之语音（包含歌唱），边指图边辅之动作的图谱运用非常普遍。

思考练习

一、判断正误

1. 小班幼儿应选择以大肌肉动作为主的乐器和演奏方法。（　　）
2. 配器产生的音响效果可以与原音乐作品特征不一致。（　　）
3. 图形总谱可以与活动情境有机结合，发展故事情节。（　　）
4. 动作总谱可以帮助幼儿快速掌握奏乐流程和音乐结构。（　　）
5. 打击乐曲配器步骤是：熟悉音乐、分析音乐、节奏安排、音色布局和试奏调整。（　　）

二、小组讨论/线上讨论

关于曼曼乐器编配的教学障碍：

原因：____________________

____

解决：____________________

____

赛证考点

对应幼儿教师资格考试“幼儿园教育活动的设计”中：

- 幼儿园打击乐演奏活动内容的选择。

考题形式：笔试、面试。

任务布置

学习完本任务后，请完成以下任务：

任务名称	奏乐活动配器的预设
任务说明	通过对奏乐配器多种可能的预设，幼儿教师将奏乐音乐的特征与适合幼儿的打击乐编配对应起来，筛选出适合本年龄段幼儿的乐器、演奏方式和节奏、织体，为幼儿奏乐创编和师幼讨论奏乐方案提供合理的范围和启发。 因此，本课的任务是在前面任务的基础上，预设奏乐活动配器
任务要求	1. 小组集体认真学习配器的原则、步骤与变通总谱的使用。 2. 小组成员广泛查阅资料，补充欠缺的知识，构建新的认知体系。 3. 在前面任务的基础上，预设奏乐活动配器方案。 4. 对预设的配器进行模拟演奏，倾听音响并修改方案。 5. 完成后上传云平台，各小组交流互评

任务实施

实施步骤 1：组建团队

学生 4 ~6 人结成学习小组，按照项目间轮换、项目内固定的原则，同一个项目内小组成员固定，小组长轮换，不同项目间成员轮换，让学生学会组织与协作。将成员姓名和分工填入表 4-6-1。

表 4-6-1　小组任务分工与角色扮演

姓名	承担角色	工作任务	
		平行任务	角色人物（分层任务）
	主班教师		
	配班教师		
	幼儿		

实施步骤 2:丰富认识

广泛查阅资料,在表 4-6-2 中补充欠缺的知识,完善学习者自身认知体系。在前面任务的基础上,预设奏乐活动配器方案。对预设的配器进行模拟演奏,倾听音响并修改方案。

表 4-6-2　补充知识记录单

奏乐配齐预设	补充知识	补充成员

实施步骤 3:预设配器

在前面任务的基础上,预设奏乐活动配器方案。对预设的配器进行模拟演奏,倾听音响并修改方案,填入表 4-6-3。完成后上传云平台,各小组交流互评。

表 4-6-3　任务汇报表

年龄班	A. 小班　　B. 中班　　C. 大班　　D. 其他
音乐/故事名称	
配器方案 与变通总谱	
奏乐配器 指导意见	互评小组:________

实施步骤 4:反思提升

学生展示小组成果,师生通过讨论、评价等方式给出意见和建议,填入表 4-6-4,促进自我反思提升。

表 4-6-4　反思与修改

修改内容	修改原因

任务评价

教师组织学生互评、双师评价，将评价结果填入表 4-6-5 ~ 表 4-6-6。

表 4-6-5　学生互评表

评分组别	配器合理(4.0 分)	总谱清晰(4.0 分)	互评精准(2.0 分)	总分
一组给分				
二组给分				
三组给分				
四组给分				
评语与建议	评价小组：			

表 4-6-6　双师评价表

评分组别	校内指导教师	幼儿园指导教师
评分等级	★★★★★	★★★★★
评语与建议	指导教师：	指导教师：

任务七　奏乐活动过程的指导

任务情景

曼曼看到幼儿对奥尔夫打击乐器非常好奇，就让幼儿直接选择乐器进行演奏，省略了奏乐活动中用动作进行随乐练习、节奏练习和徒手练习的环节。认为持乐器练习演奏也是一样的。

你认为曼曼的做法会导致什么样的教学障碍，为什么？

知识储备

一、奏乐活动的实施策略

奏乐活动的实施策略包括：设计策略、组织策略、演示策略和支持策略。

(一)设计策略

(1)选择幼儿喜欢的、能理解的、便于表现的演奏素材，要求音乐的旋律优美、节奏鲜明、结构工整、对比明显；故事篇幅适中、角色鲜明、形象和情节易于用音效来表现。

(2)根据幼儿奏乐能力发展特点，制订有效促进幼儿认知、操作能力和情感态度发展的活动目标。

(3)师幼提前储备经验,分析演奏素材,根据幼儿能力初步选择打击乐器,预设配器方案,准备制作变通总谱的材料。

梳理与总结:设计策略的运用主要在活动前,但活动开展过程中可以根据实际情况做必要地调整。比如:对原奏乐素材做简化处理;调整活动目标,降低学习难度;临时补充幼儿的知识经验;根据幼儿意愿调整乐器、配器等。

(二)组织策略

(1)支持综合教育主题,促进活动目标达成。

(2)按照"故事—动作—奏乐—挑战"的流程,用打击乐器营造故事氛围;用"动作+"的形式对奏乐素材进行"动作翻译";在幼儿探索乐器、了解乐器的基础上与幼儿讨论和确定配器方案,完善变通总谱;通过徒手练习解决演奏中的重难点;最后,执乐器练习,与指挥配合并不断聆听、调整演奏效果。

(3)充分发挥三种变通总谱对奏乐教学的支撑作用。

(4)按乐器和演奏内容划分组别,做好幼儿座位的空间安排,保证音响和谐且幼儿能轻松看见指挥。

(5)通过挑战拓展幼儿能力,师幼共同聆听声音变化,享受学习成果,但不宜过多扩展。

(6)利用幼儿注意力集中的黄金时间安排活动的重难点,未解决的问题延至下一个活动中解决,避免疲劳练习。

梳理与总结:组织策略的运用首先体现在活动流程设计是否科学,同时体现了活动实施过程中教师落实活动方案的能力。

(三)演示策略

(1)教师能规范示范打击乐器的收放、执握和常规演奏。

(2)教师指挥契合音乐的旋律、节奏与乐段变化,准确提示幼儿演奏的方法和节奏型。

(3)教师在指挥时充分关注幼儿,用眼神和表情与幼儿交流,指挥的位置须让全体幼儿轻松看到,用指挥动作带动每一位幼儿。

梳理与总结:演示策略的运用主要在教学示范与师幼互动中,体现了幼儿教师的音乐素养、教学基本功和与幼儿的沟通对话能力。

(四)支持策略

(1)教师通过故事创设活动情境,活动开始时激发幼儿兴趣,活动过程中不断激起幼儿兴趣,在挑战阶段提升幼儿兴趣。

(2)教师的总谱运用清晰准确,语音总谱、动作总谱、图形总谱有机结合,有效支持幼儿演奏。

(3)教师通过语言、动作、眼神、微笑,认可和回应幼儿的努力与专注。

(4)教师通过鼓励幼儿探索乐器的演奏方法、与幼儿讨论配器方案培养幼儿的创新精神。

(5)教师全程精炼讲解不啰嗦,分散讲解配示范,语气抑扬有重点,避免讲述繁复无法被幼儿理解。

(6)教师全程营造轻松氛围、精心安排互动、设计有效提问、鼓励幼儿大胆地用语言和奏乐表达观点、抒发情感。

梳理与总结：支持策略的运用体现的是幼儿教师深层的教学能力和教学经验，适用于所有幼儿园音乐活动。

森林宝箱（动作总谱）

森林宝箱（奏乐）

二、奏乐活动的实施案例

下面，我们通过课例来学习游戏化集体奏乐活动的实施指导。

课例分享

小班奏乐活动“森林宝箱”
音乐节选自戈塞克的《加沃特舞曲》

1. 两位教师的教学策略

1）教师甲

在教学过程中，先呈现音乐片段，请幼儿和教师一起欣赏，自然带动幼儿和教师随音乐拍手。之后，组织幼儿模仿教师的动作，为演奏做铺垫。三遍之后，请幼儿从小椅子下面拿出乐器，借助之前的动作进行演奏，教师用动作指挥，提示幼儿。结果同一声部幼儿的演奏并不齐，不同声部之间衔接也不顺畅，休止符停顿的教学难点也没有解决，演奏效果不理想。

2）教师乙

第一步：创设情境，告诉幼儿今天我们都是“小勇士”，要一起去森林开宝箱。可是，有只狡猾的老狼认识藏宝箱的路，我们要悄悄地跟在老狼的后面走，老狼回头时我们要赶快躲起来！走到宝箱附近时，老狼会睡过去，到时候我们就可以快快开宝箱了。

分析：借助“木头人”的游戏经验带领幼儿在开宝箱的童话情境中开始活动。

第二步：教师示范，用情景化的语音总谱配合动作，放慢速度（慢于中速）带领幼儿熟悉音乐，初步感受故事与音乐的对应关系：

（语音）老　狼　老　狼　｜走　走　躲　0　｜
（动作）拍手　拍手　拍手　拍手　｜拍手　拍手　双手遮头｜
（语音）老　狼　老　狼　｜走　走　躲　0　｜
（动作）拍手　拍手　拍手　拍手　｜拍手　拍手　双手遮头｜

(语音)老　狼　老　狼　|　走　走　躲　0　|

(动作)拍手　拍手　拍手　拍手　|　拍手　拍手　双手遮头 |

(语音)老　狼　老　狼　|　走　走　躲　0　|

(动作)拍手　拍手　拍手　拍手　|　拍手　拍手　双手遮头 |

(语音)睡梦　仙子　已　经　|来　到　了　—　|

(动作)双手从中间向外划大弧 | 双手从中间向外划大弧 |

(语音)睡梦　仙子　已　经　|来　到　了　—　|

(动作)双手从中间向外划大弧 | 双手从中间向外划大弧|

(语音)老狼 老狼 已 经 | 睡　着　了　—|

(动作)双手在脸颊一侧做睡觉的动作……

(语音)快　快　过　去　|　开　宝　箱　0　||

(动作)拍手　拍手　拍手　拍手　|　拍手　拍手　拍手　0　||

注:拍手的动作要左手手心向上,右手手心向下拍,为后续圆弧响板的击奏做准备。

分析:把故事的发展与语音总谱有机结合创设幼儿感兴趣的活动情境,借助儿歌节奏暗示奏乐的节奏型,教师边念儿歌边按动作总谱做动作。用“安静地躲起来”突出对休止符的处理,使动作动静结合,节奏分明。

第三步:播放放慢速度的音乐,幼儿跟随教师的语音总谱和动作总谱玩《森林宝箱》游戏,前两个乐句学习模拟圆弧响板一拍一击奏的动作,第三乐句学习串铃摇奏的动作,第四乐句的前半句安静下来表现老狼睡着,后半句用一拍一奏的动作表示“快快开宝箱”。

分析:通过语音提示帮助幼儿边做动作边熟悉音乐,感受单位拍和休止符,掌握奏乐的节奏型和演奏动作,游戏情境中,前两遍都没有找到宝箱,继续激发幼儿的好胜心和好奇心。

第四步:游戏的第三遍“终于找到宝箱了”,请幼儿说出屏幕上出现宝箱的颜色,并由一名幼儿开宝箱,取宝物——三角铁和宝物卡。卡上说,此宝物在老狼回头时提醒小勇士们。从而,对休止符的出现提前一拍进行预示,暗示幼儿音高的变化。

分析:活动融入小班幼儿对认识颜色的知识(红、黄、蓝三种颜色),让幼儿初次体会开宝箱的快乐,期待自己也得到宝物。

第五步:重复第四遍、第五遍、第六遍、第七遍的游戏,宝箱开出新的乐器和宝物卡(圆弧响板或串铃),幼儿从小椅子下面取出乐器并探索演奏的方法,听演奏的声音。之后,教师和幼儿讨论圆弧响板和串铃哪个用来隐藏“小勇士”的脚步,哪个用来表现老狼睡觉。

分析:乐器逐渐加入,演奏层层累加。七遍之后,幼儿基本掌握了乐曲的演奏。

第六步:创造挑战,教师发展游戏情景:“太阳快要下山了,我们速度稍快一点好不好?”音乐回归中速。这次宝箱开出多音响桶,教师直接呈现多音响桶的音响(魔幻怪异的),幼儿发散性想象这样的声音可以表现故事中的什么?代替哪种乐器效果更好?

分析:发展活动情境,音乐回到原速,给幼儿想象与设计演奏方案的机会。

第七步:继续挑战,寻找一名“小勇士”使用新宝物和大家一起打开最后一个“宝箱”。

分析:奏乐活动在童话情景中结束,给幼儿意犹未尽的感觉。

2. 两位教师的策略对比

1) 教师甲

(1) 音乐材料原为小快板,小班应放慢到中速使用。初学时,应该将音乐调整到中速偏慢或直接放慢速度来唱旋律,以支持幼儿真正掌握为奏乐做铺垫的动作。演奏时,逐渐回到中速,幼儿才可能控制好节拍和乐器。教师甲没有对音乐材料做必要的速度处理,从选材料这一步就为活动留下了隐患。

(2) 奏乐前教师带动幼儿"拍手""做动作"的做法是正确的,但单纯动作和音乐的结合不容易帮助幼儿形成记忆表象,应该结合视觉上的画图谱或听觉上的语音、故事,帮助幼儿清楚地感知和记忆音乐。

(3) 三遍音乐开始演奏显然太仓促,因为幼儿还没有真正熟悉音乐、掌握动作。但如果继续练习幼儿会觉得乏味,那怎么办呢? 教师甲大可以借助故事情景的变化和发展,给幼儿创造练下去的理由。

(4) 拿出乐器直接演奏,显然缺少了幼儿对乐器的探索过程。小班幼儿奏乐经验少,教师更需有意识地给幼儿创造机会,了解这是什么乐器宝宝,怎样演奏才好听,刚才故事里他可以扮演哪个角色,以及怎样演奏,等等。

(5) 确认好乐器和节奏型之后,教师还可以在幼儿"乱奏"时给出指挥动作,通过多次出其不意地游戏式练习,帮助幼儿愉快地遵守"看指挥"这一演奏常规,这也是保障演奏效果的重要环节,可教师甲没有这样做。

(6) 活动缺少故事情境和游戏化的设计,幼儿始终处于被要求活动的地位,缺少自发性和主动性,感觉活动枯燥无趣。

2) 教师乙

(1) 创设与"小勇士"们到森林开宝箱的游戏化活动情境,激发幼儿活动热情。

(2) 把"木头人"的游戏经验和躲避老狼的新情境相结合,幼儿在游戏中感知音乐、熟悉音乐。

(3) 教师运用有节奏的语音总谱结合动作,边讲故事边做动作,多感官通道辅助幼儿对音乐的记忆,掌握音乐演奏的总体布局和节奏型。

(4) "宝箱"开出的第一件乐器不需要幼儿演奏,在留有期待的同时,给幼儿更多徒手练习的时间,为奏乐打好基础。

(5) 随着开"宝箱"游戏的深入,打击乐器逐渐进入,幼儿分别熟悉两种乐器的声音和演奏,并在分步练习和与指挥的配合中,降低了两种新乐器同时进入的难度。

(6) 第七遍之后,幼儿基本掌握了乐曲的演奏,教师在"太阳快要下山"的情境中提出加快速度演奏的挑战,新乐器的融入给了幼儿自由想象与创编演奏方案的机会。

(7) 最后一次演奏,由一名幼儿演奏多音响桶,师幼在游戏中欣赏和享受自己的演奏,留下美好的印象。

梳理与总结:教师乙的奏乐活动指导策略赢在对幼儿能力的准确认识和对教学细节的策略运用上。我们要善于从优秀的课例中发现优点并不断提升自己的策略运用能力。

思考练习

一、判断正误

1. 奏乐音乐的速度不能改变，在教学中我们要尊重原作。（　　）
2. 幼儿探索乐器演奏太费时间，教师应直接示范打击乐器的正确演奏方法。（　　）
3. 每一个奏乐活动都应该有交换乐器演奏的活动环节。（　　）
4. “乱奏”环节的设计可以帮助幼儿愉快地遵守“看指挥”这一演奏常规。（　　）
5. 教师的总谱运用清晰准确，语音总谱、动作总谱、图形总谱单独使用。（　　）

二、小组讨论/线上讨论

关于奏乐活动中曼曼可能造成的教学障碍：

障碍：____

____

解决：____

____

赛证考点

1. 对应幼儿教师资格考试“游戏活动的指导”中：

- 尊重幼儿游戏的自主性。
- 按幼儿游戏规律指导游戏
- 满足幼儿充分游戏的心理需求。
- 关心幼儿的游戏意愿。

考题形式：笔试、面试。

2. 对应学前教育专业技能大赛“幼儿园教育活动设计”中：

- 教案/说课技能

3. 奥尔夫音乐指导师考点——现场课堂实践操作。

任务布置

学习完本任务后，请完成以下任务：

任务名称	奏乐活动过程的指导
任务说明	幼儿奏乐游戏的设计工作完成后，决定活动效果的关键就是游戏化活动过程的指导。在指导过程中，教师的语言设计、总谱运用、配器讨论对活动能否按预期目标完成，幼儿能否“玩”有所获，起重要作用。活动过程中也会发现前期设计的不足，需要教师运用教学经验灵活处理，把影响降到最低。 因此，本课的任务是在前面任务的基础上，运用策略指导活动过程
任务要求	1. 小组集体认真学习幼儿奏乐活动指导策略。 2. 小组成员广泛查阅资料补充欠缺的知识，构建新的认知体系。 3. 在前面任务的基础上，模拟教学，运用策略指导活动过程。 4. 每两组自由结对，观摩反思，给出教学策略指导意见。 5. 录制模拟教学视频和互评意见完成后上传云平台，各小组交流学习

任务实施

实施步骤 1:组建团队

学生 4 ~6 人结成学习小组,按照项目间轮换、项目内固定的原则,同一个项目内小组成员固定,小组长轮换,不同项目间成员轮换,让学生学会组织与协作。将成员姓名和分工填入表 4-7-1。

表 4-7-1　小组任务分工与角色扮演

<table>
<tr><th rowspan="2">姓名</th><th rowspan="2">承担角色</th><th colspan="2">工作任务</th></tr>
<tr><th>平行任务</th><th>角色人物(分层任务)</th></tr>
<tr><td></td><td>主班教师</td><td></td><td></td></tr>
<tr><td></td><td>配班教师</td><td></td><td></td></tr>
<tr><td></td><td rowspan="4">幼儿</td><td></td><td></td></tr>
<tr><td></td><td></td><td></td></tr>
<tr><td></td><td></td><td></td></tr>
<tr><td></td><td></td><td></td></tr>
</table>

实施步骤 2:丰富认识

广泛查阅资料,在表 4-7-2 中补充欠缺的知识,完善学习者自身认知体系。

表 4-7-2　补充知识记录单

游戏过程指导	补充知识	补充成员

实施步骤 3:策略指导

在前面任务的基础上,模拟教学,并提出指导策略,填入表 4-7-3。完成后上传云平台,各小组交流互评。

表 4-7-3　任务汇报单

年龄班	A. 小班　B. 中班　C. 大班　D. 其他________
奏乐活动名称	
模拟教学视频(二维码)	
教学指导策略及运用	设计策略: 组织策略: 演示策略: 支持策略:

实施步骤 4:反思提升

学生展示小组成果,师生通过讨论、评价等方式给出意见和建议,填入表 4-7-4,促进自我反思提升。

表 4-7-4　反思与修改

修改内容	修改原因

任务评价

教师组织学生互评、双师评价,将评价结果填入表 4-7-5 ~ 表 4-7-6。

表 4-7-5　学生互评表

评分组别	策略得当(4.0 分)	模拟逼真(4.0 分)	互评精准(2.0 分)	总分
一组给分				
二组给分				
三组给分				
四组给分				
评语与建议	评价小组:			

表 4-7-6　双师评价表

评分组别	校内指导教师	幼儿园指导教师
评分等级	★★★★★	★★★★★
评语与建议	指导教师:	指导教师:

任务八　奏乐活动效果的评价

任务情景

今天,曼曼在大班开展的奏乐活动是“狼和小羊”,对幼儿发展的观察评价点是:

(1)能通过协商与同伴分配角色,合作表演。

(2)有表达的意愿,积极配合奏乐用肢体和表情表现故事内容。

对活动效果的评价点是:

(1)能创造机会让幼儿探索乐器的演奏方法,自主表现故事情节与角色。

(2)能营造轻松自由的环境,让幼儿自主运用乐器发展故事情节。

根据观察评价需要,曼曼应该选用什么样的评价工具呢?

知识储备

一、奏乐活动评价小徽章设计

自主查阅《3—6 岁儿童发展行为观察指引》,结合奏乐活动特点,系统设计幼儿自评小徽章和教师奖励小徽章。

注意:

(1)把握奏乐活动评价要点,文字简洁明了。

(2)徽章内容设计好后制作到 App 中(可以修改、调整、补充和重复利用)。

(3)幼儿自评小徽章可以根据实际需要分类,如:正面徽章(音色悦耳)、负面徽章(没能和大家一起开始演奏)。帮助教师了解幼儿奏乐能力及幼儿的快乐与困惑,发现忽略的设计细节,以调整活动设计与实施策略。

(4)小徽章要多采用正面激励,从幼儿音乐能力、学习能力和情感社会性等维度设计,鼓励幼儿个性化音乐才能的发展。

二、奏乐活动观察评价表设计

奏乐活动观察评价表的评价内容可以是奏乐活动本身,也可以是幼儿发展。实施观察前,须根据观察目的提前明确观察方向,列出观察评价点。以幼儿发展评价为例:

(一)幼儿奏乐活动中音乐能力观察点(仅供参考)

1. 音乐特征

音色:选择的乐器符合音色要求;段落之间有音色变化;不同的音乐风格有不同的音色。

拍子:演奏合拍;动作自然。

节奏型:有清晰的节奏型;能表达有特点的音乐节奏型。

句子:有清晰的节奏型;能表达有特点的音乐节奏型。

力度:具有轻重变化。

织体:具有倾听别人声音的意识;能用自己的节奏型与他人配合并不受影响。

2. 演奏特征

音色:演奏出好听的声音;一种乐器能奏出多种声音。

表现:能准确再现节奏型;演奏具有连断、强弱变化。

合作性:能与同伴交换乐器;能与同伴讨论如何演奏。

专注度:能专心演奏;演奏时能看指挥。

(二)幼儿学习能力发展观察点

幼儿学习能力发展观察点可以是幼儿的专注、观察、记忆、模仿、探究、创造能力发展水平和学习兴趣等。

(三)幼儿情感社会性发展观察点

幼儿情感社会性发展观察点可以是幼儿正确的自我意识和同伴关系等。

观察评价表的设计可以是以上一个方面,也可以是多个方面。观察点可以更加细化、更加具体,要与幼儿当前的发展目标和要解决的问题密切联系。

奏乐活动评价等级量表的评价内容可以是奏乐活动本身,也可以评价幼儿发展。对活动本身的评价主要从活动目标、活动内容、活动方法、活动过程、活动环境等几个维度进行。根据活动实际开展情况也可以拓展其他维度或侧重于某个维度。我们也可以对应前面所学习的韵律活动指导策略设计等级量表。

根据自己的评价思路,试着把表格补充完整,表格项目可以调整。

奏乐活动评价等级量表

评价项目 %	评 价 标 准	目标达成度			
		A	B	C	小计
游戏目标					
游戏内容					
教师素质					
游戏效果					
游戏环境					
简要描述		评价等级			

注:评价等级:A为　分—　分;B为　分—　分;C为　分—　分。

思考练习

小组讨论/线上讨论

关于曼曼奏乐活动评价工具的设计:

设计:____

____

应用:____

____

赛证考点

1. 对应幼儿教师资格考试“教育评价”中:

- 幼儿园教育评价的基本方法。

2. 对应幼儿教师资格考试“游戏活动的指导”中:

- 正面评价幼儿游戏

考题形式:笔试。

任务布置

学习完本任务后，请完成以下任务：

任务名称	奏乐活动效果的评价
任务说明	奏乐活动评价是本次活动的终点，却是教师审视活动效果，反思指导策略的重要一步，是幼儿教师积累教学经验，实现自我成长的起点。幼儿教师要养成良好的职业习惯，在不断的评价反思中提升教学能力。 因此，本课的任务是根据项目一的理论知识，结合奏乐活动特点，自选一款评价工具进行设计
任务说明	1. 小组集体认真学习游戏化集体奏乐活动常用的三种评价工具。 2. 小组成员广泛查阅资料补充欠缺的知识，构建新的认知体系。 3. 结合奏乐活动特点，自选一款评价工具进行设计。 4. 每两组自由结对，充分交流并试用对方评价工具，给出修改建议。 5. 评价工具和互评意见完成后上传云平台，各小组交流学习

任务实施

实施步骤1：组建团队

学生4～6人结成学习小组，按照项目间轮换、项目内固定的原则，同一个项目内小组成员固定，小组长轮换，不同项目间成员轮换，让学生学会组织与协作。将成员姓名和分工填入表4-8-1。

表4-8-1　小组任务分工与角色扮演

姓名	承担角色	工作任务	
		平行任务	角色人物（分层任务）
	小组组长		
	小组副组长		
	小组成员		

实施步骤2：丰富认识

广泛查阅资料，在表4-8-2中补充欠缺的知识，完善学习者自身认知体系。

表4-8-2　补充知识记录单

评价工具设计	补充知识	补充成员

实施步骤 3:绘制图表

结合奏乐活动特点,自选一款评价工具进行设计。每两组自由结对,充分交流并试用对方评价工具,给出修改建议,填入表 4-8-3。完成后上传云平台,各小组交流互评。

表 4-8-3　任务汇报单

评价工具类型	A. App 评价小徽章　　B. 观察评价表　　C. 评价等级量表
评价工具展示与说明	展示: 说明:
组间试用情况与修改建议	试用情况: 修改建议:

实施步骤 4:反思提升

学生展示小组成果,师生通过讨论、评价等方式给出意见和建议,填入表 4-8-4,促进自我反思提升。

表 4-8-4　反思与修改

修改内容	修改原因

三、任务评价

教师组织学生互评、双师评价,将评价结果填入表 4-8-5 ~ 表 4-8-6。

表 4-8-5　学生互评表

评分组别	工具科学(4.0 分)	建议有理(4.0 分)	说明清晰(2.0 分)	总分
一组给分				
二组给分				
三组给分				
四组给分				
评语与建议	评价小组:			

表 4-8-6　双师评价表

评分组别	校内指导教师	幼儿园指导教师
评分等级	★★★★★	★★★★★
评语与建议	指导教师：	指导教师：

项目五 设计实施游戏化亲子音乐活动

问题导入

游戏化亲子音乐活动可以让幼儿在亲子互动中充分体验音乐带来的快乐和满足，又能帮助幼儿逐步掌握音乐语言，感知音乐的美感，积累音乐经验，更能建立良好的亲子关系，帮助家长树立正确的育儿观念、提高家长的育儿能力，增强教育效果。因此，深入认识游戏化亲子音乐活动，对教师、幼儿、家长的发展都有重大意义。

请大家思考：游戏化亲子音乐活动的概念、特点、功能是什么？如何设计与实施游戏化亲子音乐活动？家庭音乐教育中又包含哪些形式的亲子音乐活动？构建“园家亲子音乐教育直通”模式的途径与意义？

学习目标

知识目标：

1. 理解并能阐述幼儿园亲子音乐活动的概念、特点、功能。
2. 理解并能阐述幼儿园亲子音乐活动的设计方法。
3. 理解并能阐述构建“园家亲子音乐教育直通”模式的意义。

能力目标：

1. 能设计出幼儿园亲子音乐活动方案。
2. 能组织并实施幼儿园亲子音乐活动。
3. 能科学指导家庭亲子音乐活动。

素质目标：

1. 具有综合育人的能力，善于利用幼儿园、家庭和社区各种资源全面育人。
2. 树立面向家长、关爱每个家庭的责任和意识。
3. 培育实践精神，激发学生对亲子音乐教育的学习兴趣。

学习内容

经过对项目流程关键环节以及各环节知识点、技能点的分析提炼，本项目共提炼出四个岗位任务。建议学习形式及课时分配如下：

<table>
<tr><th rowspan="2">项目</th><th rowspan="2">知识点/技能点</th><th rowspan="2">学习形式</th><th colspan="2">课时分配</th></tr>
<tr><th>理论</th><th>实践</th></tr>
<tr><td rowspan="4">设计实施亲子音乐游戏活动</td><td>任务一　认识亲子音乐活动
♫ 亲子音乐活动的概念
♫ 亲子音乐活动的特点
♫ 亲子音乐活动的功能</td><td>混合</td><td>0.5</td><td>0.5</td></tr>
<tr><td>任务二　亲子音乐活动的设计
♫ 亲子音乐活动组织形式
♫ 亲子音乐活动的目标制定
♫ 亲子音乐活动的形式选择
♫ 亲子音乐活动环境创设</td><td>混合</td><td>0.5</td><td>0.5</td></tr>
<tr><td>任务三　亲子音乐活动的实施
♫ 掌握亲子音乐活动的实施过程
♫ 亲子音乐活动实施的注意事项</td><td>混合</td><td>0.5</td><td>0.5</td></tr>
<tr><td>任务四　构建“园家亲子音乐教育直通”平台
♫ 幼儿园与家庭亲子音乐活动的关系
♫ 构建直通模式的途径与意义
♫ 家庭亲子音乐活动的类型</td><td>混合</td><td>0.5</td><td>0.5</td></tr>
</table>

课前测试

请结合前后课内容进行测验。

一、不定项选择题

1. 亲子音乐活动的功能是(　　　)。

   A. 为幼儿家长提供科学、专业的音乐教育指导

   B. 为幼儿家长提供持续、反复利用的音乐教育支持

   C. 引导家长在家庭教育中树立正确的音乐教育理念和行为

   D. 促进亲子关系和家园关系的进一步融洽

2. 亲子音乐活动指的是(　　　)。

   A. 以音乐的形式组织与呈现　　B. 教育形式统一到“游戏”上来

   C. 家长和幼儿共同参与　　D. 家长既是教育者,又是被教育的对象

二、判断题

1. 开展亲子音乐活动过程中,教师多观察少示范,不进行现场指导,让家长与幼儿多参与、多体验。(　　)

2. 亲职教育(亦称家长的教育)理念认为:做父母是一种职业。(　　)

3. 亲子音乐活动中,家长担当着指导幼儿的角色,同时也是幼儿的合作者,教师的合作者。(　　)

任务一　认识亲子音乐活动

任务情景

本周，曼曼教师组织了亲子音乐活动“母鸭带小鸭”。游戏中，晨晨总是跟不上大家的节奏，不是快就是慢，导致小组没能第一个到达终点线，晨晨妈妈既生气又羞愧，当众批评晨晨不认真，拖大家后腿，让晨晨以后再也不要参加。看到这种情况，曼曼老师认为很有必要给家长们讲讲亲子音乐活动的功能以及怎样在活动中观察幼儿、支持幼儿。

知识储备

一、亲子音乐活动的概念

亲子活动是根据教育对象的成长特点和需要，在专业人员指导下由幼儿和他们的父母或看护者共同参与的一项具有指导性、互动性的活动。亲子音乐活动是幼儿园创造一定的条件，以班级为单位，以亲缘关系为基础，以音乐形式组织与呈现，教师和家长共同组织的一种幼儿园游戏化教育方式。

亲子音乐活动不同于幼儿园的教学活动，幼儿、家长、教师都是游戏的参与者，幼儿是主角，音乐活动的设计、材料的提供以及活动的组织都需要遵循幼儿的年龄特点，保证幼儿在活动中是主动、积极的。在活动中，家长要用自己的热情感染孩子，做孩子的玩伴，但不能包办代替，要尊重孩子的游戏意愿，并给予积极的支持，要尽可能多地给孩子提供锻炼的机会，培养他们的独立性。另外，家长要善于观察，了解孩子在活动中的表现，以利于今后采取更有效的教育措施；教师是活动的支持者、指导者、观察者，要创造性设计和选择适宜的音乐活动，使亲子活动有效开展。

二、亲子音乐活动的特点

(1)强调平等性，要求父母与孩子在平等的情感沟通基础上互动，尊重孩子的差异，及时给予鼓励与肯定。

(2)具有音乐性特点，在活动中，音乐要具有节奏明快、形象鲜明、生动有趣、结构短小规整的特点。活动中不同音乐元素的融合让幼儿感到快乐并获得满足，增强自信。

(3)具有互动性特点，亲子音乐游戏活动增加了家长与幼儿的目光接触、身体接触、表情交流以及用肢体动作展现对音乐感知的机会，家长和幼儿一起在音乐中共同感受、体验和分享快乐。

(4)具有可持续性，家长在体验理解的基础上，继续同孩子在家中进行音乐游戏活动。

三、亲子音乐活动的功能

《幼儿园工作规程》指出幼儿园需面向幼儿家长提供科学育儿指导。亲职教育(亦称家长的教育)理念认为：做父母是一种职业，应通过向父母提供教养子女的知识、技能、方法、观念以及态度等，使家长有效地了解父母的职责，促进亲子关系的和谐，提高教养水平，达到家庭生活圆满快乐的目标。

亲子音乐活动既是难得的家长陪伴孩子、与孩子共享音乐的机会，更是将科学的幼儿音乐教育理念向家庭渗透的实践活动。亲子音乐活动中家长既是教育者，也是被教育的对象。幼儿教师作为活动的主导者，在亲子音乐活动中起到组织、实施、评价的作用。活动过程中，教师不仅要指导幼儿，还需要观察家长的参与行为并对家长开展适宜的指导，有计划地渗透各阶段幼儿身心发展和音乐学习的特点、活动的目标、设计的意图、家长与幼儿的注意事项等，引导家长科学地陪伴、教育幼儿成长。

（一）为幼儿家长提供科学、专业的音乐教育指导

幼儿园要发挥机构教育的专业化优势，体现教育科学性的原则，传播科学的教育理念和教育方法，提高家长的科学育儿水平，促进幼儿各方面潜能的发展。在亲子音乐游戏活动中，教师通过创设情景、示范讲解、指导评价等方式，引导家长树立正确的音乐教育理念，了解科学的音乐教育方法，用专业的知识和技能解答家长提出的问题，提供适合家长理解和操作的音乐教育建议，以帮助家长更好地发挥音乐教育对幼儿成长发展的重要作用。

（二）为幼儿家长提供持续、一致的音乐教育支持

孩子成长需要家园持续、一致的教育支持，家庭与幼儿园要密切配合，使幼儿在幼儿园获得的学习经验能够在家庭中得到延续、巩固和发展；同时，使幼儿在家庭获得的经验能够在幼儿园的学习活动中得到应用。例如，活动结束后，教师通过布置家庭音乐作业，或家园互动公众号上推送优秀音乐活动案例，活动实施策略等，将音乐教育理念有效迁移到家庭中。

（三）为幼儿家长提供个性、多样化的音乐教育指导

幼儿园发挥机构教育的整合性优势，体现教育公平性的原则，为不同需求的家庭提供多样化的服务。音乐游戏活动中，针对不同幼儿的身心特点和家庭音乐教育水平的差异性，为家长提供多元化、多层次、个性化的服务，解决家长的后顾之忧，满足不同家庭对幼儿音乐教育的需求。

（四）促进亲子关系和家园关系的进一步融洽

丰富多彩的亲子音乐活动不仅对幼儿心理发展、态度行为、价值观念产生积极的促进作用，更有益于亲子之间的情感交流，亲子关系的健康发展。

同时，亲子音乐活动的开展，也为幼儿与幼儿、幼儿与家长、教师与家长、家长与家长之间搭起一座沟通、交流的桥梁。既满足了幼儿依恋父母的情感需要，又能使家长直接了解孩子在集体中的表现，更进一步密切了教师与家长的关系，实现家园同步教育。

课例分享

亲子音乐活动“母鸭带小鸭”

母鸭带小鸭

第一部分：鸭妈妈要带鸭宝宝去赶花会，但鸭宝宝还不会走路，于是在教师的带领下，妈妈跟着教师的节奏，幼儿学着妈妈的样子开始一步一步走起路来。

评析：教师为家长和孩子进行示范讲解，在音乐中边做动作边帮助家长和幼儿熟悉节奏和旋律，感受2/4的节奏特点及强弱规律，渗透音乐知识。体现了幼儿园为幼儿家长提供科学、专业化的教育指导功能。

第二部分：引导家长和幼儿做出走路、休息、梳理羽毛、打招呼的不同动作，并在唱到“嘎嘎”的时候，鸭宝宝和鸭妈妈共同摆出造型。

评析：引导家长和幼儿进一步感受音乐的内容，并让幼儿随音乐做出各种不同的动作，帮助幼儿体验和表现游戏情节；和妈妈互动摆出造型，亲子充分交流沟通，获得良好情感体验，体现了促进亲子关系的教育功能。

第三部分：引导家长和幼儿自由表现音乐特点，鼓励幼儿根据自己的想象创编出走路、打招呼、游泳过河以及玩耍等动作，再跟着音乐一起把游戏情节完整地展现出来。过程中，教师要提示家长认真观察，对幼儿的创新给予肯定和支持。

评析：教师通过提问、启发、引导，帮助家长和幼儿展开想象的翅膀，鼓励创编出和别人不一样的动作，激发幼儿的想象力和创作力。这样的学习过程能让幼儿动脑的积极性得到较好的发展，并根据幼儿的不同学习需求，差异性开展指导，体现了为幼儿家长提供个性、多样化的音乐教育指导功能。

第四部分：活动结束后，教师希望爸爸参与进来，扮演鸭妈妈的角色，妈妈扮演教师的角色，在家继续陪孩子玩“母鸭带小鸭”的音乐活动。

评析：通过布置家庭音乐作业，让教学活动得到延伸。妈妈和爸爸角色转换，让工作繁忙的爸爸也能参与其中，为幼儿家长提供了持续、渐进的教育支持。

思考练习

一、判断正误

1. 亲子音乐活动是以音乐形式组织与呈现，家长和幼儿共同参与完成。（　　）
2. 幼儿教师要为幼儿家长提供个性、多样化的音乐教育指导。（　　）
3. 孩子成长需要家园持续、一致的教育支持。（　　）
4. 亲职教育指的是家长的教育。（　　）
5. 在亲子活动中，教师是活动的参与者和活动主体之一。（　　）

二、小组讨论/线上讨论

对于晨晨妈妈在亲子活动中的反应，曼曼教师应给出的指导意见：

家长表现：____

____

指导意见：____

____

赛证考点

1. 对应幼儿教师资格考试“环境创设”中：

• 家园合作的重要性。

考题形式：笔试。

2. 对应幼儿教师资格考试“学前儿童发展”中：

• 幼儿社会性发展——幼儿亲子关系的发展。

考题形式：笔试。

3. 对应幼儿教师资格考试“幼儿综合素质”中：

•《幼儿园工作规程》的任务。

考题形式:单选题。

任务布置

学习完本任务后,请完成以下任务:

任务名称	认识亲子音乐活动
任务说明	认识亲子音乐活动是后续设计、实施亲子音乐活动的前提条件。科学专业化的指导、持续渐进式教育支持、正确的音乐教育理念和行为及家园的深度合作为教师有的放矢地开展家园共育,提供了理论支持。 本课的任务是通过小组讨论、搜集课例,分析亲子音乐游戏活动的功能,进一步认识亲子音乐游戏活动开展的重要性
任务要求	1. 小组集体认真学习亲子音乐活动的概念、特点、功能。 2. 小组成员讨论亲子音乐活动开展的重要性,并提出自己的见解。 3. 各小组搜集亲子音乐活动课例。 4. 通过课例,对比亲子音乐活动的各项功能,并记录。 5. 图(表)形式不限,完成后上传云平台,各小组交流互评

任务实施

实施步骤1:组建团队

学生4~6人结成学习小组,按照项目间轮换、项目内固定的原则,同一个项目内小组成员固定,小组长轮换,不同项目间成员轮换,让学生学会组织与协作。将成员姓名和分工填入表5-1-1。

表5-1-1 小组任务分工与角色扮演

姓名	承担角色	工作任务	
		平行任务	角色人物(分层任务)
	小组组长		
	小组副组长		
	小组成员		

实施步骤2:丰富认识

广泛查阅资料,在表5-1-2中补充欠缺的知识,完善学习者自身认知体系。

表5-1-2 讨论意见记录单

知识点	亲子音乐活动开展的重要性	完成成员
讨论意见		
结论		

实施步骤 3:收集课例

收集亲子音乐活动课例,梳理亲子音乐活动的功能是怎样体现的,填入表 5-1-3。完成后上传云平台,各小组交流互评。

表 5-1-3　搜集课例记录单

搜集课例
功能说明

实施步骤 4:评价课例

评价课例,总结可供借鉴的经验,对存在的不足提出改进意见,填入表 5-1-4。

表 5-1-4　课例评价记录单

可供借鉴的经验	不足及改进意见

任务评价

教师组织学生互评、双师评价,将评价结果填入表 5-1-5 ~ 表 5-1-6。

表 5-1-5　学生互评表

评分组别	知识准确(4.0 分)	分析清晰(4.0 分)	课例合理(2.0 分)	总分
一组给分				
二组给分				
三组给分				
四组给分				
评语与建议				

表 5-1-6 双师评价表

评分组别	校内指导教师	幼儿园指导教师
评分等级	★★★★★	★★★★★
评语与建议	指导教师：	指导教师：

任务二 亲子音乐活动的设计

任务情景

“六一”儿童节这天，中二班表演的亲子集体舞“你笑起来真好看”和大一班表演的“亲子乐器小合奏”节目，将整场活动的气氛推向了最高潮。曼曼老师看到节目效果这么好，不禁感慨亲子音乐活动的设计是多么重要啊？

那么，亲子音乐活动应该怎样设计呢？曼曼老师决定从亲子音乐活动的形式、目标、环境创设着手，进行梳理总结。

知识储备

一、亲子音乐活动的组织形式

亲子音乐活动开展较多的是在家长开放日、综合主题活动和庆典活动中。

家长开放日是幼儿园在特定时间里向家长开放园内各种教育教学情况的活动。家长开放日亲子音乐活动以班级为单位，根据各班幼儿的年龄特点、认知特点和心理发展特点，设计亲子音乐活动，活动中，除了要展示幼儿音乐学习的内容和过程外，也通过对游戏活动的指导帮助家长观察、了解幼儿音乐学习的特点，并邀请家长参与和幼儿一起游戏。

如：家长开放日小班亲子音乐活动“小象找家”的游戏中，教师先出示小象的图片，引导幼儿观察和表述小象的特征；然后示范唱歌曲，引导家长观察幼儿是否认真倾听和答复提问；然后教师引导幼儿创编动作，按照提示找到家，家长需要观察幼儿是否参与到创编和模仿动作中来；最后幼儿邀请家长一起游戏。

综合主题活动是在一段时间内教师与幼儿围绕具有内在脉络或价值关联的中心内容（即主题）来组织教育教学的活动。亲子音乐活动根据幼儿园的主题活动确定游戏内容和形式。

如：围绕“父亲节”开展的“爸爸，我要亲亲你”综合主题活动。活动中，可以设计爸爸之间的双人拔河比赛，即两个小朋友爸爸边拔河边根据音乐为信号提示完成任务。其间，幼儿帮助爸爸感知音乐，提醒爸爸完成任务，为爸爸加油助威。爸爸努力的过程，让幼儿看到爸爸的力量和坚毅，为爸爸加油。

庆典活动是幼儿园在节日、纪念日、重大事件发生时所举办的各种大型活动，包括节庆活动、纪念活动、典礼仪式和其他活动。幼儿园庆典活动中的亲子音乐活动特指家长和幼儿共同参与的音乐表演和娱乐活动。

亲子音乐活动是庆典活动的主要表现形式，具有表演性、观摩性和娱乐性的特点，展现方式为亲子集体歌唱、舞蹈、游戏等。在活动开展前，教师需要带领家长和幼儿适当训练，并在庆典当天进行展演。

如："六一"儿童节的亲子音乐活动"赛马"，音乐中，妈妈和幼儿用小碎步围着圆圈队形行进，生动地表现出马蹄疾驰、你追我赶的赛马场面，并根据音乐节奏、力度、旋律的变化，亲子时时互动。

二、亲子音乐活动的目标

亲子音乐活动寓教于乐，寓知识于游戏中，不仅能激发幼儿的内在音乐潜能，更能提升家长教育水平，因此，将亲子音乐活动的教学目标分为指向幼儿发展和指向家长发展两个方面。

（一）指向幼儿发展

使幼儿在参与音乐活动的过程学习浅显的音乐知识，提高对音乐的感知能力，启发幼儿的音乐思维，培养幼儿的观察能力、听力、模仿能力、动作协调性。激发幼儿的音乐潜能，培养幼儿对音乐的感受力、记忆力、想象力和表现力以及创造性思维，从而提高幼儿感受美、表现美、创造美的审美情趣。

（二）指向家长发展

幼儿教师要根据活动目标来设计相应的教学环节，每一个活动环节都体现出对家长的指导，从而更高效地向家长传播科学的音乐知识，拓宽家长的音乐教学思路，更新家长的教育理念，提高家长的教育水平，使家长理解、支持和配合幼儿园的教育教学工作。

但需要强调的是，具体到每一个亲子音乐游戏活动，应该注意活动目标的制订要求：

（1）目标明确清晰，定位准确，符合各年龄段幼儿的生理和心理特点。

（2）活动以感受和体验音乐为主，重点突出，有较强的针对性。

（3）明确活动过程中对家长和幼儿的要求，规范把控各环节。

三、亲子音乐活动的内容

（一）和歌舞做游戏

和歌舞做游戏一般以歌唱和动作为主要活动形式，幼儿按照歌词、节奏、乐句和乐段的结构做动作并进行亲子互动。如中班亲子活动"水果歌"，幼儿和家长分别扮演一种水果，并设计一个简单动作，边演唱边做动作，通过接唱的方式进行游戏。教师也可以准备相关头饰，让游戏角色变得更为直观、形象。

（二）和乐器做游戏

奥尔夫乐器能轻松模拟出马蹄声、风铃声、蛙鸣声等。幼儿教师可以充分利用不同乐器发出的声音设计游戏，侧重培养幼儿对不同乐器所产生的音的高低、强弱、长短、音色的听辨能力。还可以随不同的音乐角色选择乐器。如小班亲子活动“三只熊”，伴随故事情境，家长与孩子用沉重缓慢的大鼓表示熊爸爸，用轻柔舒缓的小鼓表示熊妈妈，用活泼欢快的响板表示熊宝宝。出现× ×节奏时熊爸爸敲击大鼓，× × × ×熊妈妈敲击小鼓，× × × × × × × ×熊宝宝击奏响板。之后，家长和孩子按节奏走步，并展现出熊爸爸强壮，熊妈妈苗条，熊宝宝可爱的角色形象。

三只熊

（三）和身体做游戏

小动物和大灰狼

完美的音乐学习应该是身体和大脑的综合体验。其中，最重要的体验途径之一即律动。律动中，我们的身体可以感受音乐、表现音乐、创造音乐，并用我们的肢体抒发内心的感受，反映真实的情感。

如大班亲子活动“小动物和大灰狼”，在这个音乐活动中，每一段风格不同的音乐对应不同的动物角色，要求幼儿在辨听后要用动作进行表演，从而发展幼儿的音乐感知能力和肢体表现能力，而家长扮演的大灰狼出来后，“小动物”要保持不动，从而锻炼幼儿肢体的控制能力。

（四）和故事做游戏

勇敢的小马

每个幼儿都喜欢故事，在亲子音乐活动中，教师可以通过组织家长和幼儿听故事、表演故事唤起幼儿活动兴趣，激发他们的想象力和创造力，将故事的功能最大化。

如大班亲子活动“勇敢的小马”，教师根据音乐的变化，富有感情地讲述勇敢的小马，不惧风险寻找被大雨困在山上的妈妈的故事。背景音乐旋律上行与下行时，幼儿双手做勒马动作，双脚做平踏步动作来表现翻山越岭的情景，并大声唱“我是快乐的小马，高高兴兴找妈妈，翻过山，越过河，定能找到好妈妈”。

四、亲子音乐活动环境创设

亲子音乐活动环境创设包括创设，宽松和谐的心理环境、生动有趣的活动环境，以及准备安全适宜的活动道具。充分、全面、系统、有针对性的准备工作，直接影响活动效果，促进活动生动展开，也影响着幼儿在活动中能力的激发和增长。

（一）心理环境

幼儿教师要为家长和幼儿准备宽松和谐的心理环境。游戏前，与家长沟通交流活动中可能会出现的情况，鼓励家长积极参与、大胆表现，同时积极肯定孩子在活动中的各种表现，主动支持音乐活动的顺利进行。

（二）活动环境

幼儿教师要为家长和幼儿准备生动有趣的活动环境。活动场地的布置要符合活动主题和音乐内容，与游戏化的活动情景协调一致，能充分调动和激发幼儿和家长的想象力和创作力，让幼儿和家长乐于参与到游戏中，并能很好地辅助活动环节的展开和发展。

（三）活动道具

幼儿教师要为家长和幼儿提供安全适宜的活动道具。合适的活动材料或道具可以激发幼儿和家长的兴趣，快速吸引幼儿注意力，通过促进家长和幼儿动手动脑提升活动的参与感，提升活动效果，起到画龙点睛的作用。材料的合理使用能够帮助教师在短时间内快速创设一个游戏的情境，吸引幼儿注意，使幼儿和家长身临其境，凸显活动的质量和效果。根据音乐活动中材料、道具实际用途，可将其分为如下几类。

1. 表演类

通常使用贴纸、面具、头饰或者角色的某个具有典型特征的部分。他们用于角色的区分，能够帮助幼儿更好地代入角色，使音乐游戏更加具有表现力。

2. 情景类

主要以多媒体为代表，如音响、电视机、投影仪、幻灯片等，这类教具可以创设游戏情境，帮助家长和幼儿互动，甚至代替幼儿教师讲故事、教授动作。

3. 器乐类

主要包括钢琴、音条琴以及奥尔夫乐器，它们都可以作为亲子活动使用的乐器。其中，具有民族风格的乐器，如非洲鼓、中国音板、民族鼓等，能让幼儿在音乐活动中了解多元民族文化。

4. 美工类

主要包括小剪刀、泥工板、调色盒、小画笔、水彩笔、油画棒等供亲子音乐活动进行剪、贴、粘、捏、画的用具。

以上几类材料，都广泛地运用在亲子音乐活动中，在一个活动中可以选择一种或多种，但要紧紧围绕音乐活动展开，避免材料过度使用，分散儿童注意力，其次，在活动材料的提供上，要注意多投放一些自制的、家长容易收集到的材料。

课例分享

大班亲子音乐活动“洗澡”

【设计意图】

人在幼儿时期对水总是有一种特殊的喜爱，而洗澡恰恰是孩子在日常生活中与水最为亲近的活动。所以，本次活动围绕“水”的综合主题开展，以洗澡为背景设计。

洗澡歌

评析：亲子音乐活动“洗澡”是根据幼儿园综合主题活动——“水”展开设计，采取游戏的形式，使幼儿与家长在轻松、愉快的气氛下将生活中的真实体验映射到亲子活动中，并为家长和幼儿留下创造的空间，在培养幼儿想象力与创造力的同时，为构建亲密友好的亲子关系提供更多的可能。

【活动目标】

(1)家长配合幼儿感知歌曲中的重音,做出互相击掌的动作。

(2)家长辅助幼儿大胆尝试创编,探索各种动物洗澡的动作。

(3)家长和幼儿通过参与音乐活动,获得亲子互动的乐趣。

评析:指向幼儿的目标让幼儿通过动作感受歌曲的重音变化;指向家长的目标提出家长对幼儿的鼓励和支持。

【活动准备】

音乐磁带、沐浴球。

评析:游戏材料为表演类、情景类材料。

【重点、难点】

(1)重点:听到歌曲中的重音时做出相应的动作。

(2)难点:初步尝试学习贴近孩子生活的舞蹈动作。

评析:活动采用了“和歌声做游戏”的活动形式,根据歌曲的变化,创编出不同的动作。根据幼儿的年龄特点和发展水平,确定了活动的重难点,以期更好地实现活动目标。

【活动过程】

程序	进程
导入部分	1. 故事情景导入 教师:“噜啦啦,噜啦啦,小朋友你们听的是什么声音啊?哦!原来是小乌龟宝宝哼着歌儿开心地洗澡呐!可爱的香皂泡泡,像美人鱼一样在它的身上快乐地游来游去。噜啦啦,噜啦啦,小乌龟宝宝拿着沐浴球,上冲冲下洗洗,左搓搓右揉揉。它啊!还调皮地伸出小手和泡泡握手呢!不一会儿工夫就把身上洗得干干净净啦!我们的小乌龟可真是一个爱干净的好宝宝。小朋友们想不想做一个爱干净的好宝宝呢?那今天我们就和爸爸妈妈一起来洗澡吧。”
基本部分	2. 亲子音乐游戏活动表演 (1)家长与幼儿初听音乐,感知乐曲中的重音。 (2)两位幼儿教师面对面站好,随音乐示范主要动作,激发家长和幼儿表演的兴趣。 (3)幼儿教师带领家长与幼儿随着音乐做小乌龟洗澡的舞蹈动作。 (4)家长与幼儿自主地跟随音乐完成小乌龟洗澡的舞蹈动作。 (5)家长与幼儿尝试创编并替换部分动作,集体用新动作表演
结束部分	3. 活动结束 “小动物们洗得干干净净,要和爸爸妈妈有一个香香的拥抱!”鼓励家长与幼儿拥抱,并请家长和孩子在下次洗澡的时候表演其他小动物洗澡的舞姿

思考练习

一、判断正误

1. 家长开放日亲子音乐活动是家长和孩子的活动,教师尽量不要干涉。 (   )

2. 庆典活动中亲子音乐活动具有表演性、观摩性和娱乐性的特点。 (   )

3. 亲子音乐活动可以和歌舞做游戏、和乐器做游戏、和身体做游戏、和同伴做游戏。(   )

4. 亲子音乐活动以感受和体验音乐为主，设计时要重点突出，有针对性。（　　）

5. 亲子音乐活动的道具，通过促进家长和幼儿动手动脑提升活动的参与感。（　　）

二、小组讨论/线上讨论

曼曼老师在设计亲子音乐活动时应该从哪些方面入手呢？

总结：____

____

____

____

任务布置

学习完本任务后，请完成以下任务：

任务名称	亲子音乐活动设计
任务说明	亲子音乐活动的前期准备工作，直接关系到后续活动实施的效果。因此教师要结合本班幼儿的年龄特点和发展水平，对活动进行科学设计。 本节课的任务是通过设计亲子音乐活动进行经验总结。小组间交流互评，充分吸收各组设计的优缺点，并不断修改完善，从而实现理论知识向实践能力的转化
任务要求	1. 小组集体认真学习亲子音乐活动设计的要素。 2. 小组成员广泛查阅资料补充欠缺的知识，构建新的认知体系。 3. 设计不同类型的亲子音乐活动，并进行经验总结。 4. 活动方案完成后上传云平台。 5. 各小组交流互评，进一步修改完善活动设计

任务实施

实施步骤 1：组建团队

学生 4 ~6 人结成学习小组，按照项目间轮换、项目内固定的原则，同一个项目内小组成员固定，小组长轮换，不同项目间成员轮换，让学生学会组织与协作。将成员姓名和分工填入表 5-2-1。

表 5-2-1　小组任务分工与角色扮演

姓名	承担角色	工作任务	
		平行任务	角色人物(分层任务)
	小组组长		
	小组副组长		
	小组成员		

实施步骤 2：丰富认识

广泛查阅资料，在表 5-2-2 中补充欠缺的知识，完善学习者自身认知体系。

表 5-2-2　补充知识记录单

亲子音乐活动设计	补充知识	补充成员

实施步骤 3:设计方案

小组自主选题设计亲子音乐活动,做出设计方案,填入表 5-2-3。完成后上传云平台,各小组交流互评。

表 5-2-3　亲子音乐活动设计方案

活动名称	
活动目标	
活动准备	
活动过程	

实施步骤 4:反思提升

学生展示小组成果,师生通过讨论、评价等方式给出意见和建议,填入表 5-2-4,促进自我反思与提升。

表 5-2-4　反思与修改

修改内容	修改原因

任务评价

教师组织学生互评、双师评价,将评价结果填入表 5-2-5 ~ 表 5-2-6。

表 5-2-5　学生互评表

评分组别	知识准确(4.0 分)	课例新颖(4.0 分)	设计合理(2.0 分)	总分
一组给分				
二组给分				
三组给分				
四组给分				
评语与建议				

表 5-2-6　双师评价表

评分组别	校内指导教师	幼儿园指导教师
评分等级	★★★★★	★★★★★
评语与建议	指导教师：	指导教师：

任务三　亲子音乐活动的实施

任务情景

为迎接家长开放日的到来，曼曼老师提前做好了活动设计，但活动实施过程中曼曼发现，家长对于活动意图和各环节的配合都不太了解，活动结束时与家长的沟通也不充分。于是，曼曼老师向园长请教，出现这样的问题原因在哪里，如何进行修改和完善。

知识储备

一、亲子音乐活动实施过程

亲子音乐活动主要通过家长开放日、综合主题活动、庆典活动等组织形式实现。各类亲子音乐活动的开展，都需要教师在活动前精心准备和预设，在活动中互动和生成，在活动后反思和评价。因此，亲子音乐活动实施过程可大致分为三个步骤进行，活动准备、活动进行、活动结束。

（一）活动准备

活动开展前，教师要做好前期的准备工作。

1. 活动准备

1）设计活动方案

教师首先要设计出科学合理的活动方案，为整个活动的开展做好统筹规划工作。活动方案应包括活动班级、人员组成、活动名称、时间地点、设计意图、活动目标、活动形式、环境创设、重点难点、活动过程等方面。

其中，设计意图主要包括活动选题的背景说明、活动形式的选择、活动对象的说明及活动涉及的主要思路等内容。活动目标的提出要根据幼儿身心发展特点，以促进幼儿发展为前提条件。目标分为指向幼儿发展和指向家长发展两个方面。在表述中应简洁清晰、准确具体，具有可操作性，目标条目不宜过多，一般为两三条。重点是亲子音乐活动中最重要目标；难点是对幼儿和家长在活动中可能出现困难的预估。教师要分析幼儿和家长的发展水平，找准重难点，以期达到解决重点、突破难点的目的。

活动方案的设计要能够激发幼儿的活动兴趣和家长的参与热情考虑周全，把握好影响亲子音乐活动开展的各个方面因素，具备可操作性。活动方案设计出来之后，教师还应广泛征求同事、家长等各方意见，根据反馈不断调整修改，从而使方案的设计做到精益求精、严谨可行。

2)进行家园沟通

亲子活动的开展离不开家长的参与配合,因此教师一定要在活动开展前做好家园沟通工作,赢得家长的信任和支持,为活动的顺利开展提供保障。活动方案确定后,充分而广泛地动员家长积极参与配合亲子活动的开展。教师可以通过召开家长会或发放通知的形式,向家长说明活动的目的、意义以及相关注意事项。教师还应对家长进行一定的活动指导,让家长掌握引导孩子活动的具体方法,从而为活动的有效、有序开展奠定基础。同时,教师也可邀请家长真正参与活动准备工作,如为活动提供材料支持、服务设计等。

3)创设活动环境

活动环境是活动开展的前提条件和重要平台,因此创设活动环境对于亲子活动的开展具有非常重要的作用。一个完整的亲子音乐活动需要教师进行多方面的准备,包括物质条件,幼儿和家长的知识经验和心理准备等方面。

2. 活动进行

活动进行的流程一般包括导入部分和基本部分。

1)导入部分

活动导入的目的在于引起幼儿和家长的活动兴趣,做好活动的动员和铺垫工作,为后续活动的开展做好心理准备。亲子音乐活动的导入方式可以有:教具导入、演示导入、歌曲导入、游戏导入、经验导入、故事导入等。注意导入要简洁。导入只是活动的开始,活动的重点应是后续的基本部分,因此不宜拖沓,只需说明要求,引入活动即可;导入要科学。导入部分的设计应紧紧围绕活动目标和活动内容,起到应有的启发和铺垫效果,不能脱离活动本身。

2)基本部分

基本部分的设计是整个活动过程的核心,没有固定的模式。在设计时,应注意:

第一,安排活动环节。首先,教师应根据幼儿的认知规律,设计出清晰的活动环节,使幼儿经历一个体验、享受的过程。其次,活动环节的安排应层次明晰、条理清楚、由浅入深,能帮助幼儿一步步达到预期的活动目标。再次,活动环节的安排应突出重点,有利于难点的解决。最后,尤其要重视每一个活动环节的自然衔接,将整个活动连接成一个流畅的整体。

第二,选择活动形式。首先,教师应根据活动目标和活动内容,选择最为适合的活动形式。其次,采用合理的教学方法,包括教师的教法和幼儿的学法,更要注意二者的相互配合,活动方法并无定法,教师应灵活运用多种形式的活动方法。最后,特别重要的是活动形式的选择要充分考虑幼儿的主体性,体现出“以幼儿为本”的教育理念。

第三,提供专业指导。在亲子活动中,教师不仅是活动材料的提供者、活动组织的引导者,还应是家长和幼儿的合作者。无论是对家长还是对幼儿,教师都应该多给予专业性的指导。活动中,可供选择的具体指导方法有:直接性指导、个别性指导和点拨式指导。

第四,注重启发提问。提问是启发幼儿积极思维的有效方法之一,教师应当精心设计提问,从而帮助幼儿思考,并推进活动的开展。提问应有针对性。教师可根据活动内容、幼儿经验,设计不同类型的问题,促进幼儿认知水平的发展,培养幼儿的应答能力。教师可通过追问、概括归纳等方式,培养幼儿的思维能力,发展幼儿的语言能力。

3. 活动结束

活动结束是一个完整的亲子音乐活动必不可少的组成部分，作为活动的收尾，所占比重不大，但却有着非常重要的作用。具体包括：

1) 活动评析

活动评析是活动中必不可少的一个重要环节，是教师对本次活动的总结，要检查重难点是否解决，以及小结活动中家长和幼儿的表现。通过对活动情况的分析，找到自己设计或组织过程中的优缺点，及时调整和改进活动方案。

2) 活动交流

活动结束后，教师应与幼儿及家长就活动开展效果进行评价交流，既能促进园家之间的及时沟通，又有利于幼儿的发展和家长的提高，为今后活动的开展打下坚实的基础。

3) 活动延伸

好的亲子音乐活动不是止于特定的某一次活动，而是一个长期、持续的过程，特别是在能力、习惯的培养及亲子培养方面，活动延伸不可缺少。因此，教师可以通过活动延伸的方式，引导幼儿和家长继续进行相关活动的探索。

二、亲子音乐活动实施的注意事项

(一) 每一环节贯穿对幼儿和家长的指导

活动开始前，教师应说明活动形式和游戏规则，并让家长充分了解活动的价值。在每个活动环节前，教师要介绍每一个活动环节对幼儿的促进作用及教育价值。

指导方法有：直接性指导——家长可直接观摩教师指导幼儿，也可直接告诉家长该怎样引导幼儿完成音乐活动。个别指导——在分散互动中，教师可个别指导父母应该怎样做；点拨式指导——父母指导幼儿活动有一点小困难时，教师应提供解决问题的方法，提供借鉴性经验。

(二) 预判幼儿的发展状态

在活动中，幼儿教师应提前预判幼儿的发展状态，并给予家长从哪些方面去观察幼儿的意见。幼儿学习后，分析幼儿的每个行为表现对应的发展状态是怎样的。面对这样的发展状态，家长可以做什么，怎么做，并告知家长不应该做什么，避免包办代替，避免急躁情绪。

(三) 保证多个环节与家长互动

在组织实施过程中，亲子音乐活动环节设置巧妙，不应有固定的程式，注意灵活多样、参与面广、互动性强，并有意识地让更多的幼儿和家长担任主要角色，努力实现家长在亲子音乐活动中理念与行为方面的优化。

一般情况下，活动的内容不宜太多，音乐难度不宜太大，大运动量的活动与安静的活动穿插进行。在分散互动中开展小组的个别指导，与家长进行一对一、面对面的交流，以有效转变家长的观念。活动结束后，要求家长和幼儿一起整理和收放道具，在看似无意识中对孩子进行良好的养成教育。

(四) 加强对家长和幼儿的观察

亲子音乐活动中教师必须加强对家长和幼儿的观察和有效指导。教师首先应将观察的重点放在家长身上，要观察活动中家长的各种行为表现和家长与幼儿互动的情况，为指导和引导家长行为做准备。做好观察记录，记录方式有表格记录、实况记录、图示记录、影像记录等，并将观察结果及时记录下来，再进行汇总分析，便于亲子活动后有针对性的具体交流。

课例分享

课例一："捡糖果"亲子游戏

<table>
<tr><th>进程</th><th colspan="2">程　　序</th></tr>
<tr><td>设计意图</td><td colspan="2">《拨弦波尔卡》A段曲风轻快活跃，以短促的拨弦来演奏，极富情趣，且节奏鲜明，幼儿易于接受。本次活动根据音乐创设情境，设计了亲子捡糖果的游戏，使幼儿的听辨能力及节奏认知能力得到锻炼，思维能力、想象力和创造力得到提升，同时增进亲子感情</td></tr>
<tr><td>活动目标</td><td colspan="2">1. 熟悉乐曲的结构和特点，家长和孩子在音乐的重音做动作。
2. 根据音乐提示"捡礼物"，提升音乐感知与记忆能力以及动作控制能力。
3. 大胆地参与音乐扮演游戏，体验亲子间互动的乐趣</td></tr>
<tr><td>活动准备</td><td colspan="2">音乐《虫虫历险记》《拨弦波尔卡》场景（森林晚会）
糖果若干，整齐地摆放在线上
虫虫历险记　拨弦波尔卡</td></tr>
<tr><td>重点难点</td><td colspan="2">重点：能根据重音配合爸爸妈妈做出相应的动作。
难点：有创意地跟着音乐扮演动物，随节奏创编动作，并且能在重音时迅速捡起糖果</td></tr>
<tr><td rowspan="3">活动过程</td><td>导入部分</td><td>1. 导入情境
指导语：小朋友们，今天，狮子大王邀请我们和爸爸妈妈一起参加森林晚会，让我们一起去看看吧。（播放音乐《虫虫历险记》）哇，森林晚会布置得可真漂亮啊，大家都被迷住了吧，请听，狮子大王在说话："欢迎你们参加我的晚会，让我们一起跟着音乐尽情欢乐吧！"</td></tr>
<tr><td>基本部分</td><td>2. 欣赏音乐，鼓励幼儿大胆说出自己的感受。
（1）播放音乐，初步感受音乐的重音。
（2）提问：在狮子大王的这首音乐中，你听到些什么？
（3）提问：听到"叮"（重音）的时候，你有什么感受？你觉得狮子大王是在做些什么。引导幼儿感受歌曲情绪，说出自己的感受。
3. 通过"拍蚊子"游戏使幼儿和家长理解乐曲的结构特点，感受音乐的重音。
（1）指导语：狮子大王带着我们一起玩得可开心了，可讨厌的蚊子总想叮咬我们，所以请家长和宝贝们互相帮助，一起把讨厌的蚊子赶走吧。
（2）引导幼儿和家长在重拍时通过拍手等多种方式互相驱赶蚊子。
4. 通过"捡糖果"游戏进一步感知重音，让幼儿大胆地展示自己。
（1）指导语：狮子大王最后还准备了小礼物要送给大家，但是狮子大王有一个要求，那就是要大家一边跳舞一边拿走自己的礼物，而且只能在"叮"的时候把礼物捡起来哦，捡完后也要马上停下所有的动作，如果有小朋友没有捡到糖果，或者捡完糖果没有停住，就会被躲在草丛里的大灰狼拉进黑洞哦。
（2）将糖果整齐地摆放好，家长和幼儿一起跟随音乐节奏慢慢靠近糖果，并创编自己的舞蹈动作，当听到"叮"的时候，家长和幼儿迅速捡起一颗糖果不动，可以重复捡糖果</td></tr>
<tr><td>结束部分</td><td>5. 活动结束
随音乐《拨弦波尔卡》退场</td></tr>
</table>

梳理与总结：

（1）本次活动森林舞会的情境贯穿始终，让幼儿在情境中感受音乐，层层递进地展开活动，不同元素的加入，使得各环节紧凑，不拖沓，让幼儿在活动中感受音乐的重音，快乐学音乐。

（2）活动中设计了丰富的亲子互动并以游戏的形式呈现出来。幼儿对捡糖果的形式非常感兴趣，生动形象的游戏规则也能进一步让幼儿和家长一起来感受音乐的重音，体验音乐游戏的快乐，增进亲子间的感情。

（3）活动过程中，每一环节通过对家长的指导语，引导家长观察幼儿，支持幼儿发展。

课例二："老鼠搬鸡蛋"游戏

<table>
<tr><th>进程</th><th colspan="2">程　　序</th></tr>
<tr><td>设计意图</td><td colspan="2">音乐的感受力是培养幼儿音乐素质的基础。采用游戏化的方法组织亲子音乐活动，不仅能满足幼儿的心理需求，激发兴趣，而且能有效提高幼儿的音乐感受力。大班幼儿身体的各项机能相对发育成熟，能灵活地进行一些简单的身体协调游戏。
《老鼠搬鸡蛋》是一首趣味性极强的乐曲，一方面通过让幼儿及家长扮演不同的角色来表现音乐，欢快的节奏能有效促使幼儿及家长很快融入，从而发展幼儿的节奏感、身体协调能力，音乐感受能力和欣赏能力，使亲子关系更亲密和融洽。另一方面，"搬"能够很好地体现劳动精神，教育幼儿每一份收获都是通过劳动所得，养成从小爱劳动的好习惯</td></tr>
<tr><td>活动目标</td><td colspan="2">1. 掌握节奏"× ×0× 0×　×"和"0× 0× 0×　×"。
2. 能手口一致、动作协调地随音乐有节奏地进行自我角色表现。
3. 感受亲子音乐游戏活动的乐趣，增加亲子之间的亲密性</td></tr>
<tr><td>活动准备</td><td colspan="2">音乐《老鼠搬鸡蛋》、响板十二个、棒棒糖小鼓十二个、老鼠及鸡蛋头饰，空旷的场地
老鼠搬鸡蛋</td></tr>
<tr><td>重点难点</td><td colspan="2">重点：掌握节奏"× × 0× 0×　×"和"0× 0× 0×　×"。
难点：能手口一致、动作协调地随音乐有节奏地进行自我角色表现</td></tr>
<tr><td rowspan="2">活动过程</td><td>导入部分</td><td>1. 导入游戏（情境导入）
教师：你们见过老鼠吗？吃过鸡蛋吗？老鼠搬鸡蛋你们肯定没见过吧？我们一起来看看××幼儿和××家长是怎样学老鼠搬鸡蛋的吧！（家长扮演老鼠手拿响板，幼儿扮演鸡蛋手拿棒棒糖小鼓，面对面站立进行示范）
评析：游戏一开始，教师用简洁的语言，向家长说明活动的主要目的、要求和主要内容，对幼儿和家长提出必要的要求，并指向家长进行示范</td></tr>
<tr><td>基本部分</td><td>2. 角色分配
家长和幼儿面对面站立，家长扮成老鼠，在教师提示下，双手有节奏地拍打响板的同时说："吱吱咿吱咿吱吱"，并且身体有节奏地来回前倾后仰；
幼儿扮演鸡蛋，有节奏地敲打棒棒糖小鼓的同时说："咿得儿咿得儿咿得儿得儿"，身体同样有节奏地来回前倾后仰。
3. 角色表演
根据扮演的角色分发头饰，播放音乐，家长和幼儿随音乐进行角色扮演游戏。</td></tr>
</table>

续上表

进程		程　序
活动过程	基本部分	教师启发家长和幼儿,想一想可以用哪些动作表现“搬”呢,根据音乐进行创编。过程中,教师观察家长和幼儿的表现,对配合默契,敢于创新的小组进行肯定和鼓励。 评析:针对不同环节向家长进行详细讲解,让家长知道每个环节对孩子有哪些方面的帮助和家长需要注意的地方。 活动环节穿插指导语,对积极参与的家长给予肯定和鼓励,同时加强个性指导和随机指导
	结束部分	4. 活动结束,整理道具 家长与幼儿共同收拾整理道具。
	延伸部分	在户外大自然的环境中创设游戏情境,比如小兔拔萝卜,启发幼儿和家长大胆进行游戏创编,进一步感受音乐节奏,做到手口一致

梳理与总结:本次活动使用幼儿喜欢的角色扮演的形式,让家长与幼儿积极参与到音乐游戏中来。通过游戏,家长与幼儿能感受到亲子活动的乐趣,增进亲子间的亲密关系。在活动中,家长与幼儿还可以互换游戏角色,自由大胆地进行动作创编,增加游戏趣味性的同时,进一步增进亲子关系。

课例三:亲子集体舞“快乐双圈舞”

进程		程　序
设计意图		本次活动选择了一首适合大班幼儿年龄特点的乐曲《田纳西摇摆舞》,音乐具有异国风格、结构清晰、节奏感较强的特点,幼儿可以愉快地、创造性地学习集体舞,体验集体交流和合作的快乐
活动目标		1. 初步掌握摇摆舞的基本动作,感受乐曲轻松、愉快的风格特点。 2. 体验集体舞的表现模式,尝试创编集体舞的动作。 3. 能准确交换舞伴,享受与舞伴共舞的快乐
活动准备		1. 物质准备:乐曲《田纳西摇摆舞》、两种颜色手腕花 12 个(6 个黄色、6 个粉色)。 2. 经验准备:木头人游戏、照镜子游戏。 3. 环境准备:教室地面用粉、黄色圆点 12 个粘贴双环圆,在黄色圆点处按照顺时针方向粘贴黄色箭头 田纳西摇摆舞
重点难点		重点:掌握摇摆舞的基本动作,并适当创编舞蹈动作。 难点:能够准确地交换舞伴,按照规则与舞伴表演集体舞
活动过程	导入部分	1. 引入活动,听音乐玩游戏 家长和幼儿共同参与,两人一组手牵手,玩“木头人”的游戏,初步熟悉音乐,感受音乐的节奏
	基本部分	2. 玩单圈“照镜子”游戏,创编舞蹈动作 (1)家长先当领舞人,创编简单的舞蹈动作,重点表现“拍—拍—扭扭扭”的节奏。 (2)请幼儿来当领舞人,创编动作,大家共同学习,进一步感受音乐的节奏和风格。 教师提问:我刚才做的拍手动作小朋友还能换成什么动作? (3)家长和幼儿共同回忆刚才幼儿创编的舞蹈动作,并做记录,展示在黑板上。

续上表

进程	程　　序	
活动过程	基本部分	3. 玩双圈“照镜子”游戏，尝试两人配合跳集体舞 (1)讨论：照镜子的游戏是怎样玩的？ (2)自由组合练习，教师在黑板上记录动作。 4. 听音乐玩“换朋友”游戏 (1)请幼儿观察场地的布置，了解各种标记的用途。(戴黄色手腕花的幼儿要站在黄色的圆点上，戴粉色手腕花的幼儿要站在粉色的圆点上，箭头表示要顺着指示的方向走。) (2)初步尝试顺着箭头指示的方向换朋友。 (3)跟随音乐尝试换朋友，感受“跑跑跑跑—握握手”这一段动作的节奏，引导幼儿要用戴手腕花的右手来做握手和敬礼等动作。 5. 随音乐跳完整的双圈集体舞 (1)家长和幼儿共同梳理集体舞的动作顺序。 请幼儿从创编的众多动作中选出4个动作，并从开头到结尾连接在一起，用图展示在黑板上。 (2)随音乐尝试舞蹈的第一段。 (3)再次随音乐完整地舞蹈(两段)
	结束部分	6. 邀请教师参加集体舞
	延伸部分	回家后请家长和幼儿经常玩此游戏，可变换不同的舞蹈动作，深入感知乐曲的变化

梳理总结：

本次活动通过各种游戏形式满足幼儿活泼好动的天性，让幼儿在扭扭跳跳中受到美的熏陶，体验音乐、舞蹈带来的快乐，形成积极愉快的情绪；同时给幼儿提供一个创造性的用身体动作表现的空间。

活动一开始，通过玩“木头人”的游戏，一方面，让幼儿随游戏环节巧妙地进场，稳定了幼儿的情绪；另一方面，使幼儿在反复的操练过程中感受音乐的基本节奏，熟悉基本的动作模式。

在基本环节“照镜子”游戏中，通过“领头人”激发幼儿创编动作的激情。整个活动都以幼儿的创造为主体，教师在活动中是幼儿的玩伴儿、是游戏的引导者和支持者，使活动集趣味性、游戏性、教育性于一体，寓教育于游戏之中。

活动过程层层递进，挑战性不断增强。通过游戏“换朋友”解决了教学的难点——交换舞伴。

集体舞的重要价值之一就是体验人际交流带来的快乐。因此，在教学中始终注意激发和引导幼儿学习用体态交流、用目光交流的技能。在活动的最后环节，邀请家长、教师和幼儿一起舞蹈。集体舞本身又具有观赏性、表演性的特点，在节日庆典中还可以作为亲子才艺表演节目。

思考练习

一、判断正误

1. 亲子音乐活动的实施分为活动准备、活动进行、活动结束与拓展三部分。（　　）
2. 活动结束时幼儿教师应做好活动评析、活动交流，并安排好活动的拓展环节。（　　）
3. 亲子音乐活动的每一环节都应贯穿对幼儿和家长的指导。（　　）
4. 亲子音乐活动环节设置需巧妙，须按照固定的程式。（　　）
5. 幼儿教师应提前预判幼儿的发展状态，并给予家长观察支持幼儿的意见。（　　）

二、小组讨论/线上讨论

曼曼老师在活动前与活动后应怎样与家长沟通和交流：________________

____

____

____

赛证考点

对应幼儿教师资格考试“环境创设”中：

- 家园合作的主要内容

考题形式：笔试。

任务布置

学习完本任务后，请完成以下任务：

任务名称	亲子音乐活动实施
任务说明	如果说亲子音乐活动设计是活动的前提条件，那么活动的实施就是亲子音乐活动项目的中心环节。通过活动实施，一方面检验幼儿教师活动设计的科学程度；另一方面，真正对接岗位工作，帮助学生从知识经验过渡到实践操作。 因此，本课的任务是模拟实施亲子音乐活动，进一步来检验活动方案设计的科学性，掌握活动准备、活动进行、活动结束三个步骤的实际操作
任务说明	1. 小组集体认真学习亲子音乐活动的实施过程。 2. 小组成员广泛查阅资料补充相关知识，丰富活动实施经验。 3. 小组依据亲子音乐活动方案模拟活动实施过程并录制视频，完成后上传云平台。 4. 小组之间就模拟活动视频互评讨论，并对活动方案进行修改完善

任务实施

实施步骤1：组建团队

学生4～6人结成学习小组，按照项目间轮换、项目内固定的原则，同一个项目内小组成员固定，小组长轮换，不同项目间成员轮换，让学生学会组织与协作。将成员姓名和分工填入表5-3-1。

表 5-3-1　小组任务分工与角色扮演

姓名	承担角色	工作任务	
		平行任务	角色人物(分层任务)
	主班老师		
	配班老师		
	幼儿		

实施步骤 2:丰富认识

广泛查阅资料,在表 5-3-2 中补充欠缺的知识,完善学习者自身认知体系。

表 5-3-2　补充知识记录单

亲子音乐活动的实施	补充知识	补充成员

实施步骤 3:活动实施

基于前任务设计的活动,进行模拟或真实实践,将实践内容填入表 5-3-3,并将视频上传平台,各小组交流互评。

表 5-3-3　活动实施过程记录单

活动方案	实施过程			经验总结	完成成员
	导入部分	基本部分	结束部分		

实施步骤 4:反思提升

学生展示小组成果,师生通过讨论、评价等方式给出意见和建议,填入表 5-3-4,促进自我反思提升。

表 5-3-4　反思与修改

修改内容	修改原因

任务评价

教师组织学生互评、双师评价,将评价结果填入表5-3-5~表5-3-6。

表5-3-5 学生互评表

评分组别	知识准确(4.0分)	方案可行(4.0分)	设计新颖(2.0分)	总分
一组给分				
二组给分				
三组给分				
四组给分				
评语与建议				

表5-3-6 双师评价表

评分组别	校内指导教师	幼儿园指导教师
评分等级	★★★★★	★★★★★
评语与建议	指导教师:	指导教师:

任务四 构建"园家亲子音乐教育直通"平台

任务情景

家长开放日活动结束后,瑶瑶妈妈找到曼曼老师,问了许多关于如何在家庭中开展亲子音乐活动的问题。瑶瑶妈妈表示很想和孩子在家做音乐游戏,但对音乐知识了解不多,想玩但又怕玩不好,其他家长也纷纷表示不懂该如何带孩子玩音乐游戏。听到家长们的诉求,曼曼老师梳理了开展家庭亲子音乐活动常用的四种类型,通过建立"家园亲子音乐教育直通"模式解决家长们的疑虑和困惑。

知识储备

一、幼儿园与家庭亲子音乐活动的关系

幼儿园与家庭亲子音乐活动两者既有联系又有区别。其中,幼儿园亲子音乐游戏活动是以集体教育形式为主,老师、家长、幼儿三方进行互动;而家庭亲子音乐活动是幼儿园教育的延伸和扩展,也是幼儿园音乐教育的基础和补充,主要由家长、幼儿双方进行互动。两者对于幼儿的成长发展都起到了非常重要的作用。

世界著名的音乐教育家柯达依认为,儿童的第一任音乐教师是他们的母亲。有人认为家庭是儿童最早的音乐启蒙学校,家庭成员是儿童最早的老师和同学。因此,家庭亲子音乐活动体现了

个别性、随机性和长期性。

（一）个别性

家庭亲子音乐活动是个别化教育，是家长根据幼儿的个体需要、不同发展水平、兴趣和个性特点来安排音乐活动的内容与形式，满足幼儿的个别需要的因材施教的教育游戏活动；其次，它能更有针对性地对幼儿进行启发和具体的观察、指导，帮助幼儿在已有水平上获得提高和发展。

（二）随机性

家庭亲子音乐活动还具有随机性和灵活性的特点。家庭为孩子提供的是一个宽松、自然、和谐的教育环境。对儿童的音乐启蒙教育，可以在家庭活动的任何时间、任何场合随时随地进行，具有极大的灵活性。

（三）长期性

家庭亲子音乐活动具有长期性教育的特点，没有时间规定和限制，是一种长期甚至终身教育。

二、构建直通平台的途径与意义

现代技术的迅速发展，使得幼儿园与家庭教育的联系越来越方便，微信公众号、家长微课堂、掌心宝贝等应用软件的开发与使用，已经成为园家共育的重要途径。“园家亲子音乐教育直通”平台的构建主要通过以上应用软件，发布与音乐教育相关的知识，推送优秀亲子音乐活动案例，整合各类音乐教育资讯，让家长了解更多的音乐知识和经验。“园家亲子音乐教育直通”平台中设置“亲子教育”“亲子活动”“在线咨询”“在线交流”等模块，实现家长与教育专家、幼教教师的直接对话，帮助家长解决音乐教育遇到的问题。同样，在信息化互动平台上，家长上传自己的活动经验，交流心得体会，共同推进园家教育的良性发展。直通模式的构建在幼儿园与家庭中的作用具体体现为：

（一）有利于树立科学的家庭教育观

家长对孩子的认识是垂直、纵向的，而教师的认识则是水平的，教师与家长间的合作，正好在认识上得到了互补，在教育上达成相互的合作与支持。园家亲子音乐教育直通模式的构建，为幼儿、家长和教师创造了科学、互通的音乐教育空间，并为家长提供专业化的音乐理论指导和技能支持，提高家长的音乐育儿能力，传播科学的教育理念和教育方法。

（二）有利于促进教师朝着专业化方向发展

幼儿教师是亲子音乐活动的开发者、设计者，是亲子活动的组织者、指导者、观察者、总结者、评价者。因此，幼儿教师必须拥有扎实的幼教理论知识和音乐专业技能，并需要从家长那里获取更多有关幼儿的有效消息，了解家长对音乐教育的理解和期望，从他们所拥有的专业知识和工作经验中获得帮助。这个过程将不断提升教师自身的沟通方式及专业素养，促进教师朝着专业化方向发展。

（三）有利于全面助力幼儿身心健康成长

世界幼儿教育之父德国教育家福禄贝尔曾经指出：儿童早期的各种游戏，是一切未来生活的胚芽。构建“园家亲子音乐教育指导”模式，应积极创造条件，将新颖有趣的音乐活动推送给家长，解决家长不会和孩子玩,不会在玩中有意识发展幼儿的家庭教育问题,把家庭教育寓于音乐游戏活动之中,全面促进幼儿身心的和谐发展。

三、家庭亲子音乐活动的类型

(一)家庭音乐角色游戏

1. 家庭音乐角色游戏的概念

家庭音乐角色游戏是指幼儿按照自己的兴趣和意愿,借助真实的或者替代性材料,进行模仿和想象,通过扮演角色,创造性地反映周围现实生活的游戏。音乐角色,则要求在角色的设置上体现出音乐性特征,如歌唱家、乐师、舞蹈家等。

2. 课例延伸:家庭亲子音乐活动“小小音乐家”

小小音乐家

【活动目标】

帮助孩子养成认真倾听的习惯;培养幼儿手口一致点数的能力;培养幼儿大胆探索的精神。

【活动准备】

相同的玻璃杯七个,筷子两支,水若干。

【游戏玩法】

(1)七个玻璃杯并排在桌上,请幼儿数数共有几个杯子。

(2)在杯子里注入不同高度的水,让幼儿给杯子按照水位由低到高排队。

(3)幼儿用筷子敲击杯沿,听一听、说一说像什么音?

(4)家长引导幼儿观察比较水位与声音的关系。

(5)家长调整水量,以便发出 do、re、mi 等音阶声音,然后演奏乐曲,激发幼儿的演奏兴趣。

(6)亲子合作演奏歌唱,家长鼓励幼儿边敲杯子边歌唱。

(7)亲子轮流当乐师、歌唱家、舞蹈家。

(二)家庭音乐表演游戏

1. 家庭音乐表演游戏的概念

这类游戏是依托音乐进行戏剧表演的游戏,一般有一定的情节和角色;从游戏形式来看有较强的表演性。如亲子音乐活动“袋鼠”,整个音乐由两部分组成——“袋鼠”的音乐和“大灰狼”的音乐,在玩此游戏时,幼儿根据音乐所展示的情节和内容进行表演。

2. 课例延伸:家庭亲子音乐游戏活动“袋鼠”

【活动目标】

(1)熟知音乐结构和节奏,通过角色扮演提升舞台表现力。

(2)家长与幼儿依据角色特征自由表演,从而发展艺术表现力和创造力。

【活动准备】

袋鼠、大灰狼头饰、道具枪。

【游戏玩法】

幼儿和家长分别扮演袋鼠、大灰狼和猎人。游戏前,“狼”躲起来,“猎人”在树后架起枪。

(1)音乐(一):两人一组(一前一后)。幼儿扮小袋鼠双臂弯曲在胸前,两手自然下垂,妈妈做袋鼠妈妈。双手搭在前者肩上,两人同时做蹦跳步。每小节跳一下。念到第三句时,两人相对拥抱,互相拍拍、抚摸,表示两人相亲相爱。到结束句时,袋鼠一起蹲下不动。

(2)音乐(二):“大灰狼”听音乐按节拍大步走,做找袋鼠的样子。等“猎人”“砰”开枪,“大灰狼”应声倒下(装死),猎人说:“大灰狼死了,袋鼠出来吧!”

(三)家庭音乐体育游戏

1. 家庭音乐体育游戏的概念

家庭音乐体育游戏是指根据一定的体育任务而设计,由身体动作、情节、角色以及规则组成的一种游戏活动。家庭音乐体育游戏强调在音乐的节奏、旋律中亲子的互动合作。

2. 课例延伸

家庭音乐体育游戏“走与跑的转换练习”

【活动目标】

(1)感知音乐节奏,能按节奏完成动作进行体育游戏。

(2)在游戏中反复感知开始和停止的音乐,掌握动作的动和停。

【活动准备】

(1)安全的活动场地。

(2)非洲鼓。

【游戏过程】

(1)亲子随意地站在场地的不同位置。

(2)家长示范节奏型走(×)、跑(××)、停(0)并说明游戏玩法。

(3)幼儿根据听到的不同鼓声,做出相应的走和跑的动作,可以是同一方向,也可以是向后转或者其他方向。

(4)家长随机变换走和跑的不同节奏型,变换节奏和速度,幼儿按照鼓声变换动作。

(5)家长和幼儿变换角色,鼓励幼儿做指挥者。

【游戏指导】

走和跑是人类最基本,最简单、最原始的动作。家长要鼓励幼儿走出不同的队形和路线,比如蛇形、圆形、之字形等。

【游戏小结】

该游戏的关键点在于要让幼儿“走起来”。在达尔克罗兹体态律动指出，走是本能，走就是节奏。

（四）家庭音乐歌舞游戏

1. 家庭音乐歌舞游戏的概念

这类游戏一般是在歌曲的基础上产生的，即按照歌词、节奏、乐句和乐段的结构做动作，并进行游戏，一般游戏的规则定在歌曲的结束处。这类游戏可以有较明显的主题、内容，也可以没有专门的情节和角色。如“拉拉手”“猫捉老鼠”等游戏，儿童在学会演唱歌曲的基础上，根据歌词的意思表演动作。

2. 课例延伸：家庭亲子音乐歌舞游戏“全家乐”

【活动目标】

(1)熟知音乐，能根据歌曲内容和节奏协调地做动作。

(2)通过“找家人”获得家庭观念和亲情意识。

(3)喜欢参加亲子音乐活动，体验亲子音乐活动中的快乐。

【活动准备】

《全家乐》的音乐，玩具照相机。

【游戏过程】

全家乐

(1)幼儿教师与家长、幼儿一起学唱歌曲《全家乐》。

(2)将全体幼儿与家长进行分组，分成不同的“家”。

(3)幼儿根据歌词中的内容先模仿做动作，再创编动作。

(4)歌曲第一段全体边做动作边歌唱；第二段时，孩子边唱歌边拍手“找家人”。当念“快把照片拍起来时”，全家人要迅速摆出拍照的姿势，不能动，动者为输。

思考练习

一、判断正误

1. 家庭亲子音乐活动更能贴合幼儿的个体需要，做到因材施教。 ( )

2. 家园互通主要用于普及科学教育理念，不需要家长反馈。 ( )

3. 亲子音乐活动有利于家庭为孩子提供宽松、自然、和谐的教育环境。 ( )

4. 幼儿园亲子音乐活动是家庭亲子音乐活动的延伸和扩展。 ( )

5. 家庭音乐表演游戏是依托音乐进行戏剧表演的游戏。 ( )

二、小组讨论/线上讨论

曼曼老师梳理的四种家庭亲子音乐活动是：

____

____

____

____

____

赛证考点

对应幼儿教师资格考试“环境创设”中：

• 幼儿园与家长沟通和交流的方法。

考题形式:笔试。

任务布置

学习完本任务后,请完成以下任务:

任务名称	构建“园家亲子音乐教育直通”平台
任务说明	幼儿园通过构建“园家亲子音乐教育直通”平台,不仅能够密切家长与教师的关系,及时给予家长科学、专业化的教育指导,给孩子创造更优的音乐成长环境。 因此,本课的主要任务是运用信息化互动平台,科学指导家长开展亲子活动,架起学校、家庭与孩子间沟通的桥梁
任务要求	1. 小组集体认真学习构建“园家亲子音乐教育直通”平台的途径与意义。 2. 合理选用信息化互动平台构建“园家亲子音乐教育直通”平台。 3. 设置平台的主要板块、板块的主要功能并上传示例内容。 4. 各组线上交流学习平台建设情况,并提出改进建议。

任务实施

实施步骤 1:组建团队

学生 4 ~6 人结成学习小组,按照项目间轮换、项目内固定的原则,同一个项目内小组成员固定,小组长轮换,不同项目间成员轮换,让学生学会组织与协作。将成员姓名和分工填入表 5-4-1。

表 5-4-1　小组任务分工与角色扮演

姓名	承担角色	工作任务	
		平行任务	角色人物(分层任务)
	小组组长		
	小组副组长		
	小组成员		

实施步骤 2:丰富认识

广泛查阅资料,在表 5-4-2 中补充欠缺的知识,完善学习者自身认知体系。

表 5-4-2　知识梳理记录单

构建模式	补充知识	补充成员

实施步骤 3:收集课例

选用信息化平台构建“园家亲子音乐教育直通”平台的主要板块,并填表5-4-3。完成后上传云平台,各小组交流互评。

表 5-4-3　平台主要模块构建

平台名称	主要板块	主要功能	示例内容

实施步骤 4:反思提升

学生展示小组成果,师生通过讨论、评价等方式给出修改意见,并填入表 5-4-4,促进自我反思提升。

表 5-4-4　反思与修改

修改内容	修改原因

任务评价

教师组织学生互评、双师评价,将评价结果填入表 5-4-5 ~ 表 5-4-6。

表 5-4-5　学生互评表

评分组别	平台使用(4.0 分)	模块构建(4.0 分)	内容提供(2.0 分)	总分
一组给分				
二组给分				
三组给分				
四组给分				
评语与建议				

表 5-4-6　双师评价表

评分组别	校内指导教师	幼儿园指导教师
评分等级	★★★★★	★★★★★
评语与建议	指导教师：	指导教师：

项目评价

个人积分成长

	任务一	任务二	任务三	任务四
得分				
成长曲线	任务一	任务二	任务三	任务四

参考文献

[1]许卓娅.学期儿童音乐教育[M].北京:人民教育出版社.2017.

[2]王秀萍.幼儿园音乐领域教育精要:关键经验与活动指导[M].北京:教育科学出版社.2015.

[3]王振宇.学前儿童音乐教育活动设计与指导[M].上海:上海交通大学出版社.2018.

[4]游文娟.学前儿童艺术教育活动指导[M].镇江:江苏大学出版社.2019.

[5]陈莞.儿童音乐治疗理论与应用方法[M].北京:北京师范大学出版社,2009.

[6]李季湄,冯晓霞.3—6 岁儿童学习与发展指南解读[M].北京:人民教育出版社,2013.